RÉMI KOUAMÉ OUSSOU

ALASSANE OUATTARA

LE DÉFI DE LA GOUVERNANCE EN CÔTE D'IVOIRE

PRESSES UNIVERSITAIRES DU NOUVEAU MONDE

2024

Copyright 2024 by Rémi Kouamé Oussou.

All rights reserved. No part of this publication may be reproduced, stored in a retrieval system, or transmitted, in any form or by any means, electronic, mechanical, photocopying, recording or otherwise, without the prior written permission of the Publisher. Published in France and the USA by Les Presses Universitaires du Nouveau Monde. Printed by Bookmundo in the Netherlands.

E-mails: punouveaumonde@aol.com; punouveaumonde@gmail.com

Visit our award-winning web pages: www.punouveaumonde.com

www.unprsouth.com

Rémi Kouamé Oussou.

Alassane Ouatarra. Le défi de la gouvernance en Côte d'Ivoire.

Préface by Alain Saint-Saëns: 'Alassane Ouattara, Père Bâtisseur de la Côte d'Ivoire devant l'Histoire'.

First French Edition. 146 pages.

Front Cover Design by Stan Duchêne. Photo: Alassane Ouattara. Reproduced with Permission.

1. History of Africa. 2. Political Sciences. 3. Ivory Coast. 4. Alassane Ouatarra. 5. Ivorian Crisis. 6. Laurent Gbagbo. 7. Félix Houphouët-Boigny. 8. Henri Konan Bédié. 9. Alain Saint-Saëns. 10. Rémi Kouamé Oussou.

ISBN: 978-1-952799-54-9

2024

À mes enfants,

OUSSOU Sarah Elielle et OUSSOU Yao Ephraïm Shalom.

« Il est temps, grand temps que chaque Ivoirien, quels que soit sa condition et son rang social, se demande: ai-je fait, bien fait pour mon pays, ce que je dois ?»

Félix Houphouët-Boigny

TABLE DES MATIÈRES

Dédicace	3
Table des Matières	4
Préface: 'Alassane Ouattara, Père Bâtisseur de la Côte d'Ivoire devant l'Histoire', par Alain Saint-Saëns, Professeur, Institut des Hautes Études Stratégiques (Paraguay)	5
Avertissement au lecteur	12
Avant-propos	13
Sigles et acronymes	14
Liste des tableaux	17
Liste des graphiques	18
Liste des cartes	18
Introduction	19
Partie I : Le contexte post-crise de 2010-2011	23
Chapitre I : Bref rappel historique des faits	25
Chapitre II : Analyse du conflit ivoirien	33
Chapitre III : Le tournant des années 2000	39
Partie II : Les défis de la reconstruction post-crise	45
Chapitre IV : Les multiples impacts du conflit ivoirien	47
Chapitre V : De la reconstruction au relèvement	69
Chapitre VI : De profondes réformes structurelles	79
Partie III : Perspectives	95
Chapitre VII : Les avantages comparatifs de la Côte d'Ivoire	97
Conclusion	141
Références bibliographiques	143

ALASSANE OUATTARA,
PÈRE BÂTISSEUR DE LA CÔTE D'IVOIRE
DEVANT L'HISTOIRE

L'Histoire a coutume de juger les hommes politiques à l'aune de leur action. Alassane Ouattara, Président de la Côte d'Ivoire depuis mai 2011, mais déjà sur le terrain de la gouvernance en tant que Premier Ministre de novembre 1990 jusqu'en 1993, ne pourra échapper à son regard inquisiteur. Indissociable du Président Fondateur Félix Houphouët-Boigny qui lui octroie l'onction politique, Alassane Ouattara s'est affirmé mandat après mandat, contre vents et marées, comme le grand Président Bâtisseur de son pays. Si 'le Vieux' pouvait être comparé à Jules César dans l'Histoire de Rome ou au Président George Washington dans celle des États-Unis, ADO, lui, tient d'Octave Auguste, premier Empereur chantre de la *Pax Romana* et de la réforme administrative, et tout à la fois des Présidents Thomas Jefferson et Abraham Lincoln, par l'étendue de son œuvre réconciliatrice, éducative et humanitaire, qui va bien au-delà du simple exercice du pouvoir.

Économiste de grand talent formé à la Penn de Philadelphie aux États-Unis où il obtient son Master en Économie, Gouverneur de la BCEAO avant de devenir Directeur Général Adjoint du FMI, visionnaire critiqué pour sa politique de rigueur budgétaire avant d'être salué tant par les siens que par l'Afrique pour les résultats effectifs de la relance mise en place, Alassane Ouattara n'a eu de cesse de lutter pour la reconnaissance de son ivoirité, au péril même de sa vie lors du conflit ivoirien de funeste mémoire, et pour son droit inaliénable à exercer la Présidence de son cher pays. Aujourd'hui, bientôt proche du terme de son troisième mandat à la tête de l'État, et plus que jamais conscient de la nécessité de passer le relais à une nouvelle génération d'hommes et de femmes qu'il a voulu et su former dans l'exercice des postes ministériels, le Président Alassane Ouattara peut fort justement cheminer aux côtés de l'Histoire enquêtrice, tels deux philosophes stoïciens grecs du Portique, et lui montrer les réalisations grandioses qui souvent portent son nom et laisseront sa marque inaltérable dans le paysage tant social et économique, qu'humain, culturel et architectural de la Côte d'Ivoire. Comme le déclare le journaliste ivoirien Bledson Matthieu, prophétisant sur la Côte d'Ivoire de demain grâce à l'action créatrice pionnière du Président Alassane Ouattara : 'Âme de bâtisseur ? C'est avoir en permanence à l'esprit la construction de son pays. C'est bâtir pour les générations d'aujourd'hui et surtout celles de demain'.

Alassane Ouattara, a toujours cherché à bâtir la Côte d'Ivoire en intégrant une dimension humanitaire dans son action politique et ce, dès le début. Déjà en tant que Premier Ministre, il crée en 1990 la carte de séjour pour les étrangers. Plus de trente ans plus tard, elle est réactivée en février 2023 et la décision du désormais Président Alassane Ouattara est saluée par la Coalition Nationale pour le Sursaut (la CONASU).

Son Président, Zanga Coulibaly, y voit 'une décision républicaine du Président et du gouvernement […] qui permet aux autorités de planifier un développement harmonieux pour tous'. Elle est enfin le symbole, selon cette même CONASU 'd'une Côte d'Ivoire en paix, stable et qui sait accueillir ses frères', une *Pax Ivoiriana* en quelque sorte.

Peu de temps après son arrivée à la Présidence, Alassane Ouattara fait adopter par les ministres du gouvernement Guillaume Soro une 'Charte d'éthique'. Elle vise, selon les termes du Président Alassane Ouattara, à 'moraliser la vie publique et à rompre avec une pratique pernicieuse érigée en mode de gestion […] Ce code déontologique doit permettre à la Côte d'Ivoire de regagner la confiance des investisseurs internationaux'. Dans la vision d'Alassane Ouattara, la main droite levée de chaque Ministre prêtant serment devant lui, est 'un geste historique', premier pas vers la réconciliation salvatrice de tout le peuple ivoirien. Et Alassane Ouattara de dénoncer 'la course effrénée à l'enrichissement illicite, le trafic d'influence, les abus de biens sociaux, le clientélisme, les détournements en tous genres', facteurs de gangrène de la vie sociale et économique qu'il faut éliminer pour bâtir une société ivoirienne plus juste, plus égale et plus humaine. Dès son arrivée au pouvoir, Alassane Ouattara exprime sa grandeur visionnaire qui l'élève au rang d'un Abraham Lincoln lors de son Discours de Gettysburg du 19 novembre 1863 aux États-Unis ou d'un Nelson Mandela en Afrique du Sud, 'icône mondial de la réconciliation' selon Desmond Tutu, lors de son Discours d'Inauguration comme Président de son pays le 10 mai 1994 : en effet, le 11 avril 2011, le nouveau Président ivoirien annonce, dans une allocution mémorable, sa volonté de 'créer une commission vérité et réconciliation qui fera la lumière sur tous les massacres, crimes et autres violations des droits de l'homme' et il appelle 'à s'abstenir de tout acte de représailles et de violences'. Le Décret sera signé le 20 juillet 2011.

Aidé de la Première Dame, Dominique Ouattara, qui préside le Comité National de Surveillance, Alassane Ouattara étend en 2012 son action humanitaire contre le travail des enfants en Côte d'Ivoire. Près de huit cent mille gamins, dont beaucoup viennent du Burkina Faso et du Mali, sont exploités dans les plantations de cacao. Deux mille en ont déjà été sortis et scolarisés, selon le Comité, grâce à l'intervention de la Police, et quelque trois cents personnes ont été jugés et condamnés pour trafic d'enfants entre 2012 et 2020.

Dans son discours du 5 septembre 2023, lors de la dixième remise du Prix National d'Excellence, le Président Alassane Ouattara déclare fermement: 'Je tiens à réaffirmer mon engagement à continuer de soutenir notre jeunesse et à garantir les meilleurs conditions de leur plein épanouissement et leur participation active à la construction de notre pays'. En dix ans, 651 lauréats ont été récompensés, chacun recevant un diplôme, un trophée et un chèque de 10 millions de Francs CFA. Déjà, lors de sa prestation de serment le 14 décembre 2020, le Président Alassane Ouattara avait martelé : 'L'éducation est un droit inaliénable pour tous les enfants de notre pays. Je ne ménagerai aucun effort pour préserver et garantir ce droit fondamental'. Et le Président de préciser : 'Je réaffirme mon engagement en faveur de l'école obligatoire et la gratuité de l'école publique pour les enfants de 6 à 16 ans' qu'il avait élevé au rang de loi le 17 septembre 2015. Alassane Ouattara n'en a pas oublié pour autant d'aider les écoles privées. Ainsi, lors de son premier mandat présidentiel en avril 2013, fait-il décaisser, deux enveloppes, l'une de 5,8 milliards de Francs CFA d'abord, puis une autre de 15 milliards deux semaines plus tard, pour apurer partie des arriérés de frais d'écolage des établissements d'enseignement privés laïcs.

'Aucun développement ne sera possible sans une éducation de qualité', avait déclaré le Président Alassane Ouattara dès son accession à la magistrature suprême en 2011, ajoutant que pour cela il fallait 'bâtir un système éducatif crédible et performant'. Les résultats sont au rendez-vous. En 2011, l'on comptait 242 collèges et lycées ; en 2020, il y en a 549. Le taux d'achèvement au primaire est passé de 59,1% en 2011 à 82,15% en 2020. L'accent a été mis aussi, surtout en milieu rural, sur la scolarisation des filles. L'indice de parité filles/garçons est passé de 0,86% en 2011 à 0,99% en 2018 au Primaire et de 0,74% en 2011 à 0,86% en 2018 au Secondaire. L'évolution des taux d'achèvement au Primaire pour les filles est particulièrement significative: l'on est passé de 52,1% en 2011 à 82,2% en 2020.

L'action du Président Alassane Ouattara, relayée par des ONGs comme Femmes de Salem, Internationale, dont la priorité, selon sa Présidente Boussou Bintou Coulibaly, est 'le bien-être de l'enfant, de la jeune fille et de la femme', a permis aussi de faciliter le travail des mamans aux champs ou au bord de la route en scolarisant leurs enfants à la garderie rurale de Boussoukro visitée en mars 2023 par une délégation des épouses des Ambassadeurs accrédités en Côte d'Ivoire, de s'attaquer à la prostitution des jeunes filles et des femmes avec un accompagnement holistique et éducatif des victimes dans la capitale Abidjan à partir d'août 2018, et, à travers le Programme Aigles de Salem, 'd'accompagner les jeunes dans la réalisation de leurs projets personnels par le développement d'une culture entrepreneuriale'. Le Président Alassane Ouattara ne dit pas moins le 14 décembre 2020 : 'Nous allons multiplier sur l'étendue du territoire national les centres de formation professionnelle, afin d'offrir une seconde chance à nos jeunes sortis trop trop du système scolaire'.

Aujourd'hui, la structure hiérarchique du Ministère de l'Éducation Nationale ivoirien avec les DRENs, les IEPPs et les Conseillers Pédagogiques, encadre parfaitement le projet pionnier en matière d'éducation du Président Alassane Ouattara et en assure la bonne réalisation. La création le 17 novembre 2023 par l'IEPP de Bingerville, Madame Paméla Diop, et sa Conseillère Pédagogique, Madame Marceline Esmel, de la Fédération des Directeurs et Directrices d'École à Bingerville-Est est une bonne application de cette volonté présidentielle d'établir une collaboration effective et cordiale entre les maîtres d'œuvre des deux systèmes public et privé. En ce sens, Alassane Ouattara, qui a étudié à l'Institut de Technologie de Drexel dans le Missouri puis dans l'Est des États-Unis à l'Université de Pennsylvanie, s'inscrit parfaitement dans les pas du troisième Président américain Thomas Jefferson, fondateur de l'Université de Virginie à Charlottesville en 1819, qui fut le premier à soutenir que sa nation nouvellement indépendante avait besoin d'un système d'éducation et que l'argent des contribuables pouvait être utilisé pour le financer.

Depuis son arrivée au pouvoir en 2011, le Président Alassane Ouattara a considérablement amélioré les infrastructures de la Côte d'Ivoire, à tel point que René Tiécoura a pu parler de 'Boom des infrastructures' pour la période allant de 2011 à 2020. 40.000 kilomètres de routes et de pistes rurales ont été réhabilités. 22 ponts ont été construits à travers le pays, 545 kilomètres de routes neuves interurbaines ont été bitumés, 115 kilomètres d'autoroutes et 245 kilomètres de voirie ont été réalisés. Les trois ponts terminés ou en passe de l'être sous la présidence d'Alassane Ouattara, marquent sa volonté de désenclaver l'agglomération du Grand Abidjan et affirment de manière visible l'étendue du renouveau économique de la Côte d'Ivoire. Bien que la première pierre du troisième pont, prévu pour désengorger les ponts Charles de Gaulle et Félix Houphouët-Boigny, ait été posée le 18 janvier 1999, il faudra attendre la cérémonie officielle du 7 septembre 2011, à laquelle assistent le Président Alassane Ouattara et l'ancien Président Henri Konan Bédié dont le pont portera le nom (HKB), pour que le chantier soit relancé. L'ensemble de la construction qui a employé quelque 1500 ouvriers, dont 90% d'Ivoiriens, a été assurée par le Groupe Bouygues pour un total de 152 milliards de Francs CFA et a requis la collaboration d'ingénieurs ivoiriens et français au sein de l'Institut Polytechnique Houphouët-Boigny. Le Président Alassane Ouattara a voulu faire de la construction de ce pont, premier grand chantier de sa présidence, non seulement le symbole de la renaissance et de la réconciliation de la Côte d'Ivoire mais aussi un exemple à méditer pour les jeunes générations. Il n'est donc pas étonnant que des écoles de toute la région aient été invitées à venir visiter le chantier. Le pont est finalement inauguré le 16 décembre 2014.

L'intelligence politique du Président Alassance Ouattara apparaît également dans son choix des noms des ponts qui passeront à la postérité. Non seulement le troisième pont porte le nom du successeur de Félix Houphouët-Boigny, mais le quatrième pont, voie express qui reliera les communes de Yopougon, Attécoubé et Adjamé sur une longueur de 7,2 kilomètres, devrait porter le nom du prédécesseur d'Alassane Ouattara à la Présidence, Laurent Gbagbo, comme annoncé le 3 mai 2023. Geste d'apaisement après un regain de tension avant les élections de septembre 2023, main tendue vers l'opposition, mais peut-être plus encore sceau du patriarche sur l'histoire successive et tumultueuse de son pays à travers les cinq noms des ponts : Charles de Gaulle, Félix Houphouët-Boigny, Henri Konan Bédié, Laurent Gbagbo et tout naturellement, Alassane Ouattara pour le cinquième pont. Le passage réussi du Président ivoirien au FMI lui a non seulement donné une grande culture économique et financière internationale, mais aussi ouvert toutes les portes des plus grande banques mondiales : le Président de la Banque Africaine de Développement, le Rwandais Donald Kaberuka, est présent aux côtés du Président Alassane Ouattara lors de l'inauguration du troisième pont ; son successeur en 2015, le Nigérien Akinwumi

Adesima, finance, lui, avec l'État ivoirien, la construction du quatrième pont dont la construction est confiée à l'entreprise chinoise China State Construction Engineering Corporation. Le cinquième pont, inauguré le 12 août 2023, relie la commune de Cocody à celle du Plateau sur un itinéraire de 1,6 kilomètre. Conçu par l'architecte auteur de la basilique de Yamassoukro, Pierre Fakhoury, financé par la Banque Islamique de Développement, il a été construit en 45 mois par la China Road and Bridge Corporation. Le Président Alassane Ouattara déclare dans son discours avant d'être le premier à franchir le pont en voiture : 'L'événement qui nous réunit aujourd'hui est exceptionnel! Il s'agit de l'inauguration d'une œuvre architecturale d'une rare beauté, qui donnera encore plus d'éclat à notre capitale économique et contribuera ainsi à son rayonnement'. Le métro et le bus rapide de transport (BRT) qui ne sont pas sans rappeler le Bay Area Rapid Transit (BART) de San Francisco aux États-Unis, financés par un prêt de la Banque Mondiale, permettront de transporter quelque 300.000 passagers par jour et viendront rehausser encore plus l'impact de l'action infrastructurelle du Président Alassane Ouattara.

Conscient que rien ne pourra être bâti durablement si les frontières ne sont pas sécurisées et la paix intérieure recouvrée, le Président Alassane Ouattara assume lui-même la charge de Ministre de la Défense du 13 mars 2012 au 19 juillet 2017, avant de céder ce poste hautement stratégique à Hamed Bakayoko. Le Président nomme Téné Birahima Ouattara à la tête du Ministère de la Défense quand Hamed Bakayoko entre en phase terminale de son cancer. Le discours d'échange de vœux du 5 janvier 2023 du Président Alassane Ouattara devant les forces de défense et de sécurité est révélateur de sa pensée profonde. Il insiste d'abord sur l'importance de 'maintenir le climat de paix et de quiétude dans notre pays, nécessaire à la mise en œuvre de la politique sociale du gouvernement et des grands chantiers de la République'. Il leur faut également 'en tous les cas et en tous temps, assurer la protection des personnes et des biens'. Parallèlement, le Ministre de la Défense, frère du Président, assure la direction des services de renseignement et des questions sécuritaires. En février 2019, il a pris la tête de l'unité de lutte contre le grand banditisme en tant que Commandant en Chef. Le Président ajoute dans son discours de vœux : 'La défense opérationnelle du territoire devra être maintenue […] la sécurité sur les plateformes portuaires et les eaux intérieures accrues'. La menace djihadiste dans le Nord du pays, après deux attaques armées à la frontière avec le Burkina Faso, entre 2020 et 2021, a obligé le Kafolo Safari Lodge qui accueillait plus de 6000 vacanciers venus visiter le Parc National de la Comoé à fermer ses portes. La fusillade de Grand Bassam le 13 mars 2016 qui fait officiellement 19 morts, dont 3 soldats des forces ivoiriennes, et 16 civils dont 4 Français et 2 Libanais, est revendiquée par Al-Qaïda au Maghreb Islamique (AQMI). Ces deux attentats terroristes sont révélateurs de la fragilité de la Côte d'Ivoire devant la menace djihadiste et de la difficulté que les forces armées et de sécurité peuvent avoir à garantir 'la paix et la quiétude' que leur demande le Président Alassane Ouattara. Deux jours après la cérémonie des vœux de janvier 2023, le Président accueille les 46 soldats ivoiriens grâciés par le Mali après avoir été condamnés à 20 ans de prison et détenus là-bas pendant six mois. Loin de chercher revanche, le Président Alassane Ouattara, en fin stratège et diplomate qu'il est, tend alors la main aux dirigeants du Mali : 'Bien évidemment, maintenant que cette crise est derrière nous, nous pourrons reprendre des relations normales avec le pays frère qu'est le Mali, qui a besoin de nous et dont nous avons besoin également'.

De cet intérêt marqué du Président Alassane Ouattara pour l'Éducation et la Défense dans une perspective tant intérieure qu'extérieure, quatre profils se dégagent du vivier politique qu'il a patiemment concocté. Deux femmes d'exception d'abord, appelées sans doute à un avenir encore plus radieux dans les années qui viennent. Kandia Camara, actuelle Présidente du Sénat depuis octobre 2023, fut Ministre de l'Éducation Nationale et de l'Alphabétisation dans plusieurs gouvernements de la présidence Ouattara, puis, d'avril 2021 à octobre 2023, Ministre d'État et Ministre des Affaires Étrangères. Elle a contribué à mettre en place le système éducatif ivoirien performant, possède l'expérience à l'international, a noué les contacts essentiels pour mener à bien une politique étrangère de qualité, et occupe maintenant l'un des postes majeurs de la gouvernance, adoubée pour ce faire par Alassane Ouattara. Aidée possiblement par la Vice-Présidente du Sénat Chantal Fanny expérimentée dans les domaines des Affaires Étrangères de la chambre haute et de l'Éducation sur le terrain, Kandia Camara pourra légitimement prétendre un jour accéder à la magistrature suprême. La Docteure Mariatou Koné pourrait bien marcher sur ses traces, à en croire son parcours universitaire et gouvernemental. Professeure d'Anthropologie à l'Université Félix Houphouët-Boigny, elle a occupé d'abord trois ministères sociaux de janvier 2016 à avril 2021, avant de se voir offrir le Ministère de l'Éducation Nationale et de l'Alphabétisation. Kandia Camara et Mariatou Koné incarnent l'ascension irrésistible des femmes dans la vie politique ivoirienne, au niveau gouvernemental comme aux niveaux local et régional.

Ce sont ensuite deux hommes qui ont pris l'ascendant dans la mouvance du Président Alassane Ouattara. Téné Birahima Ouattara, actuel Ministre d'État, Ministre de la Défense, frère cadet du Président, a pu se familiariser avec la gouvernance au plus près en étant d'abord Ministre des Affaires Présidentielles à partir de mars 2012. Son intérêt pour le renseignement et la sécurité auprès du Président le désignait pour assumer à terme le Ministère de la Défense, par intérim d'abord en mars 2021 puis pleinement par la suite. Économiste de formation et banquier de haut niveau, il a considérablement assaini la Trésorerie de la Présidence. Il a été également Directeur Général de l'Institut International pour l'Afrique. Ancré dans la vie politique locale, il est Député Maire de Kong et également Président du Conseil Régional du Tchologo depuis 2018. Il est bien préparé pour de plus hautes responsabilités futures. Quant à Adama Bictogo, à peine élu Président de l'Assemblée Nationale le 7 juin 2022, il est allé le lendemain remercier celui qu'il considère comme son mentor en politique depuis plus de trente ans, le Président Alassane Ouattara. À son contact, il a appris aussi qu'il ne fallait pas être trop impatient sur la route de la gouvernance et, élu depuis peu Maire de Yopougon en septembre 2023, le voilà bien positionné. Ancien Ministre et homme d'affaires avisé, il a des atouts sérieux à faire valoir.

Une fois le Président Alassane Ouattara retiré de la vie politique ivoirienne qu'il aura tant aidé à reconstruire, il ne restera à ses compatriotes reconnaissants qu'à se préparer à lui rendre un ultime hommage en bâtissant un mausolée digne de l'homme d'État et de sa Première Dame, dans lequel le couple, symbole de l'union et de la diversité des peuples en Côte d'Ivoire, viendra, le moment venu, dormir à jamais en terre ivoirienne, cette patrie qui est la leur, si opiniâtrement revendiquée et si magnifiquement méritée, défendue et honorée.

Dr. ALAIN SAINT-SAËNS

Agrégé d'Histoire, Paris-Sorbonne (France),
Docteur et Docteur Habilité de l'Université de Toulouse (France),
Ancien Membre Scientifique de l'École des Hautes Études Hispaniques,
Casa Velázquez, Madrid (Espagne),
Professeur d'Histoire des Relations Internationales,
Institut des Hautes Études Stratégiques,
Ministère de la Défense,
Asunción (Paraguay)

Expert International en Éducation
(Côte d'Ivoire),
Président de la Fédération des Directeurs et Directrices
d'École de Bingerville-Est,
Directeur du Groupe Scolaire Saint Pedd les Archanges/
Collège International Jacques Chirac,
Bingerville (Côte d'Ivoire)

Avertissement au lecteur

Ce qu'il est aujourd'hui convenu d'appeler la crise post-électorale ivoirienne continue de faire couler tellement d'encre et de salive que s'aventurer encore à en parler pourrait passer pour, soit de l'audace, puisqu'il va falloir dépasser ce qui en été dit jusqu'ici, soit de la stupidité, au risque de se faire une caisse de résonnance de ce qui a été dit, et même bien dit.

Mais, entre les deux tendances, mon approche, modeste dans ses intentions, ne vise pas tant à rechercher les causes profondes de ces « moments douloureux » que la Côte d'Ivoire a vécus qu'à en capter un aspect, les défis auxquels la nouvelle administration sera certainement confrontée et qui, s'ils ne sont pas vigoureusement pris à bras-le-corps, risquent à tout jamais de créer une situation pire que celle que les Ivoiriens ont vécue.

En d'autres termes, ce livre, bien qu'abordant à bien des égards certains épisodes des diverses crises socio-politiques et économique et sociales qui se sont succédé en Côte d'Ivoire depuis 1993, à la mort de Félix Houphouët-Boigny, ne saurait avoir la prétention de s'attaquer à ses causes, ni d'en référer aux auteurs réels ou présumés, encore moins de situer leurs diverses responsabilités.

Ceci étant, si certains lecteurs s'attendent à voir aborder ces aspects dans cet essai, ils seront, à coup sûr, désappointés, car loin de vouloir alimenter ou susciter la polémique qui a encore cours entre les présumés *vainqueurs* et les *vaincus*, presque cinq (5) après ces péripéties historiques douloureuses, il voudrait plutôt toucher du doigt les défis de la reconstruction, mais surtout ceux liés à la réconciliation, en vue de reconstituer le tissu socio-politique profondément détérioré et amorcer le développement de manière durable dans une société ivoirienne foncièrement polarisée et fracturée.

Avant-propos

Le 11 avril 2011 constitua le dénouement d'une crise politique et militaire issue d'une élection présidentielle controversée qui opposa Alassane Ouattara au président sortant, Laurent Gbagbo, au terme de laquelle celui-ci fut expulsé *manu militari* par les forces conjointes de la Licorne, de l'Onuci et des FRCI. Alassane Ouattara « hérite », alors, d'un pays profondément meurtri, divisé et économiquement exsangue. Les premiers défis auxquels il est confronté sont la restauration des grands équilibres budgétaires, l'assainissement des finances publiques, la reconstruction et la réconciliation sociale.

Comme dans tout contexte de cette nature, il va nécessairement en résulter une situation assez paradoxale où la population, meurtrie et épuisée par plus d'une décennie de conflits politico-militaires, se voit, enfin, soulagée d'avoir retrouvé la paix, mais sera, du coup, impatiente de vouloir profiter immédiatement des dividendes de cette paix retrouvée; ce qu'il sera impossible de réaliser, du moins pas dans un avenir aussi proche que l'on aurait espéré, car comme le dit Collier, après tout conflit, tous les secteurs sont prioritaires.

Certes, celui qui est apparu en 1990 comme l' «homme providentiel » recèle de nombreuses qualités, dont celle d'être proactif par le biais de nouvelles réformes.

Mais, le contexte de 1990, si explosif fut-il, ne saurait être comparé à celui qui suivit la crise post-électorale, même si l'on peut aisément établir un net parallèle entre le contexte qui prévalut entre 1990 et 1993, où Alassane Ouattara, après être appelé d'urgence au chevet de l'économie ivoirienne, a réussi à redresser l'économie à force de réformes, mais n'a laissé que grogne et remous sociaux après 3 années de gestion..

Alors, il est évident que les défis qui attendent le nouveau locataire du palais présidentiel d'Abidjan sont nombreux et divers tant dans leur forme que dans leur complexité. Mais, il s'agit, avant tout, de rétablir les grands équilibres budgétaires et macro-économiques, assainir les finances publiques, en vue de relancer l'économie à travers un train de mesures et de réformes devant attirer ou maintenir les investisseurs privés.

En revanche, les secteurs sociaux demeurent les parents pauvres dans le processus d'arbitrage dans l'allocation des ressources, les secteurs sociaux, même s'ils ne sont pas négligés en tant que tels, seront les parents pauvres.

Aujourd'hui, entre mutineries militaires et revendications politico-syndicales tous azimuts, la Côte d'Ivoire est à un tournant crucial de son histoire, et le président Alassane Ouattara doit opérer un choix cornélien.

Il va sans dire que de la pertinence des réponses apportées par l'administration du président Alassane Ouattara à ces diverses crises sociales dépendra des chances d'une stabilité durable du pays.

Sigles et acronymes

AEJ : Agence Emploi Jeunes
AFD : Agence française de développement
AGEPE : Agence d'Etudes et de Promotion de l'Emploi
AGOA : African Growth and Opportunity Act (Loi sur la croissance et les possibilités économiques en Afrique).
AIC : Application industrielle du caoutchouc
AICD : African Infrastructure Country Diagnostic (Diagnostic des infrastructures nationales en Afrique)
ALENA : Accord de libre-échange nord-américain
ALPC : Armes légères et de petits calibres
BM : Banque mondiale
BCEAO : Banque centrale des Etats de l'Afrique de l'Ouest
BIC : Bénéfices industriels et commerciaux
BICICI : Banque internationale pour le commerce et l'industrie en Côte d'Ivoire
BID : Banque islamique de développement
BNC : Bénéfices non commerciaux
BNP : Banque nationale de Paris (Paribas)
BRVM : Bourse régionale des valeurs d'Abidjan
BTP : Bâtiment et travaux publics
CAISTAB : Caisse de stabilisation et de soutien aux prix des produits agricoles
CARP : Crédits à l'Appui de la Réduction de la Pauvreté (anglais *Poverty Reduction Support Credits- PRSC*)
CCCE : Commission consultative constitutionnelle et électorale
CCESP : Comité de Concertation entre l'Etat et le Secteur Privé
CCI : Centre de Commerce et d'Industrie
CCSR : Cellule de Coordination, de Suivi et de Réinsertion
CEDEAO : Communauté économique des Etats de l'Afrique de l'Ouest
CEI : Commission électorale indépendante
CENTIF : Cellule Nationale de Traitement de l'Information Financière
CEPICI: Centre de Promotion des Investissements en Côte d'Ivoire
CFA : Communauté franco-africaine
CIDT : Compagnie ivoirienne de développement du textile
CIRES : Centre ivoirien de recherches économiques et sociales
CNE : Commission nationale d'enquête
CNPRA : Comité national de pilotage du redéploiement de l'Administration
CNPS : Caisse nationale de prévoyance sociale
CNS: Conseil National de Sécurité
CNSP: Comité national de salut public
CNUCC : Convention des Nations unies contre la corruption
COGES : Comité de Gestion des Etablissements Scolaires publics
ComNat-ALPC : Commission Nationale de Lutte contre la Prolifération et la Circulation illicite des Armes Légères et de Petit Calibre
CPI: Cours pénal international
CPS: Conseil de paix et de sécurité
CRCC : Comité de Réforme de la filière Café/Cacao
CURDIPHE : Cellule universitaire de recherche et de diffusion des idées et actions politiques du Président Bédié
DSRP : Document de Stratégie de Réduction de la Pauvreté

ECHO: European Civil Protection and Humanitarian Aid Operations (Aide Humanitaire et Protection civile)
ECOMOG : Brigade de surveillance de cessez-le-feu de la CEDEAO
ENS : Ecole normale d'enseignement
ENSA : Ecole nationale supérieure d'agronomie
ENSEA : Ecole nationale de statistiques et d'économie appliquée
ENSTP : Ecole nationale supérieure des travaux publics
FAFN : Forces armées des Forces nouvelles
FAO : Fonds des Nations unies pour l'agriculture et l'alimentation
FDS : Forces de Défense et de Sécurité
FESCI : Fédération estudiantine et scolaire de Côte d'Ivoire
FMI : Fonds monétaire international
FN : Forces nouvelles
FNJ : Fonds national de la Jeunesse
FNUAP : Fonds des Nations unies pour la population
FPI : Front populaire ivoirien
FRCI : Forces républicaines de Côte d'Ivoire
FRT : Fonds de réserve technique
GAR : Gestion axée sur les Résultats (anglais, *Result Based Mnagament-RBM*)
GIABA : Groupe Intergouvernemental d'Actions contre le Blanchiment d'Argent
GUFE : Guichet des formalités des entreprises
HABG : Haute autorité pour la bonne gouvernance
HIPC : Heavily Indebted Poor Countries (Pays pauvres lourdement endettés)
IHPC: Indice harmonisé des prix à la consommation
IAB : Institut Agricole de Bouaké
IDH : Indice de développement humain
IGE : Inspection générale d'État
IIGA : Indice Mo Ibrahim de la gouvernance africaine
IMAF : Institut des mondes africains
INSEE : Institut national de la Statistique et des Etudes économiques
INSET : Institut National Supérieur de l'Enseignement Technique
IRD : Institut de recherche pour le développement
LMP : La Majorité présidentielle
MEECI : Mouvement des Etudiants et Elèves de Côte d'Ivoire
MFA : Mouvement des forces d'avenir
MICS : Multiple Indicator Cluster Survey (Enquête à indicateurs multiples)
MINURCA : Mission des Nations unies en République centrafricaine
NACI: Nouvelle alliance de Côte d'Ivoire
NFI : Non Food Item (Articles ou produits non-alimentaires)
OCHA : Bureau des Nations unies pour la coordination affaires humanitaires
OIT : Organisation internationale du Travail
OMS : Organisation mondiale de la santé
ONU : Organisation des Nations unies
ONUCI : Organisation des Nations unies en Côte d'Ivoire
PAM : Programme alimentaire mondial
PARE/PME : Appui à la Revitalisation des Petites et Moyennes Entreprises
PAS : Programme d'ajustement structurel
PDCI : Parti démocratique de Côte d'Ivoire
PIB: Produit intérieur brut
PIT : Parti ivoirien des Travailleurs

PME/PMI : Petites Moyennes Entreprises/ Petite et Moyennes Industries
PNB : Produit national brut
PND : Plan national de développement
PNUD : Programme des Nations unies pour le développement
POG : Partenariat pour un gouvernement ouvert
PPTE : Pays pauvres très endettés
PRCI : Projet de renaissance des infrastructures de Côte d'Ivoire
PS : Professionnelle du sexe
PSAC : Projet d'Appui au Secteur agricole en Côte d'Ivoire
PSO: Politique de scolarisation obligatoire
PTF : Partenaires Techniques et Financiers
PVAM : Programme de vente anticipée à la moyenne
QIP : Projets à impact rapide (Quick Impact Projects)
RBM : Result Based Management (GAR)
RCCM : Registre du commerce et du crédit mobilier
RDR : Rassemblement des Républicains
RASALAO-CI : Réseau d'Action sur les Armes légères en Afrique de l'Ouest- Côte d'Ivoire
RGPH : Recensement général de la Population et de l'Habitat
RHDP : Rassemblement des Houphouétistes pour la démocratie et la paix
RTI : Radiotélévision ivoirienne
SAP : Société africaine de pétrole
SARL : Sociétés à responsabilité limitée
SGBCI : Société générale de banque en Côte d'Ivoire
SIADES : Société Internationale d'Appui au Développement Economique et Social
SIGFIP : Système de gestion intégré des finances publiques
SIR : Société ivoirienne de raffinage
SNGRC : Secrétariat national à la gouvernance et au renforcement des capacités
SNLCC : Secrétariat national chargé de la lutte contre la corruption
SNU : Système des Nations unies
SODEFEL : Société de fruits et légumes
SODEMI : Société pour le développement minier de la Côte d'Ivoire
SOTRA : Société des Transports abidjanais
TBS : Taux brut de scolarisation
THIMO : Travaux à haute intensité de main-d'œuvre
TICAD : Tokyo International Conference on African Development (Conférence internationale de Tokyo sur le développement de l'Afrique)
TOB : Taxe sur les opérations bancaires
TVA : Taxe sur la valeur ajoutée
UA : Union africaine
UE : Union européenne
UDCY : Union démocratique de Côte d'Ivoire
UE : Union européenne
UEMOA: Union monétaire ouest africain
UNESCO : Organisation des Nations unies pour l'éducation et la culture (en anglais *United Nations Education and Culture Organisation*)
UNHCR : Haut-Commissariat des Nations Unies pour les Réfugiés
UNICEF : Fonds des Nations unies pour l'Enfance
XOF : Franc de la Communauté financière africaine
ZES : Zones économiques spéciales

Liste des tableaux

Tableau 1 : Répartition du flux de réfugiés ivoiriens par pays
Tableau 2 : Perspectives de croissance économique des États de l'UEMOA, en 2011
Tableau 3 : Taux de croissance ventilé en fonction des secteurs de l'économie ivoirienne
Tableau 4 : Fluctuation des taux d'inflation dans l'espace UEMOA
Tableau 5 : Evolution de la production céréalière dans les pays de l'UEMOA
Tableau 6 : Evolution des biens et services dans les pays de l'UEMOA
Tableau 7 : Perspectives d'inflation dans les pays de l'UEMOA
Tableau 8 : Fluctuation du taux d'inflation au cours des années en Côte d'Ivoire
Tableau 9 : Caractéristiques de variétés traditionnelles de coton en Côte d'Ivoire
Tableau 10 : Synthèse de la production pétrolière et gazière de la Côtc d'Ivoire de 2007 à 2011
Tableau 11 : Destination des produits pétroliers exportés par la Côte d'Ivoire
Tableau 11 bis : Destination des produits pétroliers exportés par la Côte d'Ivoire
Tableau 12 : Production comparée du cacao et du café dans cinq pays africains
Tableau 13 : Production comparée de l'huile de palme et du caoutchouc dans cinq pays africains
Tableau 14 : Exportations de produits alimentaires et boissons
Tableau 14 bis: Exportations de produits alimentaires et boissons
Tableau 15 : Balance commerciale par catégorie de produits
Tableau 16 : Données sur l'évolution de l'IDH
Tableau 17 : Part du budget consacrée à l'éducation et la santé
Tableau 18 : Dépenses d'enseignement et produit national brut (PIB)
Tableau 19 : Dépenses d'enseignement et budget de l'État (ressources nationales)
Tableau 20: Enseignement public et privé. Évolution de la scolarisation à tous les niveaux
Tableau 21 : Priorités budgétaires et macro-économiques des dépenses sociales en Côte d'Ivoire
Tableau 22: Dépenses par élève par ordre d'enseignement
Tableau 23: Marchés de prédilection de la Côte d'Ivoire
Tableau 24 : Principaux secteurs économiques de Côte d'Ivoire
Tableau 25 : Principaux indicateurs économiques de Côte d'Ivoire
Tableau 26 : Répartition de l'activité économique
Tableau 27 : Taux d'insertion/réintégration des combattants en fonction des secteurs des secteurs d'activités

Liste des graphiques

Graphique 1 : Répartition du flux de réfugiés ivoiriens par pays
Graphique 2 : Performances de croissance de la Côte d'Ivoire en 2011
Graphique 3 : Taux de croissance des secteurs économiques en Côte d'Ivoire
Graphique 4 : Fluctuation des taux d'inflation dans les Etats de l'UEMOA
Graphique 5 : Evolution de la production céréalière dans les pays de l'UEMOA
Graphique 6 : Evolution des prix des biens et services dans les pays de l'Union
Graphique 7 : Fluctuation du taux d'inflation en Côte d'Ivoire en 2016
Graphique 8 : Fluctuation du taux d'inflation au cours des années en Côte d'Ivoire
Graphique 9 : Fluctuation du taux d'inflation en Côte d'Ivoire
Graphique 10 : Evolution de la commercialisation de certains produits alimentaires
Graphique 11 : Production comparée de pétrole et de gaz en Côte d'Ivoire
Graphique 12 : Evolution de l'exportation de produits par la Côte d'Ivoire
Graphique 13 : Production comparée du café dans le monde
Graphique 14 : Evolution de la balance commerciale par catégorie de produits
Graphique 15 : Evolution de l'IDH en Côte d'Ivoire
Graphique 16 : Evolution des dépenses par élève par ordre d'enseignement
Graphique 17 : Principaux secteurs économiques de Côte d'Ivoire
Graphique 18 : Evolution des principaux indicateurs de Côte d'Ivoire
Graphique 19 : Répartition de l'activité économique

Liste des cartes

Carte 1 : Grandes villes de Côte d'Ivoire
Carte 2 : Régions de Côte d'Ivoire
Carte 3 : Grands groupes ethniques de Côte d'Ivoire
Carte 4 : Ligne de front divisant la Côte d'Ivoire en deux
Carte 5 : Image de la Côte d'Ivoire divisée avant la crise post-électorale
Carte 6 : Les diverses aires végétales de la Côte d'Ivoire
Carte 7 : Grands groupes ethnoculturels de Côte d'Ivoire

INTRODUCTION

Quelques jours après sa prise de fonction, le président élu, Alassane Ouattara, lança le programme présidentiel d'urgence (PPU) en vue de créer les conditions minimum pour un retour à la normale. Il s'agissait notamment de restaurer certains services publics ciblés, de faire face aux besoins élémentaires des populations sinistrées, l'eau potable, la réhabilitation des services sanitaires et éducatifs, la réhabilitation et l'extension du réseau électrique, le ramassage des ordures et l'élimination de dépôts sauvages ainsi que la remise en état et l'équipement de résidence des autorités préfectorales.

Parallèlement à cet effort de reconstruction physique, le gouvernement a renoué avec sa tradition de planification. L'adoption des deux plans nationaux de développement respectivement pour les périodes 2012-2015 et 2016-2020 demeure un signal fort à l'endroit des investisseurs étrangers. Dans le rapport de la Banque mondiale intitulé, « *Doing Business 2015 : au-delà de l'efficience* », publié en fin 2014, la Côte d'Ivoire occupe une place de choix parmi les 10 pays qui ont introduit le plus grand nombre de réformes dans l'amélioration de la réglementation et du climat général des affaires sur les deux années 2013 et 2014; et à juste titre, car le pays a réussi à mettre en place un tribunal de commerce et simplifier les procédures de création d'entreprises.

Concurremment à l'amélioration du contexte des investissements, un vaste programme d'infrastructures a été lancé via une forte augmentation de l'investissement public qui est passé de 2,5 % du PIB en moyenne sur la décennie 2000 à 6 % du PIB sur la période 2012-2015; et ce montant devrait se maintenir dans les années à venir.

Par ailleurs, il faut noter que tous les secteurs de l'économie ont profité d'une demande globale vigoureuse et d'une poussée de l'investissement tant privé que public. Dans le secteur agricole, par exemple, il y a eu une augmentation sensible de la production dans les grandes spéculations comme le cacao (36 %), le café (16 %), la noix de cajou (18 %) et la canne à sucre (12 %). Au plan industriel, l'indice général de production a bondi de 10,5 %, tandis que les secteurs manufacturier et de la construction plafonnaient respectivement à 10 et 23 %. Dans le secteur des services, l'indice de chiffre d'affaires a grimpé de 7 %, le nombre d'abonnés aux services de télécommunication ayant augmenté de 14 % tandis que les indicateurs liés aux services de transport ont eux aussi progressé à un rythme fulgurant.

A ce propos, il s'est attelé à élaborer deux documents stratégiques dénommés Plans nationaux de développement (PND). Le premier PND qui couvre la période 2012-2015, a été rendu public le 28 mars 2012. Il a été prorogé pour la période 2016-2020. Issu d'un diagnostic réaliste des diverses faiblesses engendrées par la décennie de crise, ce second PND qui prévoit un financement de 30 milliards de FCFA, il définit les grands axes de l'intervention gouvernementale autour de puissants moteurs de croissance transversaux (Etat de droit, bonne gouvernance, éducation, santé, environnement) et verticaux (agriculture, bâtiments, travaux publics, transports, mines, énergie, industrie, technologie de l'information et de la communication, tourisme et secteur financier) qui, à terme, devraient contribuer à une réduction substantielle de la pauvreté, grâce à l'investissement privé dont la participation à la réalisation de ce plan devrait se chiffrer à 600% des 11 000 milliards d'investissements prévus par le PND.

En outre, il prévoit d'augmenter l'investissement public, à raison de 2,5% du PIB, dans le but « d'accélérer la transformation structurelle de l'économie ivoirienne ».

Pour y parvenir, le gouvernement a mis en place un train de mesures pour l'amélioration du climat général des affaires, dont l'objectif est de promouvoir le développement du secteur privé. En l'occurrence, il a adopté un Nouveau code des investissements, procédé à la création

du Centre de Promotion des Investissements en Côte d'Ivoire (CEPICI) et la mise en place d'un Guichet Unique de l'Investisseur, et la création du tribunal du commerce.
Dans son contenu, le PND présente trois scenarios:
- (i) le Triomphe de l'Eléphant,
- (ii) le Réveil de l'Eléphant, et
- (iii) le Départ Manqué de l'Eléphant.

Le scénario retenu par le gouvernement, « Triomphe de l'Eléphant » pose les conditions élémentaires pour la réalisation d'une Côte d'Ivoire « émergente d'ici à l'horizon 2020 »[1], c'est-à-dire: (i) réalisation d'une croissance forte et soutenue sur une longue période; (ii) constitution d'une classe moyenne significative qui a accès aux biens de consommation durable; et (iii) participation au système de production mondial.

Outre les performances économiques que ce scénario devait réaliser, à savoir une croissance de 8,2% en 2012, 9,0% en 2013, 10% en 2014 et 10,1% en 2015 et qui devrait se stabiliser à 8,5 % en 2016, il devrait contribuer à consolider l'état de droit, rebâtir la paix, renouer le dialogue et la confiance entre les Ivoiriens ; renforcer le processus de participation politique, remettre à niveau les infrastructures, lutter contre la pauvreté et la faim de plus en plus endémique, revaloriser le revenu des planteurs et, en dernière instance, relever de manière substantielle le niveau de vie des Ivoiriens.

Un certain nombre de constats s'imposent. La stabilité macroéconomique a été retrouvée et la dette extérieure, après l'atteinte du point d'achèvement de l'initiative des Pays pauvres très endettés (PPTE)[2] au mois de juin 2012, ne représente plus que 18 % du Produit intérieur brut (PIB).

En outre, un agenda cohérent de mesures structurelles, afin de créer une économie compétitive est en train d'être mis en œuvre avec le soutien de la Banque Mondiale, du Fonds monétaire international (FMI), de la Banque africaine de développement (BAD), de la Banque islamique de développement (BID), du Programme des Nations unies pour le développement (PNUD) et de l'Union Européenne (UE).

Par ailleurs, les résultats économiques sont bien meilleurs que prévus et pour la deuxième année consécutive, le FMI a revu ses prévisions de croissance pour la Côte d'Ivoire à la hausse. Avec un taux de 8,6% en 2012, la Côte d'Ivoire a rejoint les pays qui ont le plus fort taux de croissance en Afrique et dans le monde.

Stimulée par une forte augmentation concurrente de l'investissement public et privé, le pays a renoué avec la croissance économique en raison de la performance des secteurs clés de l'économie. Cette évolution spectaculaire que l'on pourrait qualifier de second « miracle ivoirien »[3] est attribuable, d'une part, à la réforme des régimes encadrant l'activité des

---

[1] « La Côte d'Ivoire émergente à l'horizon 2020 » est un slogan élaboré et mis en avant par le gouvernement du Président Alassane Ouattara en 2012, comme cheville ouvrière de sa gouvernance.
[2] L'initiative pays pauvres très endettés (PPTE, HIPC *Heavily Indebted Poor Countries*, en anglais), est un plan de restructuration du service de la dette des pays les plus pauvres jugés éligibles, en vue de le rendre «soutenable». Après avoir reconnu en 1996 que la situation d'endettement extérieur d'un certain nombre de pays très pauvres, la plupart situés en Afrique, était devenue extrêmement difficile et avait un impact négatif sur leurs perspectives de développement, la communauté internationale, y compris les institutions multilatérales de développement (Banque mondiale, Fonds monétaire international, banques régionales de développement) a procédé à la réduction, de manière concertée, au poids de la dette extérieure à un niveau soutenable.
[3] Le «miracle ivoirien» est le nom donné à la période de prospérité économique survenue en Côte d'Ivoire entre 1960 et 1970. A cet effet, le pays bénéficia de plusieurs facteurs simultanés, notamment une hausse spectaculaire du prix du café et du cacao, dont le pays est aujourd'hui, respectivement le 3ème et 1er producteur mondial, le besoin de la France de faire du pays une vitrine de sa politique de l'Afrique, le manque de stabilité dans les pays environnants et une forte croissance dans les pays industrialisés.

entreprises, aux programmes d'investissement public et à l'augmentation du revenu des ménages.

En outre, selon une étude de la Banque mondiale réalisée en 2015 sur le niveau de vie des ménages, l'incidence de la pauvreté a reculé de 4 points, passant d'environ 51 % en 2011 à 46 % en 2015. Ce recul de la pauvreté qui est à mettre au crédit du redressement économique entamé par le gouvernement a concerné aussi bien les zones rurales que les zones urbaines.

D'autre part, elle est imputable à la dynamique des secteurs primaire et tertiaire. En 2014, par exemple, le secteur primaire a enregistré une croissance de 12 % grâce à la bonne performance de l'agriculture vivrière, contribuant ainsi, à hauteur de 22,4 %, à la constitution du PIB et à 2,3 points de pourcentage à la croissance contre 22,1% et 1,3 point respectivement en 2013.

Quant au secteur tertiaire, la croissance était estimée à 10,2 % sur la même période contre 9,6 % en 2013.

Sur le front politique, certes plusieurs défis subsistent encore, notamment l'engagement d'un dialogue franc et ouvert avec l'opposition en majorité représentée par le Front populaire ivoirien de l'ex-président Laurent Gbagbo, incarcéré à la Haye.

Toutefois, dans son ensemble, le contexte sociopolitique s'est nettement amélioré depuis le 11 avril 2011.

Bref, dans son ensemble, l'économie du pays a fait d'énormes progrès avec une croissance remarquable de 9,8% en 2012. Suite à «d'importantes réformes», le taux de croissance a atteint 8,7% en 2013 et de «8 à 10%» en 2014.

Pourtant, en dépit de toutes ces avancées que l'on pourrait qualifier de sensationnelles, les défis à relever demeurent encore énormes, dans les secteurs sociaux, notamment où, justement, le commun des Ivoiriens estime qu'il ne bénéficie pas suffisamment des fruits de cette croissance. En réalité, la pauvreté rurale, loin de se résorber ne fait que s'accentuer, surtout à travers les inégalités d'accès aux services essentiels et les disparités hommes-femmes, toutes choses qui pourraient nourrir les clivages entre groupes de revenus différents, mais aussi entre les populations urbaine et rurale, le tout pouvant constituer un véritable frein à la cohésion sociale et la réconciliation. Le rapport sur le développement humain 2013 situe la Côte d'Ivoire en 167ème position sur 186 pays (PNUD, 2013).

En outre, le secteur sécuritaire qui reste à réformer constitue un autre caillou dans les chaussures de l'administration du président Ouattara.

Certes, les contextes de la sécurité et de la gouvernance se sont fortement améliorés et les populations commencent à tirer profit du dynamisme retrouvé, grâce aux efforts de redistribution et de correction des inégalités réalisés dans les différents secteurs économique et social, mais les secteurs sociaux et sécuritaires constituent encore le ventre mou de son administration.

Ce livre cherche à démontrer, avant tout, que Alassane Ouattara, dans un cas comme dans l'autre se contexte économique et social que la Côte d'Ivoire post-crise a en partage actuellement, n'est guère étonnante, dans la mesure où le président, dans sa politique de relance économique, a besoin d'énormes financements pour restructurer les services et les patrimoines de l'Etat qui ont été détruits, saccagés et pillés par la guerre, d'une part, et d'autre part pour assainir les finances publiques et assurer les grands équilibres budgétaires, il va sans dire que les secteurs sociaux, même s'ils ne sont pas négligés, vont ressentir les contrecoups de ces options. Et c'est ce qui se passe en ce moment.

Connaissant la capacité de l'homme à introduire des réformes tant au plan institutionnel que financier, et surtout sa capacité à lever des fonds, une question demeure cruciale, pourtant:

quelles sont les chances pour la Côte d'Ivoire de « redevenir le havre de paix » qu'elle fut jadis entre les impératifs de croissance et les revendications sociales ? Délicat exercice d'équilibrisme, diraient certains, car de la pertinence de la réponse apportée à cette interrogation essentielle dépendra le climat social de reconstruction et de réconciliation, voire d'une paix durable et définitive, socle d'épanouissement du secteur privé, moteur de la politique de gouvernance économique du gouvernement.

Les retombées de cette croissance pour la population ne se font pas encore ressentir, alors que l'économie ivoirienne aspire à l'émergence économique et sociale à l'horizon 2020.

PARTIE I

LE CONTEXTE POST-CRISE DE 2010-2011

Chapitre I : Bref rappel historique des faits

  A- Un contexte socio-politique délétère

    1- Un processus entaché de violence

Le 11 mai 2011, Laurent Gbagbo est conjointement arrêté par les forces d'Alasane Ouattara, la Force Licorne et les Nations unies. Il est conduit au Golf hôtel, quartier-général du camp Ouattara suite à la contestation électorale qui naquit entre lui et l'actuel président, Alassane Ouattara, l'un et l'autre revendiquant simultanément la victoire.

Cette date historique fut le triste épilogue d'une période de 4 mois d'affrontements militaires entre les partisans de Laurent Gbagbo et ceux d'Alassane au terme desquels plus de 3.000 personnes perdirent la vie tandis que des milliers d'autres seront blessés et environ un million d'entre elles fuyant les violences seront déplacées à l'intérieur du pays[4].

Prévu constitutionnellement pour être tenu à fin octobre 2005, le scrutin présidentiel ivoirien de 2010 que tous attendaient parce qu'il devait contribuer à décrisper l'atmosphère politique et contribuer à « une sortie de crise dans ce pays ébranlé par la division nord/sud et les divisions ethniques » allait finir dans un bain de sang[5].

En effet, après avoir fait de multiples fois l'objet de reports dus essentiellement à des facteurs techniques comme l'enrôlement des électeurs et la confection d'une nouvelle liste électorale et la production des cartes d'électeur qui puissent avoir l'adhésion de toutes les parties prenantes, ce moment historique se transformera en crise ouverte qui conduira le perdant, Laurent Gbagbo, à la Haye. D'abord, il y a que le pays était divisé suite au coup d'Etat qui s'est muée en une rébellion en septembre 2002.

Ensuite, il y a qu'à cette époque, il régnait un fort climat de suspicion et de méfiance entre les acteurs politiques suite à une série d'événements qui ont achevé de consolider le clivage entre eux qui s'était déjà esquissé en décembre 1998 lors du coup d'Etat qui a chassé Bédié du pouvoir. Une question fondamentale se posait à l'administration de Laurent Gbagbo: comment créer les conditions d'élections transparentes et crédibles qui puissent non seulement réconcilier les Ivoiriens et être reconnues par la communauté internationale ? Et c'est à juste titre que cette question s'imposait aux Refondateurs, dans la mesure où, comme Laurent Gbagbo l'a ironiquement reconnu un jour, il a été élu en 2000 dans des conditions qu'il a lui-même qualifiées de « calamiteuses ». Pour rappel, il faut noter qu'un forum de réconciliation national a été organisé en 2001 pour « réconcilier les frères ennemis »[6].

---

[4] Dans son rapport du 10 août 1012, la Commission d'enquête nationale estima le nombre total de victimes à 3 248, soit 1 452 imputées au camp Gbagbo, 727 étaient attribuées au camp Ouattara tandis que 1 069 non attribuées à un camp ou l'autre en raison de problèmes d'identification des victimes.

[5] Il est intéressant de rappeler que le président d'alors, Laurent Gbagbo a fini par signer un décret spécial autorisant Alassane Ouattara à se présenter aux élections présidentielles de 2010.

[6] Au terme de deux (2) mois de débats, de témoignages qui ont vu tour à tour se succéder leaders et acteurs politiques ainsi que des victimes des violences liées à l'élection présidentielle de 2000, les conclusions du Directoire du Forum sont loin d'avoir été à la hauteur des espoirs que cette plateforme avaient suscités, car même si le Directoire a admis que *«les participants au Forum ont tous admis la nécessité d'un règlement définitif»* de la question de citoyenneté d'Alassane Ouattara et que *«la fracture politique et sociale dont souffre aujourd'hui la Côte d'Ivoire trouve fondamentalement sa cause dans les controverses sur la nationalité d'Alassane Ouattara [et] que la persistance de cette fracture est de nature à compromettre l'unité nationale, le développement économique et social, et l'avenir de la nation.»* ; et qu'à ce titre, *«Au nom de la Nation, au vue des documents qui lui ont été présentés, le directoire du Forum recommande aux autorités judiciaires compétentes de délivrer à monsieur Ouattara un certificat de nationalité conformément aux lois et règlements en vigueur»*, cet organe précisera un peu plus loin dans les mêmes recommandations que la loi fondamentale ivoirienne, en l'occurrence en son article 35, ne doit faire l'objet d'aucune modification, et qu'à ce titre, il

Quoiqu'il en soit, suite au premier tour de ce scrutin qui eut lieu le 31 octobre et où trois candidats étaient en lice, Alassane Ouattara, Konan Bédié et Laurent Gbagbo, le président sortant, deux d'entre eux, Alassane Ouattara et Laurent Gbagbo, se détachèrent et devaient s'affronter au second tour le 28 novembre, étant entendu qu'aucun d'entre eux n'avait obtenu la majorité absolue.

2- Un second tour à l'issue fatale

Suite à ce second tour, des rumeurs de fraude présumées dans plusieurs bureaux de vote dans diverses régions du pays commencèrent à enfler[7]. Il y a que l'annonce des résultats définitifs avait plusieurs fois été différée par la Commission électorale indépendante (CEI), notamment, pour cause de divergence sur les résultats du scrutin dans certaines régions. Alors, le Conseil constitutionnel, organe suprême de contrôle et de supervision en matière d'élections, constatant que le délai constitutionnel du mercredi 1er décembre 2010 à minuit imparti à la CEI pour la proclamation des résultats provisoires ayant été expiré, il lui revenait de droit de reprendre la main et annoncer les résultats définitifs[8].

Le 02 décembre, néanmoins, Youssouf Bakayoko, président de la CEI, se résolut à proclamer la victoire annonce la victoire d'Alassane Ouattara avec 54,10 % des voix contre 45,90 % pour Laurent Gbagbo, avec un taux de participation de 81,1 %[9]. Fait assez curieux, cette annonce fut faite à l'Hôtel du Golf, alors protégé par les forces de l'Organisation des Nations Unies pour la Côte d'Ivoire (Onuci)[10].

Le lendemain, 03 décembre, Paul Yao N'Dre, en sa qualité de président du Conseil constitutionnel, déclara que la CEI n'avait plus l'autorité nécessaire pour annoncer les résultats, étant donné que la date limite était dépassée et que les résultats tels qu'annoncés par Youssouf Bakayoko étaient invalides. A ce propos, voici ce qu'il dit: « Depuis hier, mercredi 1er décembre à minuit, le délai imparti à la commission électorale indépendante, c'est à

---

recommanda le «*Maintien de la constitution en l'état*». Ce qu'il ressort de tout cela, c'est que loin de toute la publicité et du repas convivial que les trois (3) commensaux, à savoir l'ex-premier ministre Alassane Ouattara, le président Laurent Gbagbo et l'ex-chef de la junte Robert Guéï, ont partagé en signe de réconciliation définitive suite aux interminables querelles politiques à propos, notamment de citoyenneté la d'Alassane Ouattara, cette grand-messe aura finalement accouché d'une petite souris. En réalité, le Directoire du forum, en préconisant dans ses conclusions le «*Maintien de la constitution en l'état*», a adroitement occulté sinon refusé d'aborder, du moins de trouver une solution satisfaisante à l'épineuse et controversée question de la citoyenneté d'un des acteurs majeurs de la scène politique ivoirienne et bien d'autres problématiques, comme les violences qui ont suivi les élections de 2000 et qui se soldées par un charnier de 57 corps de gendarmes dans le quartier de Yopougon, et enfin le foncier rural.

[7] Il faut mentionner que les deux camps s'accusaient mutuellement d'avoir empêché les électeurs de voter dans certaines régions.

[8] Le Conseil constitutionnel est une institution établie par la loi N° 94-438 du 16 août 1994 par la Première République qui en fixe la composition, l'organisation, les attributions et le fonctionnement. Cet organe veille à la régularité des principales élections et référendums.

A ce propos, il est intéressant de préciser son rôle, ses attributions et responsabilités par rapport à la CEI dans les processus électoraux et référendaires. La CEI, conformément aux dispositions légales, organise les élections et en proclame les résultats provisoires dans les trois jours qui suivent la clôture officielle du scrutin. Dans le principe, c'est le président de la CEI qui communique au Conseil constitutionnel, au Représentant spécial du Secrétaire général des Nations unies en Côte d'Ivoire et au Représentant spécial du Facilitateur un exemplaire des procès-verbaux, accompagnés des pièces justificatives dans les trois (3) jours suivant le scrutin (http://www.alterinfo.net/le-role-de-la-CEI-et-celui-du-Conseil-Constitutionnel-dans-le-processus-electoral-en-Cote-d-Ivoire_a53250.html). Dans le cas d'espèce, la CEI aurait dû proclamer les résultats provisoires le mercredi 1er décembre 2010 au plus tard à minuit.

[9] Les Accords de Pretoria, signés en 2005, prévoyaient que la CEI devait être composée en majorité des membres de l'opposition.

[10] Craignant pour sa vie, Youssouf Bakayoko aurait fait son annonce dans cet hôtel, choisi par Ouattara comme quartier général de campagne, car il voulait bénéficier de la protection des forces de l'ONU.

dire 3 jours depuis la date de clôture du scrutin, dimanche 28 au mercredi 1er décembre, a expiré. »[11]

A l'issue de cette déclaration télévisée, Yao N'dré déclara que déclara que des allégations de fraude ont fait annuler les résultats dans sept régions du nord ; ce qui techniquement déclara Laurent Gbagbo vainqueur avec 51,45 % des votes alors qu'Alassane Ouattara n'était plus crédité que de 48,55 % des voix. Après ce changement de situation, les militaires fermèrent toutes les frontières du pays.

Il s'ensuivit alors une situation des plus abracadabrantes où la Côte d'Ivoire était sous l'autorité d'une « double présidence », et où Laurent Gbagbo, avalisé par le Conseil Constitutionnel a formé un gouvernement, tandis que Alassane Ouattara, soutenu par la CEI, constituait un autre[12].

Dans cet imbroglio post-électoral, l'envoyé spécial de l'Onu en Côte d'Ivoire, Young-jin Choi, intervint pour cautionner la victoire à Alassane Ouattara[13].

Guillaume Soro, alors premier ministre du gouvernement de Laurent Gbagbo, soutenant la victoire d'Alassane Ouattara, démissionne de son poste, le 04 décembre 2010, pendant que ce dernier, nommant Gilbert Aké N'gbo comme son nouveau premier ministre, est réinvesti comme président[14].

A ce propos, il fit la déclaration suivante : « La souveraineté de la Côte d'Ivoire, c'est elle que je suis chargé de défendre et elle je ne la négocie pas. »

Quelque temps plus tard, du Golf Hôtel, après avoir nommé Guillaume Soro comme premier ministre, Alassane Ouattara prêta serment en déclarant : « Je voudrais vous dire que la Côte d'Ivoire est maintenant en de bonnes mains ».

Entretemps, le camp d'Alassane Ouattara, avec Guillaume Soro son premier ministre en tête prirent la décision de marcher sur la Radiotélévision ivoirienne (RTI) le 16 décembre 2010[15].

Depuis ces événements, les choses ont amorcé une tournure plutôt infernale, d'autant que dans chaque camp, et le pays vivait au rythme de l'affrontement direct entre les partisans et alliés des deux protagonistes, surtout qu'en différentes parties du pays, on annonçait des tirs et de la violence. La communauté internationale, constatant que ce n'était plus qu'une question de temps avant que cette implosion ne soit une réalité commença à prendre les devants pour l'engagement de négociations politiques entre les deux camps.

Entretemps, sur le front économique et financier, la situation était allée de mal en pis. La Banque mondiale annonça, le 22 décembre, que les crédits de 800 millions de dollars alloués à la Côte d'Ivoire avaient été gelés. En outre, sept ministres des Finances de l'Union économique et monétaire ouest-africaine (UEMOA) firent la demande, le 23 décembre, à la Banque centrale des Etats d'Afrique de l'Ouest (BCEAO) de n'autoriser que les représentants légitimes du président « légitimement élu », à pouvoir gérer les comptes du pays.

Depuis cet instant, il s'engagea une bataille entre les deux rivaux pour le contrôle des leviers financiers du pays. Ayant le plein soutien de la communauté internationale, même s'il n'était pas en possession des régis financières, Alassane Ouattara ordonna, le 24 janvier, un embargo

---

[11] En pareil cas, seul le Conseil Constitutionnel est habilité à proclamer les résultats, car c'est cette institution à incombe de « trancher, le cas échéant, le contentieux électoral, et proclamer les résultats du scrutin».

[12] Fidèle allié de Laurent Gbagbo et particulièrement proche de son épouse, Simone Gbagbo, Paul Yao N'dré, ancien ministre de l'intérieur, fut nommé par le président Laurent Gbagbo le 8 août 2009 à la tête du Conseil constitutionnel qu'il présida jusqu'en 2011.

[13] A ce propos, il dit : « Les résultats du second tour de l'élection présidentielle tels qu'annoncés le 2 décembre par la commission électorale ne changent pas, ce qui confirme que le candidat Alassane Ouattara a remporté le scrutin».

[14] Young-Jin Choi est un diplomate de carrière Sud-coréen représentant le Secrétaire général des Nations unies en Côte d'Ivoire du 19 octobre 2007 au 31 août 2011.

[15] Cette marche qui eut lieu le 16 décembre fit une trentaine de tués à l'arme lourde et une cinquantaine de blessés dans les deux camps. Entretemps, le Golf Hôtel qui était le Quartier Général d'Alassane Ouattara, est

sur les exportations du cacao, décrétant ainsi l'arrêt de toutes les exportations de cette spéculation. En retour, la réaction de Laurent Gbagbo ne se fit pas attendre, car le 09 mars, il prit le contrôle de l'achat et de l'exportation de cette matière première et fixa le délai du 31 mars aux exploitants de cacao pour reprendre leurs exportations sous peine de sanctions financières.

Cependant, le 22 février, lorsque le gouverneur ivoirien de la banque centrale refusa de donner la signature au nom de la Côte d'Ivoire à Alassane Ouattara, celui-ci exigea et obtint le départ du gouverneur qui est, au demeurant, un proche de Laurent Gbagbo[16]. En réaction, ce dernier ordonna la « réquisition » des agences ivoiriennes de la BCEAO pour ne pas être à court de liquidités, ce à quoi Alassane Ouattara allait répondre par l'annonce de leur « fermeture » pure et simple.

La banque centrale ayant donné le ton, ce fut le tour des banques commerciales. Ainsi, durant la semaine du 14 au 18 février, prétextant des problèmes techniques et d'ordre sécuritaire, la plupart des banques mirent momentanément fin à leurs activités et fermèrent leurs agences, avec pour conséquence immédiate pour l'Etat ivoirien de ne plus pouvoir verser les salaires de ses fonctionnaires[17]. Dans sa tentative d'échapper à cette inévitable pénurie de liquidités et d'asphyxie financière, le gouvernement de Laurent Gbagbo décida de nationaliser Le 17 février, le gouvernement Gbagbo décide de nationaliser la BICICI et la SGBCI, le 17 février, ce qui permit le paiement des fonctionnaires début mars. Suite à la fermeture des banques et des ports, les prix de produits de première nécessité comme la viande, l'huile, le sucre et le gaz ont fortement augmenté, tandis que les pharmacies n'étaient plus approvisionnées en médicaments.

Les répercussions de la crise ivoirienne dépassèrent les frontières du pays.

D'abord, le 9 février, la Bourse régionale des valeurs d'Abidjan (BRVM) ferma ses portes et fut temporairement transférée à Bamako, au Mali, une semaine plus tard, suite à l'irruption dans ses locaux des forces loyalistes à Laurent Gbagbo. Ensuite, le 22 février, en effet, la Société ivoirienne de raffinage (SIR), n'ayant plus la possibilité d'acheter du pétrole brut, suspendit toutes activités, or c'est cette société qui fournit en essence, non seulement la Côte d'Ivoire, mais aussi d'autres pays de la sous-région comme le Mali ou le Burkina-Faso.

3- Cycles de médiations de l'Union Africaine

Pendant ce temps, une série de médiations diplomatiques s'organisa. D'abord, pendant que Laurent Gbagbo continuait de soutenir *mordicus* qu'il était le vainqueur légitime de cette élection et que pour quiconque en doutait, il fallait procéder au recomptage des voix, la Communauté économique des Etats de l'Afrique de l'Ouest (CEDEAO), par la voie de ses pairs africains, refusèrent cette option, mais proposèrent plutôt à Laurent Gbagbo un départ « en douceur »[18].

Ce fut ensuite le tour de l'Union Africaine (UA) de dépêcher l'ex-président sud-africain, Thabo M'beki, le 05 décembre pour rencontrer et tenter de concilier les deux parties, mais en vain.

Finalement, l'UA, par l'entremise de sa Commission, envoya Jean Ping le 17 décembre pour réconcilier les frères ennemis[19].

---

soumis à un blocus.

[17] Ce furent la BICICI, la Citibank, la SGBCI, la Standard Chartered, Access Bank, la BIAO, la Banque Atlantique (BACI) et ECOBANK.

[18] Le 07 décembre 2010, la CEDEAO suspendit la Côte d'**Ivoire** et signifia clairement au président sortant de « rendre le pouvoir ». L'UA lui emboîta le pas deux jours plus tard, c'est-à-dire le 09 décembre 2010. Deux semaines plus tard environ, la CEDEAO le menaça d'utiliser la force pour l'obliger à quitter le pouvoir le 24 décembre 2010.

A côté de ces grandes lignes de médiation, la Communauté économique des Etats de l'Afrique de l'Ouest (CEDEAO) convoqua un sommet le 24 décembre à Abuja, Nigéria, et menaça de recourir à la force en passant par son bras armé, l'ECOMOG pour faire partir Gbagbo. Mais, elle se résolut à donner encore la primauté à la médiation[20].

A cet effet, elle mandata les présidents Boni Yayi du Bénin, Ernest Koroma de Sierra Leone et Pedro Pires du Cap-Vert qui rencontrent les deux protagonistes le 28 décembre, sans succès, avant de se faire accompagner le 03 janvier 2011 par Raila Odinga, premier ministre Kenyan. Et même si l'issue de toutes ces tractations n'est pas positive, l'on n'a jamais abondonné l'option diplomatique. C'est ainsi que Olusegun Obasanjo, ancien président nigérian, le 09 janvier, Raila Odinga, lors d'une seconde tentative le 19 janvier et Bingu wa Mutharika, président malawite, le 25 janvier, se rendront successivement à Abidjan.

Puisque tous ses cycles de médiations n'ayant pas connu une issue favorable, le Conseil de paix et de sécurité (CPS) de l'UA, lors de sa 259ème session le 28 janvier 2011, réitéra son attachement à un règlement plus que pacifique de ce conflit[21].

Toutefois, alors que la pression internationale sur Gbagbo s'accroît, Alassane Ouattara, prône, le 6 janvier, une action commando « non violente » de l'Afrique de l'Ouest pour chasser Laurent Gbagbo du pouvoir[22].

Et pour joindre l'acte à la parole, cet organe procéda à la désignation d'un panel de cinq (5) chefs d'Etats, dont l'actuel président sud-africain, Jacob Zuma, le mauritanin Mahamed Ould Abdel Aziz, le Burkinabè, Blaise Compaoré, le Tanzanien Jakaya Kikwete et le tchadien Idriss Deby Itno, en remplacement du Ghanéen Goodluck Jonathan, en vue de trouver une solution définitive et durable à la crise qui perdure[23].

En effet, les 21 et 22 février, 4 des 5 membres de ce panel de haut niveau se rendirent à Abidjan à l'issue de rencontrer Laurent Gbagbo et Alassane Dramane Ouattara[24].

---

[19] Rappelons que Laurent Gbagbo et Alassane Ouattara, alors dirigeants des deux plus importants partis d'opposition avaient formé l'alliance du boycott actif en 1995 contre Henri Konan Bédié, lors du scrutin présidentiel de 1995. Seul le Parti ivoirien des Travailleurs (PIT) de Francis Wodié pris part à cette échéance électorale.

[20] La Brigade de surveillance de cessez-le-feu de la CEDEAO (en anglais *Economic Community of West African States Cease-fire Monitoring Group* ou *ECOMOG*), et aussi apéelée les « Casques Blancs », en référence aux Casques Bleus de l'ONU, est un groupe militaire d'intervention agissant sous la direction de la CEDEAO. A l'origine destine au respect des cessez-le-feu dans les pays membres, elle a cin (5) missions essentielles dont:
- Observation et supervision des cessez-le-feu ;
- Maintien et consolidation de la paix ;
- Conduite d'interventions humanitaires ;
- Réalisation de déploiements préventifs ;
- Désarmement et démobilisation des forces armées non régulières.

[21] Le Conseil de paix et de sécurité de l'UA est l'organe chargé de l'exécution des décisions de l'organisation. A l'exemple du modèle onusien, il est composé de 15 membres dont 5 sont élus pour trois ans et 10 pour 2 ans par la Conférence suivant une mosaïque de facteurs, notamment l'équilibre régional, la capacité de contribution financière et militaire, la volonté politique de le faire, et l'efficacité de la présence diplomatique à Addis-Abeba.

[22] Il est symptomatique que l'option militaire n'ait pas été sérieusement envisagée, car la communauté internationale, y comprise l'UA, était butée à une interrogation essentielle : « Qui est prêt à envoyer des troupes dans un centre urbain comme Abidjan ? ». Cette inquiétude fut partagée par l'ex-ministre française de la défense, Michelle Alliot-Marie, le 28 janvier, qui considérait l'intervention militaire comme le : « …dernier recours que nous voulons absolument éviter ».

[23] Malheureusement, la composition même du « panel » était sujette à polémique. Si les Forces Nouvelles, partisans de Ouattara, «… appellent le Président sud-africain, Monsieur Jacob Zuma et l'Afrique du Sud à ne pas s'opposer, ni ruser avec la Démocratie en Afrique. L'Afrique du Sud ne doit pas jouer le jeu de la confiscation du pouvoir et des présidences à vie en Afrique », Charles Blé Goudé, fervent soutien de Laurent Gbagbo et « chef » des Jeunes Patriotes, n'y alla par quatre chemins lorsqu'il affirma: « Pour nous, Blaise Compaoré doit être récusé et nous le récusons. Et il n'est pas le bienvenu en Côte d'Ivoire. Il est un danger pour la sous-région. C'est lui qui a déstabilisé la Sierra-Léone, le Libéria ».

[24] Le président Burkinabè, Blaise Compaoré ne put effectuer le déplacement, les jeunes patriotes s'étant

N'ayant, toutefois, pas obtenu le succès escompté, le panel décida de recevoir les deux parties cette fois-ci à Addis-Abeba, Ethiopie.

L'une des raisons probables pourrait en être la forte contestation dont souffrait le président Burkinabè de la part des partisans de Laurent Gbagbo, notamment les « jeunes patriotes » qui avaient toujours considéré le président Burkinabè, avant tout, comme le principal responsable de la rébellion, et par conséquent la crise post-électorale. C'est ainsi que les 09 et 10 mars, Alassane Ouattara et Laurent Gbagbo furent convoqués à Addis-Abeba, Ethiopie. Mais, si Alassane se présenta en personne dans la capitale éthiopienne, contre toute attente, il n'en fut pas de même de Laurent Gbagbo qui se fut fait représenter par Pascal Affi Nguessan, président du Front populaire ivoirien, formation politique créée par Laurent Gbagbo en 1990 à la faveur de l'ouverture politique. Si l'absence de Laurent Gbagbo à Addis-Abeba eut joué en sa défaveur, l'on ne saurait l'affirmer avec exactitude, mais toujours est-il que le Conseil de paix et de sécurité entérina la victoire d'Alassane Ouattara comme le nouveau président de Côte d'Ivoire à l'issue de l'élection présidentielle du 28 novembre[25].

Parallèlement aux négociations et à l'intransigeance de Laurent Gbagbo d'abdiquer le pouvoir, les sanctions internationales commencèrent à pleuvoir[26]. Il s'agit, notamment, des Etats-Unis qui gelèrent les avoirs de Laurent Gbagbo le 06 janvier 2011 et de l'UE qui procéda à l'extension des sanctions à l'endroit du camp du président perdant le 02 février 2011.

Entretemps, Charles Blé Goudé, nommé Ministre de la Jeunesse et des Sports, dans le Gouvernement de Laurent Gbagbo, multiplie les mots d'ordre de résistance à l'endroit des "Jeunes Patriotes" contre la communauté internationale[27].

B- Généralisation des affrontements

1- Des escarmouches localisées

Pendant la campagne électorale, déjà, les tensions étaient déjà palpables sur le terrain entre les partisans de Laurent Gbagbo et Alassane Ouattara[28]. Et si la période qui a suivi le premier

---

résolument opposés à sa présence en terre ivoirienne.

[25] Il est intéressant de mentionner que la plupart des négociations diplomatiques menées par l'instance continentale, reconnaissant de facto la victoire d'Alassane Ouattara, s'efforçaient de convaincre Laurent Gbagbo de quitter le pouvoir sans heurts; peut-être était-ce le fait de la communauté internationale représentée par l'Union Européenne (UE), la France et les Etats-Unis qui avaient déjà félicité Alassane Ouattara en demandant à Laurent Gbagbo de reconnaître la victoire de son adversaire. Le 25 mars 2011, le président américain Barack Obama monta au créneau pour reconnaître officiellement Ouattara comme le gagnant de l'élection contestée.

[26] L'attitude négative du président contesté à l'égard de la communauté internationale se traduisait peu à peu par ses décisions hors du commun. En effet, le 18 décembre 2010, il exigea le départ des 10.000 casques bleus et bérets bleus de l'Onuci ainsi que des 950 soldats français de la force française Licorne de la Côte d'Ivoire, foulant ainsi au pied les accords de défense préalablement signés. Le 17 février 2011, il annonça la nationalisation des filiales des banques françaises BNP Paribas et la Société Générale, qui avaient déjà fermé, après la déstabilisation du système bancaire causée par la rupture des relations entre la BCEAO et le pouvoir d'Abidjan. Le 07 mars, il décréta la saisie par l'Etat et de l'exportation du cacao. Alors, il demanda aux multinationales de reprendre leurs exportations, tandis que Alassane Ouattara, se considérant le président légitime, prolongea leur suspension.

[27] Il y a lieu, néanmoins, de mentionner que l'accentuation des clivages ethniques entre « Gens du Nord et « Gens du Sud » donnèrent lieu à d'énormes exactions allant d'exécutions extra-judiciaires envers les « Gens du Nord » au lynchage au feu bien connu par le groupe de mots : « l'article 125 », c'est-à-dire du pétrole 100 f et une boîte d'allumettes à 25 f. Au nom de cet « article 125 », quantités d'innocents qui avaient l'air perdu à Abidjan perdirent inutilement la vie.

[28] La confusion qui régnait avant l'annonce des résultats définitifs allait s'accentuer encore plus lorsque Damana Adia Pickass, partisan et représentant de Laurent Gbagbo à la CEI lors de la proclamation des résultats provisoires du scrutin présidentiel, empêche l'annonce de résultats partiels à Abidjan le 30 novembre 2010, en

tour fut le témoin des premières escarmouches, c'est celle précédant le second tour qui allaient porter les véritables prémices de ce qui allait devenir la tristement célèbre crise-postélectorale. En effet, depuis la date du 28 novembre, la situation sur le terrain n'a cessé de se détériorer, à un point tel qu'une manifestation de l'opposition contre le couvre-feu instauré par le président Gbagbo à la veille du second tour, le 27 novembre, fit trois morts[29].

Peu après la tenue du scrutin, l'on assiste à une montée drastique de la violence, notamment lors d'affrontements qui éclatèrent qui clamèrent la vie de 173 personnes entre le 16 et le 21 décembre 2010.

A partir de là, les choses sont allées peu à peu en vrille, car régulièrement entre le 12 janvier et la fin mars 2011, des affrontements eurent lieu dans diverses communes de la ville d'Abidjan, notamment dans les quartiers comme Port-Bouët, Abobo, Adjamé, Yopougon, Koumassi et Treichville entre un certain « Commando *Fonyon* »[30], dirigé par Ibrahim Coulibaly, plus connu sous le pseudonyme de "IB" et les troupes loyales à Laurent Gbagbo[31].

Pendant ce temps, les partisans de Gbagbo, accusant le personnel des Nations unies de prendre fait et cause pour Alassane Ouattara, eut égard à la certification du résultat du scrutin par le Représentant du Secrétaire General des Nations unies, Choi, lancent un appel le 25 février à « s'organiser en comités pour empêcher par tous les moyens » à ces fonctionnaires internationaux de circuler dans la ville d'Abidjan[32]. En réponse, l'on pouvait entendre la foule scander « *Onuci et Licorne, dehors!* ».

Sur le terrain, la situation sécuritaire ne faisait que se détériorer avec des affrontements fréquents entre, d'une part, les pro-Gbagbo et les pro-Ouattara, et d'autre part, entre les pro-Gbagbo et les membres de l'ONU et ceux de la Force Licorne.

2- La généralisation des affrontements

Peu à peu, néanmoins, aux escarmouches ont irrémédiablement succédé une flambée de violence civile qui avait commencé à gagner toutes les communes d'Abidjan, avant de se propager à certaines régions du pays[33].

Néanmoins, c'est à partir du mois de mars 2011 que la crise allait atteindre son paroxysme avec la généralisation des affrontements sur presque toute l'étendue du territoire ivoirien, notamment celles de l'Ouest[34].

---

arrachant de mains du porte-parole de la Commission électorale la feuille de résultats partiels de l'élection présidentielle, deux jours après le second tour, au siège de la CEI.

[29] Selon le décret du président Laurent Gbagbo, ce couvre-feu devait assurer le «*maintien de l'ordre qui s'impose dans la période couvrant le second tour*».

[30] Commando Invisible en malinké.

[31] Il est pertinent de mentionner que ces combats larvés eurent lieu en majorité à d'Abobo, commune connue pour être le bastion des pro-Ouattara. En l'occurrence, le 03 mars, sept femmes furent tuées lors d'une manifestation organisée par les pro-Ouattara à Abobo. A cet égard, des témoins, le camp Ouattara et l'Onuci accusent les Forces de défense et de sécurité (FDS). Les militaires pro-Gbagbo affrontent depuis mi-février des insurgés pro-Ouattara d'abord à Abobo, puis dans d'autres quartiers d'Abidjan.

[32] Ces mots d'ordre sont si bien suivis et exécutés que le 18 janvier et le 17 mars, l'Onuci dénonça respectivement des « actes répétés d'agression contre ses patrouilles » et accusa le camp Gbagbo d'avoir tiré sur entre 25 et 30 « civils innocents » à l'arme lourde dans le quartier d'Abobo, toutes actions qui contraignirent l'ONU à voter, en hâte, une résolution pour l'envoi de 2.000 casques bleus supplémentaires en Côte d'Ivoire, à l'issue de "redoubler de vigilance et être prêts à toutes les éventualités." [S/RES/1975(2011)].

[33] Des témoins affirmèrent l'instauration dans le Grand Abidjan d'une terreur milicienne incarnée par les « Jeunes Patriotes », qui, armés de gourdins ; qui de machettes, dressaient des barrages sauvages ou incendiaient aveuglément maisons, échoppes et minibus. Il faut dire par ailleurs qu' « il n'y avait rien de nouveau » dans le camp des Forces nouvelles d'en face qui, en durcissant leur riposte, se livraient également à cœur joie à moult exactions.

[34] Toutefois, les ex-rebelles, toujours fidèles à Alassane Ouattara, ont pris possession de deux localités sous le contrôle des troupes de Laurent Gbagbo le 25 février avant de conquérir Toulepleu et Doké, respectivement les 6

Ainsi, le 28 mars, les FRCI lancent une grande offensive quatre mois jour pour jour après le début de la crise post-électorale. Après s'être rendus maîtres de plusieurs localités de l'intérieur, ils progressaient rapidement rencontrant peu de résistance. Ils atteignirent Yamoussoukro, la capitale politique et administrative deux jours plus tard, c'est-à-dire le 30 mars.

Le 31 mars, soit 3 jours après la prise de Yamoussoukro, plusieurs colonnes de FRCI firent leur entrée à Abidjan le 31 mars 2011. Parmi elles, certaines rejoignirent l'Hôtel du Golf pour y assurer la sécurité de ses occupants, Alassane Ouattara y ayant établi son quartier général depuis bien avant la proclamation des résultats provisoires par la CEI.

Alors, Alassane Ouattara déclara un couvre-feu de trois jours pendant que l'Onuci prenait le contrôle de l'aéroport Félix Houphouët-Boigny d'Abidjan suite à la défection des forces de défense et de sécurité.

Toutefois, les FRCI continuaient à essuyer une résistance farouche de la part des partisans de Laurent Gbagbo, bien que lui-même, retranché dans sa résidence de Cocody, semblait avoir perdu le contrôle de la situation sur le terrain. Le 4 avril, l'Onuci et la Force Licorne menèrent une opération conjointe où elles frappèrent les derniers bastions de Gbagbo, tirant sur des camps militaires et des batteries situées à la résidence et au palais présidentiel, dans le but de neutraliser les armes lourdes, pour, conformément à la résolution 1975 du Conseil de Sécurité, protéger les populations civiles et la force de l'ONU[35]. Elles ont notamment tiré sur le Palais présidentiel, où sont stockées des armes lourdes. Alors, des négociations sont entamées en vue de demander la reddition de Laurent Gbagbo, mais en vain.

Après que les forces pro-Gbagbo semblaient avoir repris du poil de la bête à partir du 8 avril, par le contrôle de plusieurs quartiers, les forces françaises de l'opération Licorne et l'Onuci finirent par lancer le dernier assaut dans la nuit du 10 au 11 avril qui allait conduire à l'arrestation de Laurent Gbagbo et permettre à Alassane Ouattara d'entrer dans ses droits en tant que président élu de Côte d'Ivoire[36].

Ainsi, après plus de quatre mois de violence, de vandalisme et de pillage, et dix jours d'intenses combats, la crise post-électorale ivoirienne put enfin connaître un dénouement, avec l'investiture ou, du moins, la seconde prestation de serment d'Alassane Ouattara comme président le 21 mai 2011, mais à quel prix? Autant dire une victoire à la Pyrrhus, car, cette crise post-électorale va porter le coup de grâce à un pays meurtri, divisé de fait et socialement fracturé, dont l'économie, exsangue, avait déjà amorcé une profonde phase de déclin depuis le coup d'Etat de septembre 2002 qui se mua en rébellion et aboutit à la partition de fait du pays, entre un sud dirigé par les forces dites loyalistes avec à leur tête, Laurent Gabgbo et un nord, occupé par les rebelles[37].

---

mars et 13 mars 2011. Quelques jours plus tard, le 17 mars, Alassane Ouattara mettait en place les Forces républicaines de sécurité (FRCI) en majeure partie composées des ex-rebelles et des soldats déserteurs du camp Gbagbo.

[35] http://www.onuci.org/pdf/resolutions/N1128477.pdf.

[36] Alain Toussaint, porte-parole de Gbagbo, soutint que ce furent les forces de la Force Licorne qui ont procédé directement à l'arrestation de Laurent Gbagbo et de sa famille, et qui l'ont « remis aux chefs de la rébellion ».

[37] Seka Tchere, *Côte d'Ivoire: Priorités économiques post-crise. Côte d'Ivoire, consolidation d'une paix fragile*, Partnership Canada Africa, 2004.

Chapitre II : Analyse du conflit ivoirien

A- Une crise aux ramifications profondes

1- D'une succession mal préparée à la crise de l'ivoirité

L'on ne saurait aborder et comprendre sainement la crise qui a succédé l'élection présidentielle d'octobre 2010 à avril 2011, sans un large retour en arrière. Il serait prétentieux de croire que cet ouvrage va couvrir toutes les circonstances qui ont présidé à l'émergence de cette crise. Tout au plus, se contentera-t-il d'en retracer les faits essentiels qui, à notre humble avis, ont été déterminants dans sa survenue. Ainsi, l'on peut en déceler deux types : les facteurs lointains et les facteurs immédiats[38].

Les facteurs sous-jacents représentent les éléments lointains. Ces éléments, bien que n'étant pas visibles au moment de l'éclatement du conflit, n'en ont pas moins contribué à préparer le terrain pour cette crise.

En d'autres termes, ce sont les données qui n'agissent pas directement, mais qui impulsent une dynamique aux éléments immédiats de sorte à provoquer l'évènement.

Dans le cas de la crise ivoirienne, ces éléments font référence aux causes lointaines. Ces causes sont à rechercher depuis 1993, un peu avant la disparition de Félix Houphouët-Boigny, même si certains ont tendance à les situer un peu plus avant dans le temps[39].

En réalité, la situation politique de la Côte d'Ivoire à cette époque fut constamment tendue eu égard à un certain nombre de facteurs peu ou prou créés et entretenus par le Vieux lui-même. D'abord, il y a qu'à cette période, en rupture de ban auprès de ses « alliés » extérieurs, il n'avait non plus confiance en aucun de ses collaborateurs immédiats, ce qui le détermina en partie à porter son choix sur Alassane Ouattara, même si la pression des Institutions de Bretton Woods se faisait de plus en plus sentir pour le choix de ce jeune économiste fraîchement émoulu de leur sérail, d'autant plus qu'après ce choix une question taraudait l'ensemble des Ivoiriens : Pourquoi le vieux a-t-il porté son choix sur un étranger (un Burkinabè) au lieu d'un Ivoirien?[40]

Aujourd'hui le vieux n'est plus là pour répondre spécifiquement à cette question, mais en croisant ses décisions et ses actions, il ressort qu'à cette époque, ce qui le préoccupait, c'était moins la patrie d'appartenance d'Alassane Ouattara que les compétences techniques dont il était pourvu et qui pouvaient l'aider à sortir le pays de la mauvaise passe dans laquelle il se trouvait depuis le début des années 80.

---

[38] Plusieurs schémas explicatifs sont en compétition pour tenter d'apporter un éclairage sur les causes de la crise ivoirienne dans son ensemble, mais ici un schéma explicatif fondé sur la psycho-sociologie a retenu notre attention, la théorie de la privation. Définie comme le sentiment conscient d'un écart négatif entre les attentes légitimes et actualités présentes, la privation relative est le mécontentement, l'injustice ou la frustration qui résulte de la comparaison de sa propre situation à celle des autres. Ce sentiment ne trouve pas nécessairement dans les conditions objectives vécues par les sujets et est dépendant de la comparaison sociale. Il prédispose à la révolte. Il y a quatre types de privation relative : la privation relative interpersonnelle, la privation relative interpersonnelle, la privation relative intergroupe et la privation relative pour autrui.

[39] Certains situent l'origine de cette crise déjà à la fin des « 20 Glorieuses » 1960-1980 où après le « miracle ivoirien », la Côte d'Ivoire a amorcé un irréversible déclin économique à partir du début des années 1980 qui a foncièrement érodé la qualité de vie des Ivoiriens. Selon Labonté, c'est le début des années 80 marqué par la combinaison de la « privation relative » à la « privation régressive » caractérisée par la perte des acquis des années antérieures qui justement sont à l'origine de ces crises récentes (Nathalie LABONTÉ, *La guerre civile en Côte d'Ivoire: L'influence des facteurs économiques, politiques et identitaires*, Mémoire de Maîtrise, Institut québécois des Hautes Etudes Internationales, Université Laval, Québec, 2006).

[40] Les faits remontent au début des années 1990 où Félix Houphouët-Boigny a lui-même pris soin « d'attiser une mésentente entre les deux qui allait mener au désastre », comme l'explique Frédéric Grah Mel dans sa biographie du « Vieux ».

En outre, il donna plein pouvoir à ce « jeune premier » en lui confiant le poste de président du Comité interministérielle chargé de la coordination du programme de stabilisation et de relance économique le18 avril 1990, avant de le nommer comme Premier ministre en novembre 1990[41].

Pendant ce temps, bien que se sachant très malade et que de folles rumeurs couraient sur les rivalités entre Alassane Ouattara et Bédié, il ne fit rien pour tenter d'apporter une solution durable à sa succession, car même s'il avait taillé la Constitution de sorte à faire de Henri Konan Bédié, le Président de l'Assemblée Nationale, son Dauphin légitime, de par l'Article 11[42] de la Constitution, le Vieux n'avait rien fait pour freiner l'appétit insatiable d'Alassane Ouattara pour le pouvoir[43].

La disparition du « Vieux » le 07 décembre 1993 n'arrangea en rien cette situation déjà délétère, que d'aucuns qualifiaient déjà de « pourri » entre les frères ennemis. Au contraire, les tensions ne firent que se raviver.

Néanmoins, bien avant cette période, la rivalité entre les deux quinquas qui couvait allait éclater au grand jour le 1er octobre 1992 où, à la faveur d'un entretien réalisé la télévision ivoirienne Alassane Ouattara afficha publiquement ses ambitions de devenir président de la République[44].

Ce fut, alors, le début d'une période tumultueuse caractérisée entre autres par la division non seulement des supposés « héritiers » du PDCI-RDA, mais également à l'imposition de son parti politique.

En effet, il est apparu que Bédié et Alassane briguaient concurremment le poste de président de la République, même si la Loi fondamentale ivoirienne est claire à ce propos. L'on assista à une situation des plus incongrues et des plus inédites également, car c'était à qui d'entre les deux qui devait se proclamer président le premier pour que le tour soit joué. Alors, par un concours de circonstances, il put accéder à l'antenne, en tant que successeur constitutionnel de Houphouët-Boigny, pour prononcer son premier discours de Président de la République de Côte d'Ivoire pendant qu'Alassane Ouattara tentait la même manœuvre sur la 1ère chaîne, mais il était trop tard. Par conséquent, il dut s'incliner et reconnaître sa « défaite », de mauvaise grâce[45]. Dès lors, ce fut la guerre des mots suivie d'une rupture totale entre les deux hommes. Cette rupture va insidieusement conduire à l'éclatement du PDCI-RDA et la création du Rassemblement des Républicains (RDR) le 27 septembre 1994[46].

---

[41] La Côte d'Ivoire, dans sa Loi fondamentale, a consacré le régime présidentiel qui, à la vérité et par déviance, il s'agit d'un régime présidentialiste, même si l'on veut qu'il soit semi-présidentiel, où le Président de la République est le « détenteur exclusif du pouvoir exécutif ». Sous ce rapport, le poste de Premier Ministre est superflu, mais sous la pression des bailleurs de fonds, suite à une modification constitutionnelle, un poste de Premier Ministre, chef de Gouvernement, est créé. Alassane Ouattara forma son Gouvernement le 30 novembre 1990 après que les élections législatives furent remportées par le PDCI-RDA, le parti au pouvoir.

[42] Cet article est devenu l'Article 40 de la Constitution sous la Seconde République.

[43] La Constitution ivoirienne de 1960 et 2000, en ses articles, stipule qu' « En cas de vacance de la Présidence de la République par décès, démission, empêchement absolu, l'intérim du Président de la République est assuré par le Président de l'Assemblée nationale pour une période de quarante-cinq jours à quatre-vingt-dix jours au cours de laquelle il fait procéder à l'élection du nouveau Président de la République».

Un autre fait est que un jour que Houphouët-Boigny était en France pour des soins, le nouveau Premier Ministre présida un conseil des Ministres au lieu d'un Conseil de Gouvernement comme cela aurait dû être le cas. En outre, il se mit à nommer des Préfets bien que cela ne fût pas de sa prérogative, ce qui, évidemment, le mit à dos l'ex-Ministre de l'Intérieur, Emile Constant Bombet.

[44] http://www.jeuneafrique.com/36799/politique/alassane-ouattara-et-henri-konan-b-di-amicalement-v-tre/.

[45] La rumeur courait que c'est parce que Jésus Kouassi Yobouet, alors directeur de la seconde chaîne de télévision TV2, a été plus rapide que le président de la Première chaîne qui s'affairait pour faire passer Alassane Ouattara à l'écran que Bédié réussit sa tentative d'apparition à la télévision. En récompense, il nomma Jésus Kouassi Yobouet comme Ministre de la communication.

[46] Le refus de donner la parole à Djéni Kobina lors d'un congrès extraordinaire du PDCI-RDA fut, dit-on, à l'origine de la création de ce parti. A notre avis, ce n'était que la face émergée de l'iceberg de la crise de

Par ailleurs, si l'année d'après l'on crut, à tort, que l'animosité entre les deux hommes s'était estompée, ou avait disparu, puisque ce fut Bédié qui signa la lettre d'accréditation d'Alassane Ouattara pour son nouveau poste de Directeur général adjoint du FMI, il n'en fut absolument rien, d'autant que même s'il renonça à se présenter à l'élection présidentielle qui devait consacrer Henri Konan Bédié comme président légitime de Côte d'Ivoire après avoir assumé l'intérim du pouvoir de Houphouët-Boigny, il s'allia au Front populaire ivoirien (FPI) de Laurent Gbagbo pour participer au boycott actif sous la bannière du Front républicain qui regroupait le FPI, le RDR et l'Union des forces démocratiques (UFD)[47].

L'un des points majeurs d'achoppement fut, cependant, l'introduction du concept d'ivoirité dans la vie politique ivoirienne par Bédié après qu'il eut pris le pouvoir en décembre 1993. Le concept de l'ivoirité pourrait ainsi se résumer: « la Côte d'Ivoire aux Ivoiriens, pour la simple raison qu'on ne peut pas être étranger et prétendre à un poste politique, de surcroît au poste de la magistrature suprême. Le principe, c'est qu'il existerait des Ivoiriens de souche multiséculaire et des étrangers ».

Or, depuis 1990 où le "vieux" l'a fait venir d'urgence pour redresser l'économie ivoirienne, Alassane Ouattara a toujours été taxé d'être un étranger.

A la faveur de cette nouvelle trouvaille donc, Bédié allait introduire un train de mesures constitutionnelles visant à exclure d'office son concurrent potentiel dans les grandes électorales[48].

Ainsi, La politique d'ouverture d'Houphouët aux « frères africains » fut abandonnée à la mort de ce dernier le 07 décembre 1993, par son dauphin constitutionnel, Henri Konan Bédié[49]. Celui-ci allait réactiver le concept d'ivoirité, ce néologisme utilisé pour la première fois en 1974 dans un article intitulé « ivoirité et authenticité » paru dans le quotidien « Fraternité Matin », journal proche du Parti démocratique de Côte d'Ivoire (PDCI), le parti unique depuis l'indépendance jusqu'en 1990.

Dans son principe, en réintroduisant le concept d'ivoirité dans la vie politique ivoirienne, "solennellement officialisé et développé lors d'un discours présidentiel à l'occasion du 10ème Congrès du PDCI-RDA", le 26 août 1995, Henri Konan Bédié estima qu'il devait permettre à la Côte d'Ivoire de mieux préserver son identité nationale autant que la francité désigne ce qui est propre aux Français et permet de les reconnaître[50].

---

légitimité dont souffraient les caciques de ce parti politique depuis la disparition de son chef mythique, Houphouët-Boigny. Alassane Ouattara y adhéra le 13 janvier 1995.

[47] Le boycott actif fait référence aux manifestations violentes qui furent organisées par l'alliance des partis de l'opposition en signe de protestation en vue d'assurer une certaine transparence dans les élections 1995. Ces manifestations conduisirent à l'arrestation et l'incarcération de plusieurs opposants.

[48] Il fait voter le 08 décembre 1994 la loi sur le code électoral par l'Assemblée Nationale à une très large majorité (109 voix contre 13). Plus restrictif sur le droit de vote et les conditions d'éligibilité que son prédécesseur, ce nouveau code électoral stipule que dorénavant, tout candidat à l'élection présidentielle doit être « ivoirien de naissance », « né de père et de mère eux-mêmes ivoiriens de naissance ». En outre, le potentiel candidat doit avoir résidé en Côte d'Ivoire de façon continue pendant les cinq années précédant la date de l'élection et ne jamais avoir renoncé à la nationalité ivoirienne. Autant de restrictions qui visiblement visaient non seulement l'ex-Secrétaire général du RDR, Djéni Kobina qui fut accusé d'être d'»origine ghanéenne et Alassane Ouattara, Burkinabè. Ce code électoral fut suivi du vote de la loi foncière (Loi n° 98750 du 23 décembre 1998) le 23 décembre. Dans une de ses dispositions, cette loi exclut les non-ivoiriens de la propriété foncière rurale et, sous ce rapport, elle constitue le pendant rural de l'ivoirité.

[49] Lors d'une interview où Alassane Ouattara dévoila ses ambitions présidentielles; Bédié ne put s'empêcher de montrer qu'il était furieux. Devenu président en 1993, à la mort de Houphouët-Boigny, il brandit "l'arme du faible", la nationalité contestée d'Alassane Ouattara (http://www.jeuneafrique.com/36799/politique/alassane-ouattara-et-henri-konan-b-di-amicalement-v-tre/).

[50] Sous l'entrée « francité »', le Petit Robert livre la définition suivante : « n.f. - 1936, répandu v. 1965 - de France - Caractères propres à la culture française, à la communauté de langue française (> francophonie) » En unique exemple, y est citée... » la Maison de la Francité, à Bruxelles" !. Le Petit Larousse, pour sa part, définit le vocable comme la « Qualité de ce qui est français ; ensemble des caractéristiques de ce qui est reconnu comme

Loin de vouloir justifier la tournure idéologico-xénophobe que le concept a prise, il faut remarquer qu'en soi, il peut être appréhendé comme une affirmation de l'identité nationale, une sorte de renouveau par rapport à la politique de large ouverture jusqu'ici pratiquée par Houphouët-Boigny.

Mais encore, il vise l'affirmation de la nation ivoirienne comme "une nation mature capable de s'appuyer sur son histoire et sa diversité culturelle pour affronter les défis de la modernisation"[51].

A ce titre, loin de toute connotation négative, car il est comme le concentré "…définissant les caractères nationaux de la Côte d'Ivoire", et à ce titre, il devrait être l'objet d'une certaine fierté et même de l'orgueil de la part des Ivoiriens. Au lieu de cela, il fit constamment source de tensions interethniques et même intercommunautaires, parce qu'en réalité l'interprétation qu'une poignée d'intellectuels allait donner au concept était cristallisée dans ce «l'esprit du nouveau contrat social du Président Henri Konan Bédié » visant à "masquer de très pernicieux ferments de division, car l'ivoirité telle qu'elle commença à servir de fondement légitime au pouvoir de Bédié durant la campagne électorale de 1995 fut à l'origine de vives contestations du côté des principaux partis de l'opposition surtout du RDR"[52].

En réalité, en partant de l'analyse du contexte socio-politique qui a présidé aux conditions d'émergence du concept, il est évident que les sous-entendus inavoués allaient faire de ce concept non seulement l'un des plus tabous, mais également l'un des plus haï de la classe politique ivoirienne au cours des 15 dernières années[53].

Néanmoins, il est tout aussi vrai que, certains leaders politiques opportunistes, au pouvoir comme dans l'opposition, s'en sont servis copieusement comme instrument politique pour manipuler leurs partisans[54].

Ainsi, le concept d'ivoirité, à tort ou à raison, ayant écarté Djéni Kobina, et potentiellement Alassane Ouattara, de la scène politique, Bédié n'eut en face de lui que le candidat du Parti ivoirien des travailleurs, Francis Wodié[55]. Il fut élu le 22 octobre 1995 avec 96,44 % des voix.

---

français » (http://www.larousse.fr/dictionnaires/francais/francit%C3%A9/35044)

[51] Sayba Danfakha, *La crise ivoirienne*, Université Cheick Anta Diop de Dakar, Mémoire de Maîtrise en Relations internationales, 2003.

[52] Cette facette pernicieuse de l'ivoirité a été mise en œuvre par un groupe d'intellectuels et d'universitaires à travers la Cellule universitaire de recherche et de diffusion des idées et actions politiques du Président Bédié (CURDIPHE). Le 8 décembre 1994, une révision du Code électoral impose aux candidats à la présidence de prouver leur ascendance ivoirienne, garante de leur citoyenneté.

[53] Cela lui permet également d'évincer son principal rival, Alassane Ouattara, originaire du Nord du pays. Mais le fait d'avoir poursuivi ses études au Burkina Faso et d'avoir été envoyé occuper de hautes fonctions sous la houlette burkinabé ont permis son rejet.
Ce rejet d'Alassane Ouattara s'appuyait sur le rejet ancien du *dioula*, l'homme du Nord pour les Ivoiriens de la côte et du centre. À une différence ethnique s'ajoute en effet une différence de religion: les Ivoiriens du Nord, majoritairement musulmans, sont soupçonnés de ne pas être Ivoiriens et sont donc rejetés par les Ivoiriens du Sud, majoritairement chrétiens. Les populations du Nord et du centre, notamment les Malinkés, ont des patronymes identiques à ceux des immigrés de même ethnie provenant des pays voisins, notamment du Burkina Faso, du Mali et de la Guinée. Ceux qui sont dans cette situation subissent toutes sortes d'injustices. Certains voient leurs pièces d'identité détruites par les forces de l'ordre. Ils n'obtiennent plus de carte d'identité, de passeport et ne peuvent ni avoir de certificat de nationalité ni voter. Bien que certains Ivoiriens du Sud (notamment les Akans) possèdent aussi des patronymes identiques à certains peuples immigrés (Ghana, Togo et Libéria), ils ne subissent pas le même sort.

[54] Il faut noter que Laurent Gbagbo et Gueï Robert s'en sont appropriés également pour atteindre leurs propres objectifs politiques. L'on se rappelle encore qu'en parlant de Bédié qui l'avait 'empêché' de se présenter au scrutin de 1995, Alassane Ouattara avait joué sur la fibre religieuse et ethnique, en prononça la phrase suivante: « Monsieur Bédié ne veut pas que je sois candidat parce que je suis du Nord et musulman ».

[55] Les autres candidats de l'opposition, protestant contre le manque de transparence, boycottèrent ce scrutin.

Trois années plus tard, il allait effectuer une réforme de fonds en comble de la propriété foncière avec la loi N°98 du 23 décembre 1998, avec en toile de l'idée que seuls les Ivoiriens de souche peuvent avoir droit de propriété sur la terre.

3- Le coup du « Père Noël »

Peu à peu, néanmoins, la situation socio-politique et économique sous le régime de Bédié se dégradait insidieusement au cours de l'année 1999.

En effet, au plan économique, sous la pression de la Banque mondiale, la Caisse de stabilisation et de soutien aux prix des produits agricoles (CAISTAB) a été démantelé en janvier 1999, ce qui conduisit le gouvernement à retirer du processus de fixation et de garantie des prix d'achat aux producteurs le 12 août. Pendant ce temps, en février de la même année, le FMI suspendait ses décaissements pour cause de mauvaise gestion des deniers publics. Presque 3 mois plus tard, une évaluation de l'utilisation des fonds d'aide mis à disposition par l'Union européenne (UE)au titre des mesures d'accompagnement de l'ajustement structurel révéla de nombreux détournements de ces fonds ainsi qu'un réseau de corruption au sein de l'administration de gestion de ces fonds, ce qui, bien entendu, conduisit l'organisme multilatéral à suspendre ses décaissements.

Au plan politique, le retour d'Alassane Ouattara en Côte d'Ivoire le 29 juillet de la même année va encore envenimer une situation politique déjà aux abois[56], surtout lorsqu'au cours d'un congrès extraordinaire du RDR, il fut élu comme président de ce parti et en profita pour annoncer sa prochaine candidature à l'élection présidentielle.

Certes, il est reçu par Bédié le 18 septembre et 10 jours plus tard, le juge Zoro Bi Ballo délivre un certificat de nationalité ivoirienne à Dimbokro, là où il est né le 1er janvier 1942, mais le 06 octobre la nationalité lui sera retirée sans autre forme de procès, pendant qu'une manifestation du RDR le 29 octobre allait conduire à l'arrestation et la condamnation des principaux leaders du RDR les 10 et 12 novembre à des peines de prison ferme en vertu de la loi « anticasseurs ».

La « persécution » contre Alassane Ouattara fut à son comble lorsque lors d'un séjour en France, il fut accusé de « faux commis dans des documents administratifs, usage de faux et complicité » le 29 novembre et, de ce fait, fit l'objet d'un mandat d'arrêt international lancé contre lui par Bédié ; sentence qui ne sera jamais exécutée[57].

Toutefois, en dépit de ses nombreux atouts économiques, la Côte d'Ivoire s'enfonçait chaque jour un peu plus dans la crise jusqu'au 24 décembre 1999.

C'est ainsi qu'une simple revendication salariale de soldats venant d'une mission en République Centrafricaine s'est soldée par un coup d'Etat qui a fait partir le président Bédié du pouvoir le 24 décembre 1999 par le général Robert Gueï, ancien chef d'état-major qui se présenta comme le nouveau président[58].

La version officielle fait, néanmoins, état d'une tentative du président Bédié de prolonger son mandat présidentiel par une réforme constitutionnelle. Alors, il dissout toutes les institutions de la République et mit en place le Comité national de salut public (CNSP)[59] et promit d'organiser des élections une année plus tard en promettant de ne pas se porter candidat[60].

---

[56] Le remaniement ministériel annoncé depuis mars n'aura finalement lieu que le 10 août, presque 7 mois plus tard, et le nombre de ministères est passé de 36 à 35, tandis que 3 d'entre eux tiraient leur révérence.

[57] Alassane Ouattara était poursuivi pour ses soi-disant fausses cartes d'identité. Quelque temps plus tard, il affirmera ceci : « Je frapperai ce régime moribond, il tombera comme un fruit mûr », et l'on connaît la suite avec le coup d'Etat du 24 décembre 1999 qui destitua Bédié.

[58] Un groupe de soldats ivoirien ayant participé à la Mission des Nations unies en République centrafricaine (MINURCA), en 1999, se mirent à manifester pour obtenir leurs primes de mission. Très vite, ces manifestations tournèrent à un coup d'Etat militaire dirigé par le général Robert Guéï

[59] Le CNSP, créé par Guéï Robert dont il fut lui-même le président auto-proclamé, était une instance chargée de diriger la période de transition de 1 an jusqu'à ce que le pouvoir soit remis aux civils. Il était composé de neuf hauts chefs militaires.

Évaluant la situation politique de la Côte d'Ivoire à cette époque, Jean Pierre Dozon affirme qu'en introduisant la référence identitaire dans le débat politique par le biais de l'ivoirité, Henri Konan Bédié fut celui qui est à l'origine de tous les soubresauts ivoiriens. En effet, en ressuscitant l'idéologie de l'ivoirité, il va insidieusement créer les conditions de ce qui allait être plus tard ce que l'on se plaît désormais à appeler les crises ivoiriennes.

En effet, voici ce qu'il en dit: « *Le successeur d'Houphouët-Boigny, Henri Konan-Bédié, commit une lourde faute politique en s'obstinant à vouloir exclure de la compétition à la prochaine élection présidentielle [il s'agit du scrutin présidentiel de 2000, ndlr] Alassane Ouattara, leader de l'un des trois grands partis (le Rassemblement des républicains, RDR), sous prétexte qu'il ne serait pas ivoirien, et qui plus est, en châtiant sévèrement ce même parti par l'incarcération, au terme d'un procès expéditif, de ses principaux dirigeants. Celui qui fut le Premier ministre du dernier gouvernement d'Houphouët et un haut personnage du Fonds monétaire international avait manifestement, malgré la mise en cause de sa nationalité, une solide assise en Côte d'Ivoire, et l'entêtement de Konan Bédié à vouloir mettre le RDR et son leader au ban de la nation, pour n'avoir à affronter dans quelques mois que Laurent Gbagbo, le chef de l'autre grand parti de l'opposition (le Front populaire ivoirien, FPI), le discréditait certainement davantage qu'il ne lui apportait de surplus de popularité. Autrement dit, la grande erreur du successeur d'Houphouët-Boigny, qui s'illustra par l'inefficacité de son appel à la « résistance » contre le putsch [en 1999, ndlr] et la facilité avec laquelle il fut lui-même banni, fut de croire qu'il pouvait, comme par le passé, bénéficier de l'adhésion, de la crainte ou de la passivité d'une majorité d'Ivoiriens.* »[61]

Carte 1 : Grandes villes de Côte d'Ivoire   **Carte 2 : Régions de Côte d'Ivoire**

---

[60] Le coup d'Etat est parti de ma mutinerie d'un groupe de soldats mécontents qui revenaient d'une mission de la Mission des Nations unies en République centrafricaine, Bangui, capitale centrafricaine (MINURCA) et qui réclamaient leur solde. En effet, en avril 1998, pour la toute fois, la Côte d'Ivoire prenait part à une mission internationale de maintien de la paix en envoyant un contingent composé de 233 hommes à Bangui en République Centrafricaine.

[61] Né le 29 juillet 1948 à Paris, Jean Pierre DOZON est un anthropologue spécialiste de l'Afrique. Il est actuellement le directeur scientifique de la Fondation Maison des sciences de l'homme. En outre, il est directeur de recherche émérite à l'Institut de recherche pour le développement (IRD) et membre de l'Institut des mondes africains (IMAF). Il consacre ses recherches principalement sur l'Afrique de l'Ouest, sur des questions de développement, de santé, sur les problèmes ethniques, sur les relations entre politique et religion, ainsi que sur les relations franco-africaines. Il reçut le prix du Rayonnement de la langue et de la littérature françaises de l'Académie française en 2004, pour son livre *Frères et Sujets. La France et l'Afrique en perspective*. Par ailleurs, il faut ajouter que l'homme connaît très bien la Côte d'Ivoire pour avoir produit plusieurs écrits sur divers peuples ivoiriens, notamment les Bétés.

Chapitre III : le tournant des années 2000

A- De la victoire « mal acquise » de Gbagbo en 2000 à la rébellion de 2002

1- La prise du pouvoir surprise par le général Robert Guéï

Quoiqu'il en eût été, le général Robert Guéï s'empare du pouvoir le 24 décembre 1999 et grâce aux autorités françaises présentes en Côte d'Ivoire, le président déchu, Henri Konan Bédié, réussit à prendre la fuite[62].

Ayant donc pris le pouvoir, le Général Guéï Robert mit en place, à partir du 04 janvier 2000, un gouvernement dite de transition réunissant les représentants de toutes les formations politiques dans 22 ministères, avant d'y insérer le 16 janvier deux autres ministres issus du FPI[63].

Le lendemain, il annonça un moratoire sur le paiement du service de la dette extérieure du pays, même si cinq jours plus tard, il se rétracta par une contre-annonce disant que la Côte d'Ivoire ferait tout son possible pour faire face à cette dette extérieure. Pendant ce temps, devant tant de confusion, la France fit part de son intention de suspendre une partie de sa coopération militaire.

Dans la droite ligne de ce qu'il avait déclaré lors de la prise du pouvoir, c'est-à-dire de rendre le pouvoir aux civils au bout d'un an, le Général Guéï prit, le 21 janvier, un décret présidentiel pour la mise en place d'une Commission consultative constitutionnelle et électorale (CCCE). Cet organe fut en charge de la préparation d'un nouveau cadre en vue de nouvelles règles du jeu politique.

Il s'agissait notamment de procéder par référendum à une modification de la Constitution et du Code électoral[64].

Toutefois, quatre mois plus tard, c'est-à-dire précisément le 18 mai, le gouvernement d'union nationale formé pour réconcilier les acteurs politiques ivoiriens vola en éclats avec le départ des ministres du RDR de ce gouvernement, sauf Henriette Diabaté.

Néanmoins, le 23 juillet, les ivoiriens se prononcèrent sur les deux projets. Avec un taux de participation de 56%, le 'oui' l'emporta largement avec environ 87% des suffrages. Pour n'avoir rien changé aux dispositions antérieures, la constitution de la seconde République disposait encore que tout candidat à l'élection présidentielle en Côte d'Ivoire « doit être ivoirien de père et de mère eux-mêmes ivoiriens et qu'il ne doit pas s'être prévalu d'une autre nationalité », toutes qui visiblement mettent Alassane Ouattara hors-jeu, car d'abord, ses deux

---

[62] Un petit groupe de soldats mutins, ayant pris part aux opérations de paix de la Mission des Nations unies en République centrafricaine (MINURCA), créée en mars 1998 par le Conseil de sécurité pour ramener la paix en Centrafrique, réclamant leur prime de mission s'empare, sans difficulté, de la poudrière du camp d'Akouédo, avec à leur tête les sergents chefs Souleymane Diomandé et Boka Yapi, épaulés par les caporaux Issa Touré, Neman Gnepa, Oumar Diarra Souba et Yves Gnanago. Plus tard, ils feront tous allégeance au général Robert Guéï, qui avait déjà maille à partir avec le président Bédié, qui l'avait limogé de son poste de général.

[63] Ce coup d'Etat fut vécu comme un soulagement, et fut jugé dans certains milieux comme étant « salutaire », et même une certaine résignation par nombre de leaders politiques nationaux et internationaux, car la plupart y virent un remède contre la haine et la division semées par le concept d'ivoirité qui était au cœur du régime de Konan Bédié.

[64] L'on se rappelle encore que le 31 mai, Alassane Ouattara a soutenu le projet de la nouvelle constitution, mais émit des réserves à propos de ce que « ce texte renferme certaines ambiguïtés et incohérences concernant les conditions d'éligibilité du président de la République ». Il ne croyait pas si bien dire, car effectivement, en avril 2000, le Général Guéï allait finir par exclure de son gouvernement non seulement les représentants du RDR, mais encore évincer une nouvelle fois Alassane Ouattara de l'espace politique, en faisant approuver par le référendum une modification de la Constitution qui imposait dorénavant à tout candidat à un poste électif, de surcroît la présidence, d'être de père et de mère ivoiriens. Jugée recevable pour la présidentielle de 2000 par la Commission électorale indépendante, la candidature d'Alassane Ouattara fut, plus tard, rejetée aux élections législatives dans la localité de Kong, par la Cour suprême.

parents sont loin d'être Ivoiriens; si sa mère l'est, son père en revanche, ne l'est pas; ensuite, il s'est prévalu d'une autre nationalité, celle Burkinabè.[65]

Sur le front militaire, la situation était loin d'être rassurante. En effet, les 4 et 5 juillet, dans leur tentative de réclamer ce qu'ils nommèrent leur 'trésor de guerre' pour leur participation au coup d'Etat du 24 décembre 1999, des centaines de soldats prirent d'assaut les rues de plusieurs villes du pays pour manifester leur mécontentement. Ces manifestations se soldèrent par de nombreuses scènes de pillage et de violence, notamment dans des localités comme Bouaké[66].

Au plan économique, le contexte n'était guère reluisant, car le 10 février, un document du FMI rendu public par la presse ivoirienne révéla que la situation des finances publiques était pire que celle que l'on s'était imaginée. Sept mois (07) mois plus tard, l'Agence française de développement (AFD) bloqua ses décaissements eu égard à l'application de la politique de sanctions qu'elle a décrétée pour 'punir les mauvais payeurs' au titre du remboursement des arriérés de la dette extérieure.

2- La lutte pour le pouvoir entre le Général Robert Guéï et Laurent Gbagbo

C'est dans ce contexte extrêmement tendu que le 06 octobre, la Cour suprême déclara que 14 des 19 candidatures à la prochaine élection présidentielle étaient invalides[67]. Parmi les candidatures invalidées, il y eut, comme il fallait bien s'y attendre, celle d'Alassane Ouattara ainsi que celle de Konan Bédié.[68] Tout préfigurait déjà un arrangement entre Laurent Gbagbo et le général Robert Guéi, même si plus tard, cette alliance contre nature allait se révéler fatale pour le général[69].

Après le premier tour du scrutin, le 22 octobre, les événements prirent une tournure plutôt inattendue. Et pour cause, le général Gueï exigea tout net l'arrêt de la proclamation des résultats partiels à la télévision et se déclara vainqueur, tandis que l'opposant, Laurent

---

[65] Bien que sachant qu'il fut exclu par les nouvelles dispositions légales, Alassane Ouattara prit la décision quand même de se présenter à l'échéance présidentielle de 2000, le 29 juillet. A bien y voir, les nouvelles dispositions de la Deuxième République en 2000 n'auraient pas fait mieux pour exclure Alassane Ouattara du processus électoral que celles mises en place par Konan Bédié à partir 1994, à la seule différence peut-être que Bédié avait ajouté que le futur candidat devait avoir résidé en Côte d'Ivoire au cours des 5 dernières années précédant sa candidature.

[66] Robert Gueï cria à une tentative de coup d'État lors de ces journées. Il ne croyait pas si bien dire, mais toujours est-il que sa résidence fut attaquée le 18 septembre, ce qui conduisit au limogeage pur et simple des numéros 2 et 3 de son régime, les généraux Palenfo et Coulibaly.

[67] La rumeur courait que Laurent Gbagbo et Gueï Robert avaient comploté pour faire main basse sur le pouvoir, avec Robert Gueï comme président et Laurent Gbagbo comme son premier ministre. Cependant, ce dernier, voyant qu'il avait la faveur du peuple, fit appel à la population pour défendre son pouvoir par d'immenses manifestations de rue.

[68] Il faut dire qu'à cette époque, Henri Konan Bédié n'était pas en odeur de sainteté avec la junte militaire de Robert Gueï qu'il avait contraint à démissionner quelques années auparavant. Par ailleurs, il y a lieu de mentionner que ce Ce retour à l'«*ivoirité*» ne fut malheureusement pas le dernier, Laurent Gbagbo l'appliquera quelques mois plus tard contre les candidats du RDR.

[69] S'estimant trahi par Laurent Gbagbo, le général déclara, un jour, que son allié d'hier l'avait « roulé dans la farine» lorsque certainement à l'issue du « deal » qu'il avait obtenu avec Laurent Gbagbo, il devait être le président de la République tandis que Gbagbo devait être son premier ministre. Mais, ce dernier, s'apercevant que le comptage des voix lui était favorable et que le général se sentant défavorisé arrêta la proclamation des résultats, lança un mot d'ordre à ses partisans, en lui disant que le pouvoir leur échapperait s'ils ne descendent pas nombreux dans la rue pour le conquérir. Il s'ensuivit une série d'affrontements entre les militaires fidèles au général Gueï et les partisans civils de Gbagbo. Finalement, ne pouvant contenir les manifestants, les militaires abdiquèrent, et nombreux sont ceux d'entre eux qui s'exilèrent (cf. l'exil et la mort de Boka Yapi au Togo ou au Benin, l'un des lieutenants du général après sa chute en 2000). Le général se retira dans son village, à Kabakouma, un village dans la région occidentale de Man, d'où il suivait la vie politique de loi, jusqu'à son assassinat le 19 septembre, aux premières heures de la rébellion armée de 2002.

Gbagbo, en tête dans les résultats partiels, se proclama de son côté chef de l'Etat de Côte d'Ivoire[70].

Alors, il s'ensuivit des affrontements entre les partisans des deux camps pendant que de très nombreux manifestants exigèrent le départ des putschistes le 25 octobre[71].

Le lendemain, lorsqu'il s'aperçut qu'il avait perdu la bataille de la rue, Robert Gueï prit la fuite pendant que Laurent Gbagbo était déclaré vainqueur avec 59,36 % des voix par la Cour suprême[72]. Il devint ainsi, à la faveur des circonstances, le 1er président de la 2ème République de Côte d'Ivoire[73].

Récusant tout net l'idée d'un nouveau scrutin auquel Henri Konan Bédié et Alassane Ouattara prendraient part, il forma son gouvernement le 27 octobre 2000 et appointa Pascal Affi N'guessan comme son premier ministre[74].

Le lendemain, 28 octobre, la découverte d'un charnier composé des corps de 57 gendarmes dans la plus grande commune de Côte d'Ivoire dont la responsabilité est imputée à la gendarmerie, corps d'élite fidèle au régime, fut comme un pas de plus vers une crise sociale généralisée. Vint ensuite le 04 décembre, où à la suite de l'invalidation de la candidature d'Alassane Ouattara aux élections législatives, il y eut de nombreuses et violentes manifestations ethniques éclatèrent contre cette exclusion dont le président du RDR était l'objet à Abidjan et dans d'autres régions du pays. Enfin, le 10 décembre, ayant été exclu des élections législatives, au nom du RDR, Alassane Ouattara lança un mot d'ordre de boycott qui fut massivement suivi au point ces élections ne purent se dérouler dans 29 circonscriptions du Nord, ce qui porta le taux de participation à 33.12%[75].

C'est presque deux ans après ces tragiques événements qu'éclata la rébellion qui coupa le pays en deux, avec le Nord et le Centre occupés par les Forces rebelles et le Sud, géré par les Loyalistes, c'est-à-dire les troupes restées fidèles à Laurent Gbagbo.

L'élection de Laurent Gbagbo, bien que s'étant déroulée dans des circonstances troubles, presque pas légitimes, ne peut manquer certainement de susciter certaines réflexions. A bien y voir, l'on peut aisément deviner l'issue de ce présumé duel entre le général Robert Guéï et Gbagbo, en affirmant que de par le régime de terreur qu'il a institué, il a contribué à sa propre chute. D'une part, le général vient au pouvoir par les armes et non par les urnes comme ses prédécesseurs, mode d'accession au pouvoir qui est totalement étranger aux Ivoiriens. D'autre

---

[70] Laurent Gbagbo reconnaîtra lui-même plus tard qu'il avait été élu dans des « conditions calamiteuses ».

[71] Alassane Ouattara, exclu illégalement de cette élection, réclama de nouvelles élections.

[72] Par ordre de mérite, il faut mentionner que Robert Guéï recueillit 32,7 %, Francis Wodié (PIT), 5,7 %, Mel Théodore (UDCY), 1,5 % et Nicolas Dioulo (NACI), 0,8 %. Du fait d'un fort taux d'abstention au Centre et au Nord, Laurent Gbagbo fut élu par seulement 20% du corps électoral.

[73] Il est intéressant de mentionner au regard des protestations violentes qui suivirent l'interruption de la proclamation provisoires du scrutin par le Général Robert Guéï, qu'entre une junte militaire aux méthodes brutales et un civil, même inexpérimenté, le choix n'était plus à faire.

[74] Pascal Affi N'guessan, membre influent du FPI, parti de Laurent Gbagbo, fut, d'abord, Ministre de l'industrie et du tourisme de janvier 2000 à octobre 2000 sous la transition Militaire dirigée par le général Robert Guéï, ensuite *Premier ministre dans le gouvernement de Gbagbo*, d'octobre 2000 à mars 2003.

Après l'arrestation de Gbagbo le 11 avril 2011, a été assigné à résidence, le 13 avril 2011, sous la protection de l'Onuci, à l'hôtel Pergolas, à Abidjan, jusqu'au 22 avril où il fut transféré au Golf Hôtel, par les FRCI avant finalement transféré à Bouana, dans le nord du pays, dans la zone dirigée par le « Com-Zone » Morou Ouattara, où il est détenu, avec d'autres sympathisants du président Gbagbo, et le fils de celui-ci, Michel Gbagbo. En fin de compte, le 5 août, il bénéficie, avec 13 autres détenus pro-gbagbo, dont le fils de l'ex-président, Michel Gbagbo, d'une remise en liberté provisoire.

Aujourd'hui, avec le parti qui s'est scindé en deux, il en dirige l'aile modérée tandis que l'aile pure et dure est conduite par Aboudramane Sangaré.

[75] A l'issue de ces élections, le Front populaire ivoirien (FPI) s'adjugea 96 sièges, le Parti démocratique de Côte d'Ivoire (PDCI), 77, les indépendants 16, le Parti ivoirien des travailleurs (PIT), 4, le Mouvement des forces d'avenir (MFA), 1, l'Union démocratique de Côte d'Ivoire (U DCY), 1, le Rassemblement des républicains (RDR) 1.

part, dès qu'il prit les rênes du pouvoir, le général Robert Guéï instaura un régime de terreur dénommé PC Crise. Alors, une question s'imposait : entre deux maux, lequel fallait-il choisir ?

3- La rébellion de 2002 ou les facteurs déclencheurs immédiats

Il serait prétentieux d'affirmer que le coup d'Etat de septembre 2002 qui s'est mué en une rébellion qui a coupé la Côte d'Ivoire en deux, entre une zone dite Centre-Nord-Ouest (CNO) contrôlée par les « Forces Nouvelles » et une zone au Sud dirigée par les « Loyalistes » de Laurent Gbagbo, n'eut été que le facteur déclencheur de cette crise qui couvait depuis bien des années. Ainsi, suite à des années de tensions politiques et sociales, la Côte d'Ivoire devait faire face à la crise socio-politique la plus grave de son histoire depuis le coup d'Etat dé décembre 1999.

En effet, dans la nuit du 19 au 20 septembre 2002, un groupe de soldats dissidents qui se réclamaient désormais du Mouvement patriotique de Côte d'Ivoire (MPCI)[76] tentèrent un coup d'Etat contre le régime du président Laurent Gbagbo pendant que celui-ci était en visite officielle en Europe. A ce propos, plusieurs objectifs militaires, y compris les camps de police, de gendarmerie de l'armée de la capitale ainsi que des résidences furent simultanément attaqués à Abidjan, Bouaké et Korhogo par plus de deux centaines d'assaillants, avant d'être repoussés. Les combats firent plus de trois cents morts, dont l'ex-ministre de l'intérieur, Boga Doudou ainsi que le général Robert Guéï[77].

Si le le but de ce coup de force était, au départ, de renverser le pouvoir en place par le contrôle de la capitale économique, Abidjan, l'échec de la tentative força les assaillants à se replier sur les localités de Bouaké et de Korhogo qu'ils transformèrent vite en sièges de la rébellion[78]. Ce fut ainsi le début de ce qui allait un peu plus tard se révéler comme une rébellion qui, finalement, allait se solder par la division de fait du pays en deux, entre une partie nord régentée par une cohorte de seigneurs de guerre, avec à leur tête l'ex-leader de la FESCI, Guillaume Soro et une partie sud, tenue par Laurent Gbagbo et ses troupes loyalistes[79]. Vinrent ensuite les séries de négociations et l'entrée en scène des soldats français et des casques bleus de l'ONU, en vue de la cessation des hostilités, ou du moins de parvenir à un règlement pacifique du conflit. L'intervention de ces forces internationales permit mettre rapidement en place une ligne de front séparant les positions des deux camps belligérants[80].

La solution militaire ayant été exclue, d'office, l'on fut résolu à une solution politique négociée. Mais, la véritable solution politique ne se profila que dès le 24 janvier 2003 avec les accords de Linas-Marcoussis[81].

---

[76] Le MPCI était une galaxie de groupes armés....

[77] Les Forces armées des forces nouvelles (FAFN) occupèrent 60 % du pays, avec environ 7 000 hommes armés.

[78] Le plus gros du contingent des putschistes venaient, notamment du Burkina-Faso où dirigés par des hommes comme le Sergent-chef Ibrahim Coulibaly, alias IB, avaient trouvé refuge suite à « une purge de l'armée à laquelle va se livrer le Général Guéï [qui]... va contraindre de nombreux jeunes qui portaient des noms à consonance nordique à prendre le large. » Ces soldats étaient renforcés par des supplétifs ivoiriens et non ivoiriens dont de nombreux chasseurs traditionnels appelés Dozos.

[79] Les putschistes furent plus tard connus sous le nom symbolique de « Forces nouvelles (FN) » avant d'être connus comme les Forces armées des Forces nouvelles (FAFN), groupement épars issu de l'agrégation des différents mouvements rebelles à la tête desquels Guillaume Soro se positionna.

[80] Le pays fut partitionné de fait le long de l'axe Est-Oust Kineta-M'bahiakro-Zuénoula-Bangolo-Danané, qui, d'ailleurs devint une « zone de confiance » placée sous surveillance des forces impartiales (Forces des Nations unies et Forces françaises Licorne). Cette zone de confiance fut, toutefois, démantelée en avril 2007 suite à l'accord de Ouagadougou et cessa du coup d'être sous le contrôle des forces internationales à partir, notamment, de juillet 2008.

[81] Les accords de Linas-Marcoussis, ou *accords Kléber*, présidé par le président français, Jacques Chirac, réunirent autour de la table de négociations les « Forces nouvelles » et les différents partis politiques du pays du

Néanmoins, les conflits persistèrent malgré le déploiement de la Force française Licorne engagée depuis 2002 en vertu des accords de défense et de sécurité conclus entre la Côte d'Ivoire et la France depuis 1961, jusqu'en mars 2004, et ce ne fut qu'en 2007 que le processus de paix prit un coup d'accélérateur[82].

Par ailleurs, à partir de juillet 2003 une mission de paix des Nations Unies (MINUCI) qui se transforma en Opération des Nations unies en Côte d'Ivoire (ONUCI), une année plus tard, en 2004, fut déployée sur tout le territoire ivoirien.

Cependant, une brusque crispation entre les deux camps en novembre 2004 mit à mal toutes les avancées obtenues[83]. Mais, finalement après plusieurs tentatives, Laurent Gbagbo et Guillaume Soro signèrent ce qu'il est désormais convenu d'appeler l'Accord politique de Ouagadougou le 04 mars 2007[84].

Au regard des avancées notables opérées grâce à l'Accord politique de Ouagadougou, qui permit une restauration progressive de l'administration (justice, centres de santé, écoles, préfets, cérémonie symbolique de la célébration de la Flamme de la paix à Bouaké, capitale et fief de la rébellion, l'on put affirmer sans faux semblant que la guerre était finie.

Pour autant, même dans les périodes où l'on croyait avoir fait des progrès sur le front de la « réconciliation », la vie sociopolitique ivoirienne n'eut jamais été tant marquée par de fortes tensions sporadiquement ponctuées par des épisodes de violence. En outre, la partition du pays demeura un fait tandis que le désarmement qui fut un des éléments majeurs des divers accords n'eut jamais lieu, ce qui constitua un danger sécuritaire permanent pour les populations vivant dans les zones Centre Nord et Ouest (CNO). Le fait était que, dans le fond, la question de la revendication identitaire sur fond de l'idéologie de l'ivoirité n'avait jamais été réglée. En effet, le sentiment de xénophobie qui fit irruption sur la scène socio-politique depuis 1994, avec en toile de fond la polémique autour des conditions d'éligibilité de l'ancien Premier ministre Alassane Ouattara, constamment accusé d'être un étranger, sont autant de facteurs qui, mis ensemble, préparaient insidieusement le terrain pour une crise majeure. Alors, à la manière d'une tragédie grecque, le ressort de la crise post-électorale était bandé depuis le début des années 1990.

Pour conclure partiellement, il faut dire que, bien que les deux contextes décrits ci-dessus soient intervenus à des époques et dans des circonstances différentes et que les conditions d'accès au pouvoir soient tout aussi différentes, à bien des égards, ils peuvent se rapprocher.

---

15 au 26 janvier 2003, France. Ils visaient avant tout à concilier les parties en présence en vue de mettre un terme à la crise socio-politique qui secouait le pays depuis la nuit fatidique du 19 septembre 2002.

[82] Cet Accord prévoyait, entre autres, le maintien au pouvoir de Laurent Gbagbo et la formation d'un gouvernement composé de tous les partis signataires, y compris les forces rebelles. D'autres accords supervisés des leaders africains intervinrent au cours des années 2003-2004 dits Accords d'Accra, 2004-2006 appelés Accords de Pretoria, mais ces accords furent pour la plupart du temps remis en question par des manifestations de rue, notamment celles menées par les «Jeunes patriotes », partisans du président Laurent Gbagbo.

[83] Le samedi 6 novembre 2004, deux attaques aérienne et au sol simultanées de l'armée ivoirienne contre les Français contraignit Jacques Chirac à donner l'ordre de détruire au sol les deux avions et les quelques hélicoptères qui composent l'aviation ivoirienne. La réaction des *«Jeunes patriotes»* ne se fit pas attendre. Le même soir, ils investirent les rues et s'adonnèrent non seulement à une chasse aux Français, mais encore à des pillages, viols et meurtres.

[84] Cet accord qui fut le résultat d'un « dialogue direct » entre la présidence des Forces nouvelles grâce à la facilitation du président burkinabè et président en exercice de la CEDEAO, Blaise Compaoré, depuis fin 2006 prévoyait entre autres la relance du processus d'identification et d'enregistrement des électeurs, un calendrier pour le désarmement et l'organisation des élections. En vertu de cet accord, Guillaume Soro, alors Secrétaire général des Forces nouvelles, devint Premier ministre d'un gouvernement d'union nationale qui fut spécifiquement chargé des questions du désarmement, de la réunification du pays et de l'organisation des élections. Cet accord fut complété plus tard au cours des années 2007 et 2008 par d'autres accords, à l'effet respectivement de préciser certaines modalités concernant les opérations d'identification et d'inscription sur la liste électorale, de déterminer un agenda précis pour le redéploiement de l'administration sur le territoire, de fixer de nouvelles échéances et conditions pour le regroupement et le désarmement des combattants.

En réalité, Alassane Ouattara 'a le don' de « se trouver au mauvais endroit au mauvais moment », car à bien y voir, ce contexte-ci est comparable à celui qui a prévalu au lendemain de la capture de Laurent Gbagbo où 'il hérite', d'une part d'une Côte d'Ivoire au bord du gouffre financier en 1990, et d'autre part, le 11 avril 2001, où dans l'ensemble, « La crise post-électorale a négativement affecté l'économie ivoirienne. Le taux de croissance s'établit à -5.9% en 2011, soit une perte de 8.3 points par rapport à 2010 », sans ignorer les nombreuses destructions de biens matériels, les pillages, les milliers de déplacés et les pertes en vies humaines qui vont se chiffrer à plus de 3000[85].

Dans l'un comme l'autre cas, Alassane Ouattara est confronté à des défis qu'il lui faut relever s'il veut réussir sa mission; mission qui lui intimait de redresser une situation, eut égard aux défis qui s'imposaient à lui.

Or, cela ne peut être possible sans passer par des choix, parfois difficiles qui ne seront pas nécessairement compris et appréciés de la majorité de la population.

Comme on le voit, les origines des différentes crises sociales et politiques de la Côte d'Ivoire tirent leurs origines, d'une part, de ce que d'aucuns appellent la "privation relative" ou "privation absolue" du début des années 80 avec la récession économique entraînant les PAS, celle qui consiste à vivre successivement une période de prospérité suivie d'une période de privation. Et d'autre part, du concept de l'ivoirité, mal exploité par Henri Konan Bédié, ou du moins mal compris, Guéï Robert et Gbagbo à la mort de Félix Houphouët-Boigny, le concept d'ivoirité a contribué progressivement à exclure de la vie sociale et politique de bon nombre d'Ivoiriens.

 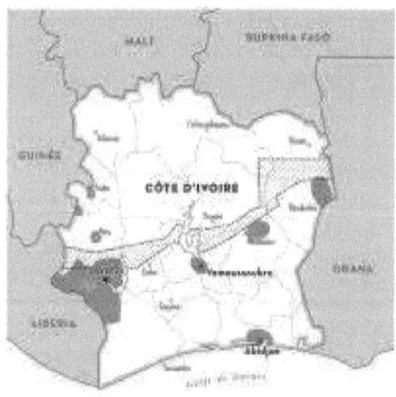

Carte 3 : Grands groupes ethniques ivoiriens   Carte 4 : ligne de front divisant le pays

Comme on le voit, la crise post-électorale tire ses sources profondes du malaise socio-politique économique et militaire qui prévalait depuis le début des années 1990 jusqu'à aboutir au coup d'Etat qui a fait partir Bédié du pouvoir en décembre 1999, en passant par la rébellion de septembre 2002, qui atteint son paroxysme avec cette crise.

---

[85] La Commission d'enquête nationale créée après l'investiture du président Ouattara nota dans son rapport du 10 août 2012 que le nombre de morts total était de 3 248 répartis de la manière suivante: 1 452 morts imputées au camp Gbagbo, 727 au camp Ouattara et 1 069 non attribuées à un camp ou l'autre en raison de problèmes d'identification des victimes.

PARTIE II

LES DÉFIS
DE LA RECONSTRUCTION
POST-CRISE

CHAPITRE IV: LES MULTIPLES IMPACTS DU CONFLIT IVOIRIEN

A- Un conflit aux conséquences multiples

Pour apprécier l'ampleur et la multiplicité des tâches et des responsabilités qui attendent le nouveau locataire du Palais présidentiel d'Abidjan, il est pertinent de relever les gageures auxquelles il doit nécessairement faire face dans le cadre de la reconstruction post-crise en vue du relèvement[86].

On parle ici de gageure parce que le processus de reconstruction post-conflit est d'une complexité telle que l'atteinte de solutions rapides est impossible. Dans la panoplie de ces défis, il y en a trois (3) essentiels qu'il est impératif d'attaquer pour éviter que le pays ne retombe dans un nouvel cycle de violence. La reconstruction, et partant, la consolidation de la paix, nécessite une approche globale qui intègre les trois perspectives suivantes: militaire, politique et socioéconomique.

En d'autres termes, il s'agit de reconstruire le tissu économique détruit, de réformer le secteur sécuritaire, de restaurer l'état de droit et la restauration de la cohésion sociale[87].

1- La crise des réfugiés

Les conflits armés sont générateurs de violences, souvent extrêmes et, dans la plupart des cas, ils sont sources de multiples maux, dont les nombreuses victimes tant directes que collatérales, les populations déplacées, la destruction d'infrastructures, sans parler de la déstructuration des systèmes sociaux et économiques, sécuritaires, politiques, judiciaires et légaux. Sous ce rapport, la Côte d'Ivoire n'y fait nullement exception. C'est peu que de dire que la crise consécutive à l'élection présidentielle de novembre et d'octobre 2010 n'a fait que raviver les anciennes tensions qui couvaient depuis les crises précédentes. La crise post-électorale est de loin la crise qu'a connue la Côte d'Ivoire qui a causé le plus de dégâts, tant humain qu'infrastructurel. On a dénombré au bas mot plus de 3.000 victimes auxquelles il faut ajouter « les exactions contre les populations civiles, les arrestations arbitraires, les viols, les exécutions extrajudiciaires, les pillages systématiques des biens privés et publics, les expropriations forcées, l'occupation de force des domiciles privés ; des villages incendiés ou occupés par des combattants armés ; des populations contraintes de vivre plusieurs mois en brousse, exposés aux intempéries, à la faim et à la maladie ».

En général, au sortir d'un conflit de l'ampleur de celle que la Côte d'Ivoire a connu, il est un nombre de défis clés qu'il faut impérativement relever: les réfugiés et les déplacés internes, les femmes violées, l'insertion et réintégration des combattants, la réforme du secteur de sécurité et la prolifération des armes légères et de petit calibre, la bonne gouvernance politique et économique, le renforcement et la reconstruction du tissu social et des infrastructures, et les enfants soldats.

Par ailleurs, si l'on ajoute à ces conséquences les difficultés que traversait déjà le pays depuis la crise de septembre 2002, il faut reconnaître qu'il y a fort à faire pour le nouveau président. En novembre 2004, au lendemain des émeutes qui ont éclaté contre les Français, la Chambre

---

[86] Selon la Banque mondiale, la probabilité pour les Etats émergeant d'un conflit dans les cinq années qui suivent la signature d'un accord de paix ou de cessez-le-feu est de 44 % (Banque mondiale, 2003).

[87] La reconstruction vise en dernière instance la promotion de la paix par la prévention des conflits et leur résurgence, le tout reposant sur des « ….des actions concertées pour reconstruire le capital social et soutenir la reprise de l'économie, afin de contribuer à corriger les disparités- qui sont l'une des causes des conflits — et de favoriser l'égalité des chances. Elle s'emploie également à restaurer les systèmes et les fonctions des États et à renforcer la sécurité. »

de Commerce et d'industrie (CCI) affirmait déjà que 10 000 emplois directs avaient été perdus tandis que 100 entreprises mettaient la clé sous le paillasson. D'autre part, « Sur 147 filiales de grandes entreprises françaises recensées en Côte d'Ivoire, 135 fonctionnent au ralenti après le départ de 75% des 350 expatriés employés par ces grandes entreprises. »[88] Dans le même cadre, cette institution affirma que quelque 30 000 employés auraient perdu leur emploi en l'espace d'une semaine, bien qu'avant ces événements malheureux, les chiffres sur l'emploi ne fussent déjà pas encourageants, et pour cause la Caisse nationale de prévoyance sociale (CNPS) affirmait que les 41 000 entreprises recensées à cette époque n'employaient que 478 000 personnes sur 18 millions d'Ivoiriens.

Cette situation fut d'autant plus déplorable que depuis les troubles socio-politiques de 2002, la Côte d'Ivoire traversait une période de troubles économiques et financiers.[89]

Dans l'ensemble, les conséquences de la crise post-électorale se sont fait ressentir à quatre niveaux essentiels: politique, économique, sécuritaire, infrastructurel et socio-humain.

Au plan politico-judiciaire, suite à la crise, l'acharnement auquel le camp de Laurent Gbagbo fut soumis dépassa tout entendement alors que dans les deux camps, il y eut des exactions. Pourtant, les nombreuses arrestations enregistrées ne concernèrent seulement que les principaux leaders du Front Populaire Ivoirien (FPI) et de la Majorité Présidentielles (LMP). Le Président Laurent Gbagbo lui-même fut transféré, quelque temps après un bref séjour au Nord, à la Cour Pénale Internationale (CPI), accusé de « crimes de guerre » et de « crimes contre l'humanité ».

En outre, plusieurs personnalités dont le Ministre Tagro furent assassinées tandis que d'autres, moins connues sont portées disparues. A toutes ces violations des droits humains dans des contextes d'exécutions sommaires et/ou extra-judiciaires, s'ajoutent notamment celles déjà signalées à l'Ouest où près d'un millier de personnes furent systématiquement tuées par les FRCI, selon les organisations internationales.

Au plan sécuritaire, presque deux semaines après le 11 avril 2011, le sentiment d'insécurité était toujours présent dans plusieurs quartiers d'Abidjan, notamment dans les quartiers de Yopougon ou d'Abobo où entre groupes d'auto-défense, Forces Républicaines de Côte d'Ivoire (FRCI) et partisans d'Ibrahim Coulibaly, il régnait une telle confusion que l'on ne savait pas qui attaquait qui alors même que les populations fuyant les théâtre de la guerre abandonnaient leurs domiciles qui devenaient la proie des pilleurs[90].

Bref, même après l'arrestation de Laurent Gbagbo, "la situation sociopolitique reste marquée par la persistance de l'insécurité et des atteintes aux libertés et aux droits de la personne humaine. En effet, en l'absence des forces régulières de police et de gendarmerie, des combattants armés continuent de sévir dans les différents quartiers d'Abidjan et à l'intérieur du pays.

Chaque jour, il est fait écho d'arrestations arbitraires et de détentions abusives sous le prétexte de la recherche de caches d'armes. Les violations de domiciles sont monnaies courantes et les actes de pillages continuent. Pour échapper aux exactions, voir à la mort, les cadres, militants et sympathisants du FPI et de LMP vivent dans la clandestinité, la peur et la précarité, séparés de leurs familles, femmes et enfants."

Par ailleurs, craignant pour leur vie, de nombreuses populations changèrent carrément de lieu de résidence ou prirent tout simplement la fuite en direction d'autres pays.

---

[88] Herphi Halerre Bouyoméka Mikolo et Pascaline Avlessi, *Analyse des faits politiques en Afrique : cas de la Côte d'Ivoire*, Mémoire de Licence, Projet Cerco du Benin, 2010.

[89] A cette époque, selon les statistiques de l'Agence française de développement (AFD), les taux de croissance furent respectivement de : 2000: -2,5% ; 2001 :0% ; 2002 : -1,6% et 2003 : -5%. Quoiqu'il en soit, les dégâts occasionnés par la crise de 2002-2004 classaient la Côte d'Ivoire parmi les pays à risques au regard des organismes de garanties financières.

[90] Ces pillages, parfois systématiques, semblaient participer d'une stratégie de conquête de la capitale, Abidjan, à l'approche des FRCI.

Pour ceux qui avaient été effectué le déplacement à l'intérieur du pays, il faut mentionner que c'est Abidjan, plus précisément Abobo et Yopougon, qui a expérimenté le plus vaste mouvement de populations. L'on estima à plus d'un million le nombre de ceux qui, fuyant les combats dans ces deux communes, ont trouvé refuge dans d'autres communes[91].

D'autres, en revanche, craignant pour leur vie, avaient été contraints de traverser les frontières, en direction d'autres pays. C'est ainsi que selon les organisations humanitaires, "vers le 10 décembre 2010, le nombre de réfugiés ivoiriens dans l'est du Libéria est passé à 18 000 vers la fin du même mois, puis à 50 000 le mois suivant, de sorte qu'au mois de mars 2011, leur nombre était estimé à 135 000. L'augmentation des combats et de l'insécurité a fait monter rapidement le nombre total de personnes déplacées en général, et celui des réfugiés au Libéria, en particulier. Ces derniers proviendraient pour la plupart des régions de Guiglo, Duékoué, Blolequin, Toulepleu et Danané."[92]

Il est intéressant de noter que parmi dans ces flux de déplacés tant internes qu'externes, la majorité d'entre eux était des femmes et des enfants et, surtout, que le Libéria a accueilli la majorité des Ivoiriens. Une tentative d'explication pourrait résider dans le fait que le conflit a été plus violent et a fait plus de victimes dans cette région, ce qui contraignit les habitants à se réfugier massivement dans ce pays voisin.

Ensuite, vient le Ghana pour qui l'explication pourrait probablement être liée à sa proximité avec Abidjan, la capitale économique, en termes d'accessibilité géographique (voir tableau et graphique)[93].

Au total, la crise ivoirienne a entraîné le déplacement forcé de près d'un million de personnes dans les pays comme le Libéria, le Ghana, la Guinée, le Mali, et le Burkina Faso comme répartis dans le tableau suivant[94].

Aujourd'hui, des efforts sont en train d'être déployés par les autorités d'Abidjan pour favoriser le retour de ces Ivoiriens, sans lesquels le processus de réconciliation serait incomplet.

Néanmoins, la difficulté majeure à laquelle les autorités ivoiriennes se heurtent est la crainte pour les candidats au rapatriement, c'est de faire l'objet de poursuites ou de représailles de la part du nouveau régime[95].

---

[91] « Dans l'Ouest du pays, la situation est semblable à celle d'Abidjan. D'après un rapport du Bureau Régional pour l'Afrique de l'Ouest et du Centre de OCHA (United Nations Office for the Coordination of Humanitarian Affairs), datant du 30 décembre 2010, on a enregistré 1 579 déplacés internes à Duékoué et 1157 à Danané. »

[92] « A la mi-juin, le Haut-Commissariat des Nations Unies pour les Réfugiés (UNHCR) estimait à environ 322 300, le nombre de déplacés internes. Les principales régions d'installation de ces déplacés étant l'Ouest (132 200), le Nord (62 700) et le Sud, particulièrement Abidjan (55 900). Au plus fort de la crise, cet effectif était estimé à plus de 500 000. Dans la seule ville de Duékoué, la Mission catholique abritait jusqu'à 50 000 personnes déplacées internes. Elles étaient sous la protection des troupes de maintien de la paix des Nations Unies. »

[93] Les organisations humanitaires ont dénombré 55 % de femmes par la masse de réfugiés toutes catégories confondues tandis que 62 % d'entre eux étaient âgés de moins de 18 ans.

[94] A cette époque, l'UNICEF estima que 150 000 Ivoiriens s'étaient réfugiés dans les cinq (5) pays limitrophes de la Côte d'Ivoire. Néanmoins, d'autres pays plus ou moins lointains, comme le Togo, le Benin, le Nigéria et le Niger, ont également accueilli des réfugiés ivoiriens.

[95] Selon le European Civil Protection and Humanitarian Aid Operations (ECHO), 95 % des 250 000 réfugiés sont rentrés en Côte d'Ivoire. Toutefois, il y a encore quelque 60 000 d'entre eux qui sont principalement au Libéria (HCR) (http://ec.europa.eu/echo/files/aid/countries/factsheets/cote_ivoire_fr.pdf).

Tableau 1: Evolution de l'effectif des réfugiés ivoiriens par pays suite à la crise postélectorale

Pays d'accueil	14 juillet 2011	28 juillet 2011	11 août 2011
Libéria	149 142	153 995	171 362
Guinée	2397	1879	2515
Burkina Faso	118	118	118
Mali	955	966	969
Ghana	17023	17159	17159
Togo	3737	3803	4295
Benin	546	563	569
Niger	38	38	96
Nigéria	106	130	130
Sénégal	64	58	58
Guinée Bissau	34	65	65
Gambie	65	65	94
Sierra Leone	4	54	62
Total	**174 229**	**178 893**	**197 493**

Source: UNHCR, 2011

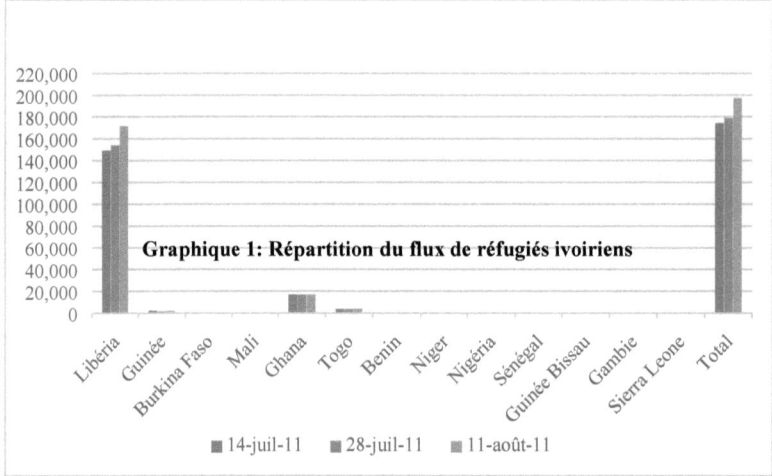

Graphique 1: Répartition du flux de réfugiés ivoiriens

2- Anéantissement du tissu économique

C'est une vérité de Lapalisse que d'affirmer que la crise a fragilisé tout le tissu de production. Depuis le premier coup d'Etat en décembre 1999, les performances macroéconomiques ivoiriennes avaient commencé à baisser. La crise postélectorale a eu de graves conséquences sur la situation économique, sécuritaire, sociale et humanitaire, et s'est traduite par une baisse prononcée du PIB réel (-5.9%).

La crise a fortement affecté l'ensemble du tissu économique et des appareils de production. Elle s'est traduite par une baisse prononcée du PIB réel (-5.9%) en 2011, soit une perte de 8.3 points par rapport à 2010[96].

---

[96] Même si le secteur primaire vivrier a semblé produire des résultats positifs avec une croissance positive (1.7% contre 0.5% en 2010), l'agriculture d'exportation (-0.5% contre +0.2% en 2010) a subi les effets de la crise avec : (i) l'abandon des plantations du fait de l'insécurité; (ii) les difficultés d'acheminement de la production et (iii) l'avarie de la production suite aux difficultés de stockage. La conséquence a été la chute des productions de café (-74.4%), d'huile de palme (-16.8%) et de banane (-9.8%). La BAD estime que « Toutes les composantes de la demande ont marqué un repli sous l'effet de la crise post-électorale. La baisse de la consommation finale (-9.2%

Avec une contraction de 5.9% du PIB réel en 2011, l'économie ivoirienne a fortement ressenti les effets négatifs de la crise postélectorale et, les niveaux appréciables de croissance de l'économie projetés (8.6% et 5.5% respectivement pour 2012 et 2013) dépendent de la consolidation de la paix et de la restauration de l'appareil productif. L'atteinte de ces niveaux de croissance exige, d'une part, l'accélération des réformes inscrites dans la FEC 2012-2014 visant l'amélioration de la gouvernance et du climat des affaires, l'efficience dans les secteurs financier, énergétique et du café-cacao, et d'autre part, la réussite du dialogue politique pour la réunification et la réconciliation. L'inadéquation formation – emploi et la faiblesse du système de prospection constituent des obstacles à la promotion de l'emploi des jeunes en Côte d'Ivoire et entravent le relèvement du niveau faible de développement humain et la réduction de la pauvreté.

Une reprise graduelle de l'économie est attendue en 2012 dans l'hypothèse de la poursuite de la normalisation de la situation sécuritaire, de la consolidation de la paix, de l'amélioration du climat des affaires et des efforts de restauration de l'appareil productif avec la mise en œuvre de mesures d'incitation en faveur du secteur privé. La relance de l'économie conduirait en 2012 un taux de croissance du PIB réel de 8.6%, porté par une importante demande d'investissement public et le dynamisme des secteurs secondaire et tertiaire. Le taux de croissance s'établirait à 5.5% en 2013. Le déficit budgétaire global devrait atteindre 2.8% du PIB contre -2.5% en 2011, en raison du maintien de la baisse de la fiscalité pétrolière et de la hausse des dépenses courantes. Le taux d'inflation est projeté à 3.6% en 2012 et 3.1% en 2013 contre 4.9% en 2011, grâce à la fluidité de l'approvisionnement des marchés et la stabilisation des prix des produits pétroliers. L'excédent de la balance courante devrait représenter 3.7% du PIB en 2012, contre 3% du PIB en 2011, du fait de la réduction des déficits des comptes services, revenu de facteurs et transfert courant, malgré le recul de la balance commerciale[97].

Dans le secteur primaire, par exemple, la baisse de la croissance aurait été de 0,3%, ce qui est imputable à l'agriculture d'exportation (- 6,7%) et à l'extraction minière (– 7,7%). Les campagnes de commercialisation du cacao et du coton ont été fortement perturbées au cours du premier trimestre 2011.

Du fait de l'insécurité, les ouvriers agricoles ont abandonné les plantations de café. A ce propos, des pertes importantes de production ont été enregistrées pour les produits périssables, tels que la banane et l'ananas, en raison de l'embargo sur les ports d'Abidjan et de San Pedro. Au niveau des activités extractives, la production de pétrole s'est nettement contractée, à la suite de la fermeture ou de l'arrêt récurrent de certains puits.

En effet, le PIB est passé respectivement de -2,4% en 2000 à -1,8% en 2002, après avoir connu une légère remontée de 0,9% en 2001.

Pour l'année 2003, le FMI estima que le taux de croissance était négatif, à raison de -1% et -3% alors que le taux d'inflation était estimé à 3,1%. Dans l'ensemble, tous les secteurs d'activités connurent une baisse, à l'exception du secteur primaire qui bénéficia d'un regain de l'activité minière avec l'entrée en production de nouveaux gisements pétroliers.

Mais cette embellie dans le secteur extractif sur la période 2002-2003 ne suffit pas à relever substantiellement le niveau des finances publiques. Bien au contraire, l'on nota que le budget

---

en 2011) s'explique par la perturbation des circuits de distribution, la fermeture des banques et la baisse des revenus. Le repli des investissements tant publics (-15%) que privés (-20%) est imputable à l'arrêt des grands travaux de l'Etat, à l'attentisme des opérateurs privés et à la fermeture d'entreprises. L'isolement économique du pays pendant la crise et la baisse de l'activité ont conduit à la chute des exportations et des importations (-2.6% et -11.8% respectivement). La baisse du PIB réel en 2011 s'explique par la contraction des investissements (-2%) et de la consommation finale (-7.1%). » (BAfD, OCDE, PNUD, CEA, Perspectives économiques. Côte d'Ivoire, 2012-www.africaneconomicoutlook.org).

[97] BAfD, OCDE, PNUD, CEA, *Perspectives économiques en Afrique*, 2012.
(http://dx.doi.org/10.1787/888932605105).

de l'Etat subit une contraction de 22%, passant de 1946.6 milliards en 2002 à 1518,9 rnilliards en 2003.

D'une manière spécifique, les troubles socio-politiques de 2004 eurent, d'abord, un impact particulièrement négatif sur le secteur secondaire, notamment sur les branches d'activité comme le textile, dont les principales unités de production, situées dans la région de Bouaké, haut-lieu de la rébellion, furent fermées.

Quant à la Société ivoirienne de raffinage (SIR), elle aurait perdu 100 000 tonnes de sa part annuelle du marché de raffinage du pétrole dans le nord du pays, au profit de fournisseurs maliens et burkinabés.

Toutefois, le secteur tertiaire fut celui qui fut le plus affecté par la crise de 2002. Sur l'ensemble de l'année 2004, toutes les branches du secteur ont enregistré des baisses significatives, soit un net recul de 0.5 à 1 pour cent, avec une chute de 5 pour cent dans l'activité globale des sociétés de service, d'assurance et du bâtiment, comme conséquence de la politique de fermeture ou de relocalisation de certaines sociétés dans la sous-région. L'investissement privé a stagné en 2004 par rapport à 2003, et s'est contracté en 2005 pendant que la consommation accusait un recul[98]. L'indice du commerce de la Banque centrale des États d'Afrique de l'Ouest (BCEAO) était évalué à 1% au cours de 2004, avec une baisse significative de 0.6% sur les ventes au détail dues essentiellement à la diminution des revenus des ménages, touchés par la fermeture des usines, les mises au chômage technique et le départ des expatriés.

Néanmoins, sous les effets conjugués de l'impossibilité à trouver un terme définitif à la crise et la méfiance des bailleurs de fonds à coopérer avec le régime de Laurent Gbagbo, les tendances ne pouvaient qu'inciter au pessimisme pour les deux années consécutives 2006 et 2007.

Cette situation ne fut pas seulement néfaste pour la Côte d'Ivoire, elle eut également des conséquences négatives sur certains Etats de la Sous-région, notamment les Etats enclavés comme le Mali, le Burkina-Faso et le Niger, qui furent contraints de créer d'autres circuits d'approvisionnement et adopter, notamment, des solutions alternatives qui s'avérèrent extrêmement coûteuses[99].

Dans le secteur secondaire, l'activité industrielle aurait reculé de 8,4%, en liaison notamment avec les arrêts de travail dus à l'insécurité, aux pillages et aux destructions de nombreuses unités de production, aux difficultés d'approvisionnement en matières premières et la morosité de la conjoncture. La branche du bâtiment et des travaux publics (BTP) serait particulièrement affectée par la décélération du rythme d'exécution des investissements publics et privés.

Au niveau du secteur tertiaire, la croissance baisserait de 13,4 %, en raison principalement du reflux dans le commerce et les transports, imputable à la contraction de la demande, aux perturbations du trafic terrestre, aéroportuaire et maritime, ainsi qu'au recul des échanges commerciaux avec les pays de l'hinterland.

Au Burkina, au Mali et au Niger, le secteur primaire connaîtrait une réduction des exportations de bétail, de volaille et d'oignons vers la Côte d'Ivoire. Les secteurs secondaire et tertiaire seraient également affectés, du fait des difficultés d'approvisionnement du marché

---

[98] La crise socio-politique ayant conduit à la fermeture de nombreuses petites et moyennes entreprises eut un impact négatif sur plusieurs secteurs clés de l'économie et détérioré la base fiscale intérieure, contraignant ainsi le gouvernement à dépendre essentiellement des prélèvements fiscaux sur le cacao. Pour illustration, il faut souligner que le budget 2005, approuvé par le parlement en avril 2005, prévoyait une baisse des recettes et des dépenses.

[99] Seka Tchere, *Côte d'Ivoire: priorités économiques post-crise, Côte d'Ivoire consolidation d'une paix fragile*, Partnership Canada Africa, 2004, p.79.

intérieur en produits finis et en intrants pour les entreprises, notamment en matériaux de construction, combinées à l'arrêt du trafic ferroviaire et routier durant la période de la crise.

Ces conséquences économiques, loin de se limiter aux frontières internes, ont eu de fortes répercussions sur plusieurs pays de la Sous-région ouest africaine. C'est ainsi qu'au Bénin et au Togo, une baisse de la demande serait enregistrée au niveau de certaines industries manufacturières, qui effectuent des exportations vers la Côte d'Ivoire. En revanche, les activités commerciales et les transports auraient connu un regain de dynamisme dans ces deux pays. Au Sénégal et en Guinée-Bissau, il ne serait pas observé un effet notable de la crise[100].

Telle est *grosso modo* décrit le tableau de la situation macroéconomique de la Côte d'Ivoire au sortir de la crise post-électorale en avril 2011.

Tableau 2: Perspectives de croissance économique des États membres de l'UEMOA en 2011

Pays de l'UEMOA	Benin	Burkina Faso	Côte d'Ivoire	Guinée Bissau	Mali	Niger	Sénégal	Togo	UEMOA
Prévisions initiales (1)	3,5	5,5	4,0	4,3	5,4	5,2	4,4	3,9	4,5
Prévisions révisées (2)	3,8	5,2	-6,3	4,3	5,3	5,2	4,5	3,9	1,0
Ecart: (1) – (2)	0,3	-0,3	-10,3	0,0	-0,1	0,0	0,1	0,0	-3,5

Source: INS, BCEAO, 2012.

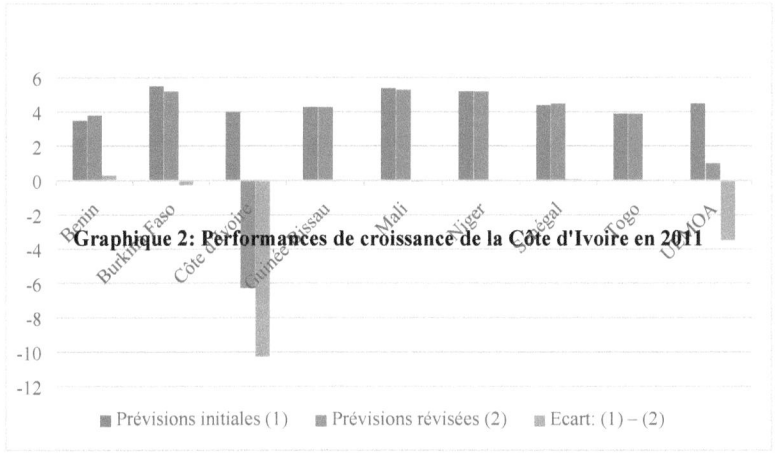

Graphique 2: Performances de croissance de la Côte d'Ivoire en 2011

Tableau 3: Taux de croissance ventilé en fonction des secteurs de l'économie

Secteurs / Taux de croissance	Primaire	Secondaire	Tertiaire	Non marchand	PIB Total
Croissance du PIB (%)	0,5	4,7	2,7	2,0	2,4
Poids dand le PIB (%)	28,7	21,3	36,8	13,2	100
Contribution des secteurs à la croissance du PIB	0,2	1,0	1,0	0,3	2,4

Source: DGE/DCPE

---

[100] Direction des Etudes et des relations internationales, Impact de la crise politique en Côte d'Ivoire sur les perspectives économiques de l'UEMOA en 2011, BECEAO, L'évolution économique et financière dans les pays africains de la zone franc, Banque de France. Rapport annuel de la Zone franc, 2010.

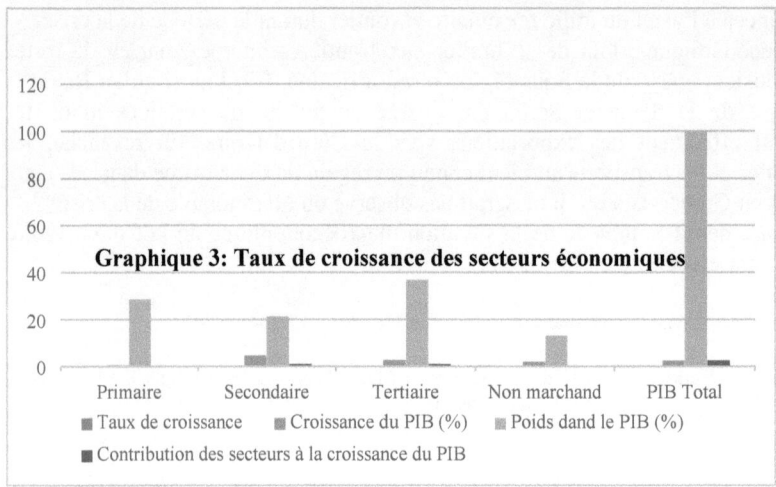

Graphique 3: Taux de croissance des secteurs économiques

a- Un taux d'inflation galopante

L'inflation se définit généralement comme la perte du pouvoir d'achat de la monnaie par une augmentation générale et durable des prix[101]. Il est mesuré par l'indice des prix à la consommation (IPC) qui représente la variation moyenne des prix des produits consommés par les ménages, entre deux périodes prises comme périodes de référence. Le panier de référence utilisé pour le calcul de l'IHPC est généralement composé des produits alimentaires (avec une pondération de 24%), de services de restauration (13%) et de transport (10%), d'articles d'habillement (8%), de logement (7,5%) et de services de téléphonie (6%).

Il a été prouvé qu'une inflation faible et stable relance la croissance économique. C'est la raison pour laquelle Les pays de l'UEMOA ont adopté, en 1999, un pacte de convergence, de stabilité, de croissance et de solidarité dans lequel la commission bancaire de l'Union a fixé un taux limite d'inflation qui est de 3% maximum[102]

Le coût de la vie en Côte d'Ivoire est relativement élevé en comparaison avec les autres pays de l'espace UEMOA.

Selon l'Institut national de la statistique, les fluctuations de prix sont loin d'être un phénomène nouveau, et si elle est contenue en dessous du seuil de convergence de 3% recommandé par l'UEMOA, c'est grâce à un environnement international favorable et au régime de change fixe lié à son appartenance à la Zone Franc[103].

En fait, la hausse des prix en Côte d'Ivoire est consécutive de différents paramètres, notamment les éléments internes et les éléments externes.

---

[101] Le phénomène de l'inflation couvrant un champ plus large que celui restreint de la consommation des ménages, il faut dire qu'elle est différente de l'augmentation du coût de la vie.

[102] Selon la BCEAO, de 2004 à 2007, le taux d'inflation est passé respectivement de 0,5% en 2004 à 4,3% en 2005, 2,3% en 2006 et 2,4% en 2007 dans les Etats composant son espace (W. Kouame, *Relation inflation et croissance économique dans les pays de l'UEMOA*, Mémoire de DEA du Nouveau Programme de 3ème Cycle Interuniversitaire, Université Cocody-Abidjan, 2009)

[103] Le coût de la vie en Côte d'Ivoire, mesuré par l'indice harmonisé des prix à la consommation (IHPC) calculé par l'INS, a enregistré une hausse de 1,2% en 2015, contre 0,4% en 2014. Le niveau exceptionnel de 4,9% atteint en 2011 est dû à la crise politique aggravée par le conflit post-électoral.

Au niveau interne, l'évolution de l'inflation est marquée par les tensions sur les prix des céréales locales, consécutives à la baisse fréquente de la production céréalière dans l'UEMOA[104].

Par ailleurs, les mesures prises par les Etats eux-mêmes ainsi que l'évolution de la liquidité ont eu des impacts sur le profil des prix.

D'autre part, la diminution de l'offre de céréales locales dans l'UEMOA induit une forte augmentation des prix des céréales locales dans la Zone. En effet, la production céréalière dans les pays de l'UEMOA, dépendante de la pluviométrie, en se contractant entraîne une forte diminution de l'offre et accroît la demande de ces denrées qui constituent l'alimentation de base de la plupart des habitants des pays de l'Espace UEMOA[105].

Ceci étant, cette situation limite fortement le volume des échanges intra-régionaux servant habituellement à atténuer l'impact des déficits dans l'Union.

Quant aux chocs d'origine externe, l'évolution des prix sur les marchés internationaux est notamment sujette aux tensions sur les cours du pétrole brut et par la hausse des cours de certains produits alimentaires importés, avec des répercussions sur les prix domestiques dans les pays de l'UEMOA.

A l'analyse, l'on s'aperçoit que le phénomène de l'inflation, indépendamment de l'action des gouvernements, est un phénomène auto-entretenu et dépendant plus de facteurs pour la plupatt externe et hors de contrôle des Etats.

Dans le cas spécifique de la Côte d'Ivoire, ce phénomène a un impact particulier, dans la mesure où la plupart des produits de base consommés sont importés, donc susceptibles d'être exposés aux chocs et tensions externes.

On note notamment les niveaux des productions escomptées, qui ne sont pas atteints, la pénurie de certains produits alimentaires, les contre-saisons ou basses période de production, le coût du transport des marchandises, notamment avec la hausse du prix de gasoil à la pompe, la sensibilité des acteurs, et surtout la loi du marché (l'offre et la demande), etc. Ce sont tous ces facteurs naturels et économiques qui agissent sur les prix des denrées alimentaires.

En plus de cela, il y a aussi les taxes « invisibles » que l'Etat impose aux industriels sur certains de leurs produits. Ces derniers ne font que les répercuter sur le consommateur final.

A titre d'exemple, la situation inquiétante de certains produits manufacturés, comme le lait concentré sucré et le lait non sucré. « La Direction générale de la douane, avec la complicité de certains industriels, a instauré, depuis le 11 février 2013 la Taxe conjoncturelle à l'importation (TCI), qui est de 1340 FCFA le kilo net'', avait dénoncé un acteur de la société civile lors d'une conférence à Abidjan. Ici, il faut voir la responsabilité de l'Etat qui recherche parfois plus de recettes auprès de la douane et du Fisc[106]. En même temps, il aggrave la situation de ses contribuables et leur niveau de vie s'amenuise au fil du temps.

---

[104] L'impact haussier de la situation socio-politique au Mali et l'incidence baissière du retour à la normale en Côte d'Ivoire après la crise observée dans ce pays en 2011.

[105] Cette croissance s'est contractée de 17,5% au cours de la campagne agricole 2011/2012, par rapport à celle de 2010/2011. Les chiffres démontrent qu'il s'agit de la plus importante baisse de la production au cours des dix dernières années. Excepté le Bénin, la Guinée-Bissau et le Togo, tous les pays de l'Union ont enregistré un repli de la production céréalière. Par ailleurs, les récoltes de la campagne agricole 2011/2012 n'ont pas été bonnes non plus dans les pays limitrophes de l'Union, notamment au Nigeria et au Ghana.

En effet, la production céréalière au Nigeria et au Ghana a enregistré en 2011/2012 des baisses respectives de 8,2% et 0,4%, par rapport à la campagne 2010/2011.

[106] La TCI, encore appelée Taxe d'importation saisonnier ou temporaire est une taxe qui protège la production locale de légumes, riz, l'oignon et les pommes de terre lorsque les prix mondiaux chutent. La taxe coulissante varie de 2,5% à 5% selon la catégorie de produits. Elle s'applique aux importations de certains produits finis tels que les allumettes, pâte de tomate, des bonbons et du lait en poudre qui concurrencent la production locale.

En Côte d'Ivoire, il est effectué plus de 7 900 relevés de prix sont chaque mois par les enquêteurs de l'INS. Ces enquêtes portent sur le panier de la ménagère, comprenant 684 variétés de produits, suivies dans 1 637 points d'observation sur toute l'étendue du territoire national. En janvier 2013, l'IHPC était en croissance à 1,4%, et a progressivement évolué pour atteindre les 3,1% en juillet de la même année, avant de se stabiliser à une moyenne de 3,1% sur la période allant de juillet à septembre (voir en encadré le graphique d'évolution de l'inflation en 2013). La Côte d'Ivoire s'est finalement retrouvée avec un taux d'inflation de 3%. Des informations qui attestent que le niveau général des prix à la consommation a presque triplé en l'espace de neuf mois.

Le tableau et le graphique correspondant ci-dessous présentent l'évolution des taux d'inflation de 1999 à 2013. L'on remarque que les deux années cruciales sont 2008 et 2011. Si le taux élevé de 2011 est lié au contexte de crise consécutive au scrutin présidentiel contesté, on rend difficilement raison de celui de 2008, encore qu'à bien y voir, il semble que le contexte politique d'alors peut en être le déterminant principal.

En effet, après la signature de l'accord de Ouagadougou issu d'un dialogue dit direct entre les « frères ennemis », l'on crut que tout écueil politique était écarté, mais il s'est avéré son application sur le terrain allait en révéler les diverses difficultés. A ce propos, à l'Accord de Ouagadougou, il a fallu ajouter quatre nouveaux accords complémentaires pour en fixer certaines modalités pratiques, le tout générant ne faisant qu'aggraver les tensions. Or, comme on le sait, tout processus de croissance économique s'accommode mal de contextes socio-politiques instables et imprévisibles[107].

Ainsi, la lutte contre l'inflation dans l'UEMOA requiert l'accroissement de l'offre des produits alimentaires de base. Cette offre doit être moins sensible aux conditions climatiques.

A ce titre, il conviendrait d'accélérer la mise en œuvre des initiatives prises depuis 2008 tant au niveau communautaire qu'au niveau des Etats pour accroître la production agricole locale et lever les contraintes à la commercialisation. La maîtrise des prix dans l'Union nécessite également la réduction des marges des intermédiaires, notamment des grossistes, détaillants et transporteurs. Elle requiert par ailleurs la levée des entraves au commerce régional.

Le tableau N°4 ci-dessous met en relief les fluctuations des taux d'inflation dans les huit Etats de l'UEMOA. Contrairement à des Etats comme le Burkina-Faso et le Niger dans une moindre mesure, le taux d'inflation en Côte d'Ivoire est parmi les taux les plus élevés de l'Espace, et ce sur les 3 années considérées[108].

Tableau 4 : Fluctuation des taux d'inflation dans l'Espace UEMOA

Années / Pays	2010	2011	2012
Benin	2,1	2,7	6,7
Burkina Faso	-0,6	2,8	3,8
Côte d'Ivoire	1,7	4,9	1,3
Guinée-Bissau	2,2	5,1	2,1
Mali	1,2	3,0	5,3
Niger	0,9	2,9	0,5
Sénégal	1,2	3,4	1,4
Togo	1,4	3,6	2,6
UEMOA	1,4	3,9	2,4

Source : UEMOA, 2013

Années / Pays	2010/2011	2011/2012	Variation de la production (en %)

---

[107] http://peacemaker.un.org/sites/peacemaker.un.org/files/CI_081222_4e%20accord%20complementaire%20a%20l'Accord%20Politique%20de%20Ouagadougou.pdf.
[108] Cependant, selon le FMI, en 2015, l'activité économique est demeurée dynamique dans la plupart des secteurs économiques en Côte d'Ivoire, tandis que l'inflation était contenue à 1,2% et que le déficit budgétaire plafonnait à 3% du PIB (FMI, 2015): http://www.lemoci.com/fiche-pays/cote-d-ivoire/#sthash.45syRVu9.dpuf.

Benin	1527	1543	1,1
Burkina Faso	4561	3667	-19,6
Côte d'Ivoire	1553	1437	-7,4
Guinée-Bissau	237	281	18,6
Mali	6418	5139	-19,9
Niger	5264	3832	-27,2
Sénégal	1768	1501	-15,1
Togo	1046	1058	1,2
UEMOA	22374	18459	-17,5

Source : UEMOA, 2013

Tableau 5: Évolution de la production céréalière dans les pays de l'UEMOA

Tableau 6: Évolution des prix des biens et services en 2012

Années \ Pays	Biens	Services	Total
Benin	5,8	7,6	6,7
Burkina Faso	4,8	2,6	3,8
Côte d'Ivoire	0,4	2,3	1,3
Guinée-Bissau	2,2	2,2	2,1
Mali	6,2	2,6	5,3
Niger	1,9	-2,7	0,5
Sénégal	1,1	1,3	1,4
Togo	2,2	3,4	2,6
UEMOA	2,2	2,5	2,4

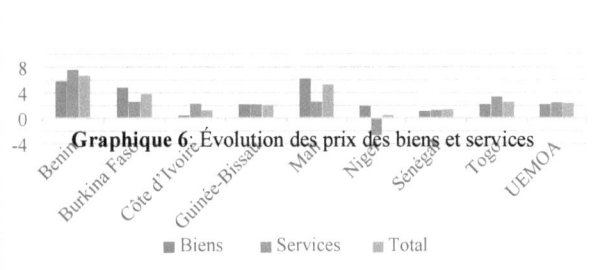

Graphique 6: Évolution des prix des biens et services

Source : UEMOA, 2013.

Graphique 7 : Fluctuation du taux d'inflation en Côte d'Ivoire en 2016

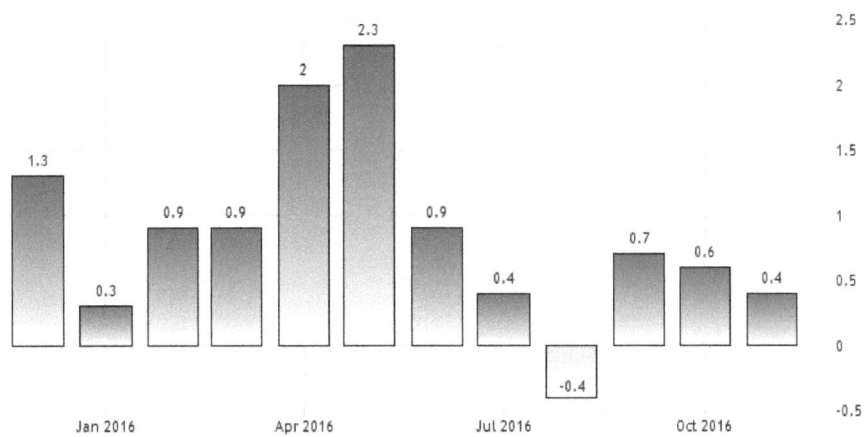

Source : http://fr.tradingeconomics.com/ivory-coast/inflation-cpi

Tableau 7 : Perspectives d'inflation dans les pays de l'UEMOA

Années \ Pays	2012	2013	2014

	Réalisations	Optimiste	Central	pessimiste	Optimiste	Central	Pessimiste
Benin	6,7	1,7	2,8	3,9	1,5	2,6	3,8
Burkina Faso	3,8	1,2	2,4	3,5	1,3	2,2	3,5
Côte d'Ivoire	1,3	1,5	2,6	3,7	1,7	2,5	3,9
Guinée-Bissau	2,1	1,5	2,7	3,8	1,3	2,2	3,5
Mali	5,3	2,0	3,1	4,2	0,9	1,7	3,0
Niger	0,5	1,2	2,4	3,5	1,1	1,9	3,3
Sénégal	1,4	0,7	2,0	3,1	1,1	2,0	3,4
Togo	2,6	1,4	2,5	3,6	1,1	2,3	3,6
UEMOA	2,4	1,3	2,5	3,6	1,4	2,3	3,6

Source : BCEAO

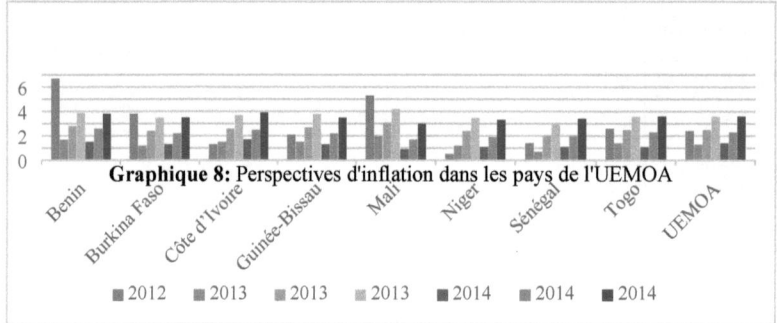

Graphique 8: Perspectives d'inflation dans les pays de l'UEMOA

Tableau 8 : Fluctuation du taux d'inflation au cours des années en Côte d'Ivoire

Pays	1999	2000	2002	2003	2004	2005	2006	2007	2008	2009	2010	2011	2012	2013
Côte d'Ivoire	2,5	2,5	3,2	3,4	1,4	3,9	3,2	1,9	6,3	0,9	1,4	5,1	1,3	2,9

Source: http://www.indexmundi.com/g/g.aspx?c=iv&l=fr&v=71

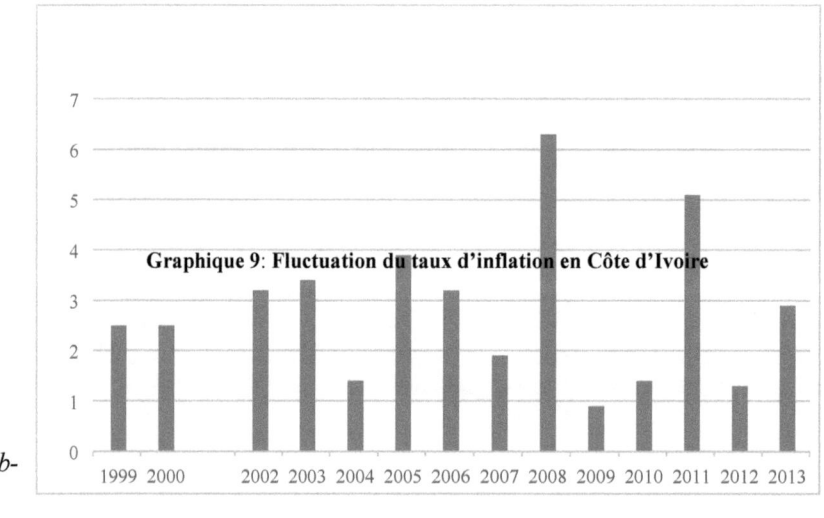

Graphique 9: Fluctuation du taux d'inflation en Côte d'Ivoire

b-

---

[109] L'étude de Diakalia, Marie-Thérèse et Yao a démontré que la fixation des prix des produits vivriers vendus dépend de plusieurs facteurs, qui sont, entre autres, le coût du transport pour l'acquisition du produit, la qualité et enfin, la demande (forte ou faible) sur le marché.

L'une des caractéristiques majeures de la vie en Côte d'Ivoire est la hausse constante des prix des denrées de consommation de base. Ce fut le motif de base de plusieurs manifestations sociales, notamment dans le cadre de facturation de la consommation d'électricité.

Cependant, des études ont démontré que la hausse des prix n'est en rien un fait nouveau en Côte d'Ivoire. En réalité, depuis 2008 marque le début de l'emballement des prix des denrées alimentaires courantes, y compris cultures vivrières, fruits et légumes.

D'après une étude menée par Diakalia Diarrasouba, N'guessan Marie-Thérèse et Koffi Simplice Yao (2015), il ressort que ce phénomène a débuté en 2008, du moins pour un certain nombre de produits identifiés. Excepté l'oignon et le piment frais, toutes les autres denrées composant le panier de la ménagère ont amorcé une tendance haussière en 2008[110].

Néanmoins, cette tendance va nettement s'inverser en 2009. Contrairement à 2008 où les prix de l'oignon et du piment frais étaient abordables, en comparaison des autres produits, le prix de ces deux produits va connaître une augmentation en 2009, auxquels viennent s'ajouter la tomate et le riz importé. A titre d'illustration, l'oignon (700 FCFA/Kg), le piment frais (700 FCFA/Kg), la tomate SODEFEL (700 FCFA/Kg) et le riz importé (600 FCFA/Kg) présentent les prix les plus élevés de l'année 2009.

Toutefois, s'il est un produit vivrier dont le prix connaît une hausse croissante, c'est bien le riz, sous toutes ses qualités. A ce propos, sur la période allant de 2005 à 2009, les prix de cette denrée se sont comportés de la manière suivante : riz local (77,8%), riz importé (Oncle Sam – Brisure, 66,7%) et riz importé (Oncle Sam Long grain, 50,0%)[111].

En revanche, l'orange, le manioc et la banane plantain présentent des tendances baissières au cours de la même année, à raison de 200 FCFA le kilogramme. Une question s'impose à ce niveau: comment trois produits vivriers fondamentaux qui font partie des habitudes alimentaires presque quotidiennes des Ivoiriens ne subissent pas d'augmentation de prix ?

Pour les deux premiers produits, à savoir la banane plantain et le manioc, une tentative d'explication serait, du moins pour le manioc, qu'en dépit du fait que c'est un produit vivrier consommé dans toute la Côte d'Ivoire, sous la forme de plus de vingt produits dérivés (attiéké, pâte de manioc, *placali*, foutou, *toh*, farine, amidon, *gari*, pain, gâteau, etc...)[112]. Bien que consommé dans toute la Côte d'Ivoire sous les diverses formes citées, la production ne décroit pas, au contraire. En réalité, eu égard, notamment, à la facilité qu'il a d'être cultivé sur tous types de sol, la production annuelle de cette denrée vivrière atteint en moyenne 2,5millions de tonnes produits par an avec un rendement moyen de 6,5 tonnes à l'hectare[113].

Par conséquence, l'offre et la demande de cette denrée s'équilibre sensiblement, tout au long de l'année[114].

Le tableau est moins reluisant pour la banane plantain qui connaît des ruptures fréquentes en raison de sa production qui est hautement sujette aux fluctuations saisonnières.

---

[110] Le panier de la ménagère est constitué de l'Ensemble de biens ou de services constituant un échantillon et dont les prix peuvent servir de base à une indexation. En d'autres termes, ce sont les dépenses d'un ménage au quotidien. Il faut noter que l'on a tendance à remplacer cette expression par celle de panier type, étant entendu que cette appellation pouvant être considérée comme sexiste.

[111] Il faut noter que le prix de la graine de palme a connu un taux d'augmentation de 150,0%, au cours de la même période.

[112] De sa nomenclature scientifique, *manihot esculenta*, le manioc est une espèce de plantes dicotylédones de la famille des Euphorbiaceae, originaire d'Amérique centrale et d'Amérique du Sud, plus particulièrement du sud-ouest du bassin amazonien. Il occupe le deuxième rang des cultures vivrières après l'igname en Côte d'Ivoire.

[113] Les grandes régions pourvoyeuses de manioc sont respectivement, Abidjan, la capitale économique qui alimente le marché national avec 34% de la production. Viennent ensuite les régions du Gbêkê (centre nord) avec 18%, la région de la Marahoué (centre ouest) et celle de la Comoé (est) avec 11 % et 9 % de la production nationale (http://yoroba.net/decouvrir-le-manioc-et-ses-opportunites-en-cote-divoire/).

[114] Encore que dernièrement l'approvisionnement de cette denrée a connu une rupture sur le marché, chose rare, mais certainement due à une mauvaise pluviométrie, et qui n'a pas manqué de susciter la grogne des populations.

En effet, bien qu'occupant le 8ᵉ rang mondial, en 2013, avec une production estimée à 1,6 millions de tonnes, la Côte d'Ivoire a du mal à satisfaire son marché intérieur[115]. Il y a plusieurs raisons à cet état de fait.

A la différence du manioc, la production et la consommation de la banane plantain sont soumises à diverses contraintes. En effet, certains facteurs susceptibles de provoquer des pertes ont été recensés (Lassoudiere, 1973; Guillemot, 1976; Sery, 1985)[116].

D'abord, la production n'est pas également répartie dans toutes les régions de la Côte d'Ivoire. Les grandes zones de production qui ravitaillent Abidjan, principal centre de consommation de la Côte d'Ivoire, sont situées dans la moitié sud forestière du pays. Ce qui pose, d'emblée, un problème d'acheminement des zones de production vers Abidjan et occasionne, de ce fait, de fréquentes ruptures d'approvisionnements, d'autant que ces zones de production sont parfois éloignées de quelques centaines de kilomètres (300 à 400 km dans certains cas) d'Abidjan (Tano Kouadio, 1979)[117].

Ensuite, il y a lieu de noter que la banane plantain est une plante saisonnière qui est fortement soumise aux caprices de la pluviométrie ; une façon de souligner que les bonnes récoltes sont nécessairement conditionnées par les pluies abondantes[118].

Enfin, il y a que les conditions de transport déplorables (véhicules trop chargés) et longs délais d'acheminement, fruits tassés puis déchargés sans ménagement; sans parler des mauvaises conditions de stockage en période d'abondance[119].

Pour ce qui est de l'igname, il ressort que les producteurs de ce vivrier ne sont pas logés à meilleure enseigne[120].

Contrairement au riz, à la banane plantain et au manioc qui sont consommés dans presque toutes les régions de la Côte d'Ivoire, l'igname est, certes, principalement consommée au centre et à l'est de la Côte d'Ivoire, mais elle demeure également une denrée vivrière de grande consommation. En réalité, les producteurs d'ignames sont confrontés aux mêmes difficultés, sinon pires, que les producteurs des autres denrées décrites plus haut.

D'une part, il y a les aléas climatiques qui, non seulement, ne permettent pas de faire de bonnes récoltes, mais aussi occasionnent des retards considérables dans la production et la mise en vente de cette denrée vivrière.

D'autre part, et c'est le lot de toutes les cultures vivrières, il y a que les paysans éprouvent d'énormes difficultés à conserver leurs produits ; ce qui sensiblement occasionne des pertes après-récolte dues principalement à la chaleur, aux insectes et aux rongeurs.

---

[115] Il faut remarquer, qu'à la différence du manioc qui offre une multitude produits dérivés, la banane plantain se consomme sous forme d' « alloco » (friture), de bouillie et de foutou.

[116] A cela, il faut ajouter que, comme le soulignaient les auteurs précédemment cités, les récoltes sont le plus souvent effectuées « à un stade de remplissage très avancé, assez proche du déclenchement de la maturation », ce qui réduit considérablement les possibilités de conservation et favorise les pertes après-récolte,

[117] Une description du processus qui conduit au point de vent final est fournie dans le passage suivant : « Les longs trajets d'acheminement des fruits se font souvent en plusieurs étapes. Au cours de celles-ci, il arrive que les régimes soient déchargés, regroupés en tas sur un marché régional de collecte pendant quelques heures voire une journée, avant d'approvisionner le marché final. Il en résulte qu'une proportion non négligeable de régimes mûrs peuvent être observés dans les lots transportés et mis sur les derniers points de vente.» (http://www.fao.org/wairdocs/x5431f/x5431f02.htm).

[118] La production a lieu d'octobre à mars. En revanche, l'approvisionnement des marchés est relativement faible d'avril à septembre (Kuperminc, 1985; Sery, 1988).

[119] http://www.rongead.org/IMG/pdf/diagnostic_de_la_filiere_banane_plantain_en_cote_d_ivoire_15_12_2015_final.pdf.

[120] Il y a bien d'autres difficultés qui minent la filière des ignames, notamment le réseau de distribution accaparé par les grossistes venus d'Abidjan, sans parler des tracasseries routières.

Enfin, il se pose encore et encore le problème d'accessibilité des zones de production. Il est connu que la Côte d'Ivoire dispose d'un réseau routier assez dense, l'un des plus élaboré de l'Espace UEMOA[121], mais le constat est que ce réseau est allé vieillissant au fil des années, par manque d'entretien, au point que même d'être dégradé à 70%, notamment en zone rurale[122]. Par conséquent, le transport est fastidieux et occasionne, pour cela, des avaries sur la plupart des axes d'écoulement des produits vivriers et favorise le renchérissement des prix à la vente desdits produits vivriers[123].

Tableau 10 : Caractéristiques de variétés traditionnelles de coton cultivées en Côte d'Ivoire

Variétés	Cycle	Rendement moyen (ha)	Caractéristiques	Usage courant
Yacé	11-18	Milieu paysan : 20	Variété sensible à la mosaïque, aux acariens et aux cochenilles, Taux de matière sèche de 40% Bon pour transformation en attiéké	Attiéké placali
Bonoua	12-20	Milieu paysan : 15	Sensibilité à la mosaïque et aux cochenilles, Rendement faible, Taux de matière sèche de 40% Bonne cuisson et bon goût	Foutou
Bocou1	12-20	Milieu paysan : 25	Variété à très bon couvert végétal Sensible aux acariens Rendement élevé Taux de matière sèche de 39%	Attiéké placali Foutou
Bocou 2	11-16	Milieu paysan : 25	Variété à bon couvert végétal Sensible aux acariens Sensible à la pourriture racinaire Récolte aisée Rendement élevé Taux de matière sèche de 38%	Attiéké
Boucou 3	12-16	Milieu paysan : 25	Variété à bon couvert végétal Tolérante aux viroses Sensible à la pourriture racinaire Rendement élevé Taux de matière sèche de 37%	Attiéké placali
TMS4(2) 1425	11-18	Milieu paysan : 25	Tolérante aux viroses. Bonnes couvertes végétal Récolte aisée Rendement élevé Taux de matière sèche de 36%	Attiéké placali Foutou

Source : http://lorbouor.org/agrituto/manioc.pdf

---

[121] « En 2015, le réseau routier ivoirien comptait 82 000 km de routes interurbaines classées, dont 6 500 km de routes revêtues et 4 000 km de voiries urbaines, en majorité concentrées à Abidjan » (http://www.jeuneafrique.com/347291/economie/cote-divoire-approuve-plan-de-developpement-routier-de-57-milliards-deuros/). Sous ce rapport, il est intéressant de remarquer que l'indice d'accessibilité rurale est faible. En d'autres termes, « environ 32 % de la population rurale de la Côte d'Ivoire vivent à moins de deux kilomètres d'une route praticable en toute saison… compte tenu de la répartition spatiale de la population du pays, il faudrait environ 40 000 kilomètres de routes praticables en toute saison pour que 100 % de la population rurale vivent à moins de 2 kilomètres de l'une d'entre elles » (Banque mondiale, Infrastructure de la Côte d'Ivoire : Une perspective continentale, AICD, Rapport pays, MARS 2010)
[122] http://www.afrik53.com/Cote-d-Ivoire-70-du-reseau-routier-ivoirien-est-degrade_a22705.html.
[123] Le réseau routier ivoirien représente 50% du réseau total de l'UEMOA (http://www.ageroute.ci/gestion-du-reseaux/le-reseaux-routier/repartitioncartographie). Il faut ajouter que ces difficultés décrites dans ce livre ne sauraient guère épuiser les nombreuses contraintes auxquelles la production et la commercialisation des produits vivriers sont soumises.

Tableau 11 : Différentes denrées alimentaires cultivées en Côte d'Ivoire

Années \ Produits	2005	2006	2007	2008	2009	Taux de croissance (%)
Féculents						
Igname Kponan[124]	225	225	225	275	250	10,0
Manioc	150	150	150	200	200	33,3
Banane plantain	150	150	150	200	200	33,3
Céréales						
Riz local	225	225	225	400	400	77,8
Riz importé (Oncle Sam Brisure)	300	300	300	400	500	66,7
Riz importé (Oncle Sam long grain)	400	400	400	500	600	50,0
Maïs grain	200	200	200	250	250	25,0
Oléagineux						
Arachide décortiquée	500	500	500	550	500	0,0
Graine de palme		100	150	150	250	150,0
Légumes						
Tomate SODEFEL	500	550	350	500	700	40,0
Piment frais	600	500	700	650	700	16,7
Aubergine	300	300	300	400	350	16,7
Oignon (Burkina Faso)	600	600	600	250		-58,3
Oignon (Niger)	650	650	650	300	700	7,7
Fruits						
Orange	200	200	150	150	200	0,0

Source : Diakalia Diarrasouba, N'guessan Marie-Thérèse et Koffi Simplice Yao, 2015.

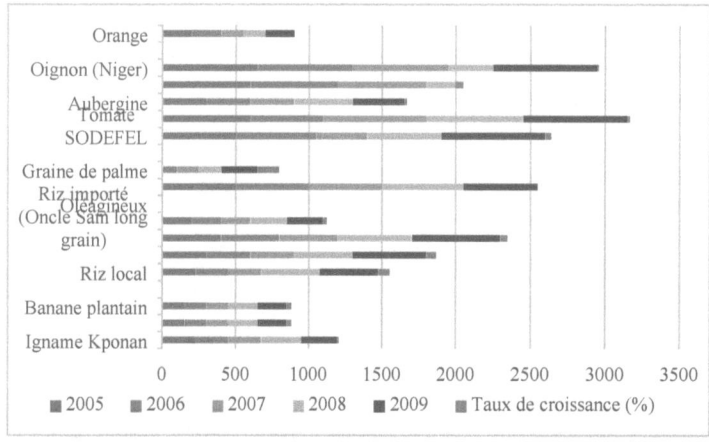

Graphique10: Evolution de la production et la commercialisation de certains produits alimentaires

Comme l'a démontré l'analyse, la production et la commercialisation des cultures vivrières sont en proie à plusieurs difficultés qui vont des contraintes liées à la pluviométrie aux

---

[124] Encore appelée nouvelle igname de Bondoukou, le *kponan* est une variété d'igname précoce cultivée en zone de savane et fortement appréciée sous toutes les formes culinaires à partir de sa première récolte en période d'août, jusqu'en période de janvier.

facteurs humains, comme les circuits de collecte et distribution sur les marchés urbains. Il n'est, par conséquent, pas étonnant que les prix soient tout autant sujets à tant de fluctuations. Toutefois, s'il y a une chose que l'on pourrait retenir de la fluctuation des prix des denrées alimentaires, c'est que l'Etat n'y exerce aucune emprise, pour la simple raison que les prix de ces denrées sont déterminés par, non seulement les conditions du marché, notamment la loi de l'offre et de la demande, mais encore par d'autres facteurs, comme le coût du transport et la qualité des produits ; le tout laissant une marge considérable aux opérateurs économiques, particulièrement, à partir des divers niveaux d'intervention (producteur, collecteur, grossiste et détaillant)[125].

3- L'état des lieux dans les secteurs sociaux

a- *Le secteur éducatif*

Si la crise post-électorale n'a épargné ni les secteurs sociaux au double niveau des infrastructures physiques et de la qualité des services, en l'occurrence les secteurs éducatif et sanitaire, c'est au plan du développement humain et social que cette crise s'est fait le plus sentir[126].

D'une part, le secteur de l'éducation qui a subi de profondes perturbations eu égard à la crise militaro-politique qui débuté en 2002 a continué à se dégrader. En 2008, le taux net de scolarisation au cycle primaire était estimé à 56.1% tandis que le taux net d'achèvement du cycle primaire était de 51.1%.

Néanmoins, il faut souligner que le taux brut de scolarisation au cycle primaire a enregistré une hausse constante sur la période 2008-2015, passant de 76,2 % en 2008/2009 à 95,4 % en 2014/2015.

Cette amélioration observée dans ce taux est probablement liée à la mise en œuvre de différentes mesures visant à améliorer l'accès à l'enseignement de base, telles que l'abolition des frais d'inscription et de scolarité dans l'enseignement primaire et préscolaire public depuis 2001 et la distribution gratuite de manuels et kits scolaires.

En outre, il faut ajouter qu'en dépit des déboires subis par le secteur éducatif, dans son ensemble, a enregistré des progrès indéniables. Aujourd'hui, le taux de scolarisation, dans son ensemble, est estimé à 78,9 % (INS, 2015).

Dans le détail, ce chiffre est passé progressivement de « 87,8% en 2011 à 95,4% en 2015 » et de « 39,7% en 2011 à 58,4% » au premier cycle, tandis qu'il est demeuré «…stationnaire » au second cycle sur la même période[127].

Quant aux universités et grandes écoles, elles ont connu également une hausse de « 139% », passant de « 80.837 en 2011 à 192.832 en 2015 »[128].

---

[125] Pour ce qui est des produits d'importation, à l'exemple du riz, le prix est, certes, fixé par le gouvernement, mais ils ne sont pas respectés par les revendeurs, faute de contrôle rigoureux.

[126] « …aucun domaine socioéconomique et culturel n'y a échappé: la santé, l'éducation, l'emploi des jeunes, etc. sont touchés à des degrés divers ». En matière de pertes en vies humaines, le Conseil des Droits de l'Homme des Nations Unies (CDH) évalue à la mi-janvier 2011, le nombre de morts à, au moins 247 personnes, soit une augmentation de 37 personnes mortes par rapport à la semaine précédente. Le Conseil recense, par la même occasion, 49 personnes portées disparues depuis le début des manifestations postélectorales.

[127] La politique de scolarisation obligatoire (PSO), adoptée par l'Etat a pour ambition de « donner à toutes les filles et à tous les fils de notre pays le droit à l'éducation, à une formation de qualité ». Constituant l'un des piliers du gouvernement en matière d'éducation, ce projet est estimé à 700 milliards de francs CFA (1,06 milliard d'euros), « dont une grande partie sera destinée à payer les salaires de près de 5.000 instituteurs et professeurs de collèges à recruter, selon un communiqué du gouvernement » (voir le Projet de loi portant modification de la loi N°95-696 du 07 septembre 2015 relative à l'enseignement)
(http://www.jeuneafrique.com/depeches/246529/politique/cote-divoire-ouattara-decrete-lecole-obligatoire-pour-les-6-a-16-ans/).

Toutefois, le secteur éducatif ivoirien est encore sujet à des risques susceptibles de freiner cet élan, surtout au niveau des catégories sociales les plus pauvres. Il s'agit notamment de la non-scolarisation et de l'abandon scolaire précoce des enfants, avec pour conséquence majeure un capital humain faible.

A cet effet, il est souligné que « L'enquête MICS de 2006 a révélé que 30% des enfants d'âge scolaire ne sont jamais allés à l'école. En outre, il y a une forte déperdition tout au long de l'enseignement primaire, qui aboutit à un taux d'accès en dernière année de seulement 46%. Autrement dit, plus d'un enfant sur deux ne bénéficie pas d'un enseignement primaire complet et sera probablement analphabète à l'âge adulte. Seuls 34% ont accès au secondaire où les taux de déperdition restent élevés. »

Par ailleurs, pour un pays qui se «…veut leader en Afrique de l'ouest », l'ONU trouve relativement faibles les taux d'alphabétisation des adultes qui n'est que de 56,9% et celui des jeunes qui est de 67,5%.

Bref, il faut dire que le bilan de l'accès et de l'achèvement des cycle primaire, secondaire et supérieur montre des dysfonctionnements résultant de plusieurs facteurs dont la faible capacité d'accueil des infrastructures, la situation sociale des parents et les pesanteurs socioculturelles. Il en résulte, à brève échéance, une faiblesse notoire au niveau de l'accumulation du capital humain, et à longue échéance, la perpétuation du cycle de pauvreté et une forte probabilité de non-atteinte de l'Objectif 2 des Objectifs du Millénaire pour le Développement (OMD)[129].

La crise post-électorale n'a fait qu'aggraver non seulement l'état des infrastructures, l'accessibilité et la qualité du système éducatif depuis 2002, avec la crise militaro-politique qui a éclaté en septembre[130].

Au-delà des difficultés provoquées par la crise post-électorale, il faut souligner que le système éducatif ivoirien est en proie à un ensemble de faiblesses structurelles liées, avant tout, à la planification, la programmation et l'évaluation, en ce sens que la création d'écoles n'a jamais été l'objet de régulation, en termes de finalités externes. Du coup, il en est résulté un profond déséquilibre entre l'offre d'éducation, les structures d'accueil et les besoins réels finaux, en termes d'insertion professionnelle.

b- *Le secteur sanitaire*

La crise post-électorale a fortement affecté un système de santé dans sa globalité, déjà affaibli par la crise socio-politique et militaire de 2002. En effet, plus de dix années de conflit et de manque d'investissement ont entraîné un affaiblissement, voire un délabrement du système de santé ivoirien, notamment dans les anciennes zones dites Zones CNO[131].

Pour ne pas améliorer la situation, la crise post-électorale a compromis l'accès aux services de base, y compris l'accessibilité et la qualité des services et les infrastructures sanitaires.

---

[128] http://lessentiel.ci/cote-divoire-le-taux-de-scolarisation-en-hausse/

[129] Ces éléments compromettent fortement les chances du pays de prétendre « …satisfaire aux critères sociaux de l'émergence d'ici à 2020 » (http://www.20minutes.fr/economie/1478654-20141111-cote-ivoire-niveau-pauvrete-inquietant-malgre-croissance) (http://www.jeuneafrique.com/depeches/246529/politique/cote-divoire-ouattara-decrete-lecole-obligatoire-pour-les-6-a-16-ans/).

[130] Au cours d'une visite dans la région du Worodougou, lors de la collecte de données pour ma thèse d'Etat en 2005, au village de Béréni Diala, c'était des volontaires de niveau Seconde qui tenaient les classes primaires de cette localité.

[131] Les ex-*Zones CNO* (Centre, nord, ouest) ou Zones FN (Forces Nouvelles), constituées par les départements de Bouaké, Béoumi, Biankouma, Bouna, etc,, étaient les zones occupées par les ex-FN, et où l'Etat était absent. Après 2007, suite à la Flamme de la Paix célébrée à Bouaké, il a été convenu entre les belligérants que l'administration devait être redéployée sur toute l'étendue du territoire ivoirien.

Au lendemain de la crise post-électorale, il faut dire que les risques sanitaires, qui sont aggravés par la malnutrition et les conditions de vie insalubres (surtout la mauvaise qualité de l'eau et les faiblesses d'assainissement), sous-tendent les risques de mortalité des enfants de moins de cinq ans. Le paludisme, les infections respiratoires aiguës (IRA) et les maladies diarrhéiques constituent les plus grands risques pour les enfants de cette tranche d'âge. Les taux d'utilisation des services sanitaires sont faibles, même si l'EDS III en 2011-2012 a montré une amélioration, vraisemblablement due à la politique de gratuité des services sanitaires pour les enfants de moins de 5 ans, par rapport aux données de l'enquête MICS menées en 2006, lorsque ces services étaient payants.

Néanmoins, en 2011-2012, un traitement médical n'a été recherché auprès des services de santé que pour 38% des enfants de moins de 5 ans avec des symptômes d'IRA et 34% de ceux avec la fièvre.

Les risques de santé reproductive sont amplifiés par la fécondité précoce et à intervalles courts, la malnutrition maternelle et le faible accès aux services de santé maternelle. La proportion d'accouchements assistés par un prestataire formé n'a guère changé entre 2006 (57%) et 2011-2012 (59%).

Bref, comme le souligne, à juste l'ex-ministre de la santé, N'dri Yoman Thérèse, la crise post-électorale a rendu la Côte d'Ivoire « plus qu'elle ne l'a jamais été dans une position de grande dépendance vis-à-vis des financements extérieurs…la crise a engendré une désorganisation du système sanitaire, un dysfonctionnement dans l'offre de soins, un déplacement massif et une démotivation du personnel soignant »[132].

Evoquant l'ampleur des dégâts causés dans le secteur sanitaire par la crise post-électorale dans une enquête CAP (Connaissances, Attitudes et Pratiques) nationale réalisée sur des professionnelles du sexe dans le cadre du projet d'urgence multisectoriel de lutte contre le Sida (PUMLS) en 2011, Thiam Marguerite a révélé que « La crise post-électorale ivoirienne a entraîné une entrée en prostitution estimée à 17% (perte d'emploi, déplacement massif, perte de parents, augmentation du cout de la vie) ».

En outre, il est que «… le taux d'infection dans la population des professionnelles du sexe (PS), est de 27% selon un rapport PAPO de 2009, sur un taux national au niveau de la population générale, de 3, 4 selon l'Onusida » [133]

Par ailleurs, la crise ayant donné lieu à une série d'incongruités telles que les importants déplacements de populations et les violences sexuelles, il est fort à parier que ce taux d'infection, et partant les taux de prévalence, ait été sous-estimé dans certaines localités[134].

Face à tant de priorités urgentes, le gouvernement prit la résolution d'instituer le système de gratuité des soins dans les établissements sanitaires publics, afin de soulager à la fois physiquement et financièrement les populations meurtries[135].

Définie comme l'« Exemption de paiement à titre exceptionnel et pour une période déterminée des frais de pris en charge médicale des usagers dans les établissements sanitaires publics, parapublics et communautaires conventionnels », la gratuité des soins avait principalement trait aux consultations générales, aux examens complémentaires, aux actes médicaux, aux hospitalisations et à la fourniture de médicaments et de produits sanguins ; et elle ne concernait que les enfants de 0 à 5 ans, les femmes enceintes, l'accouchement et les

---

[132] Hépato-gastro-entérologue, professeure agrégée de médecine, N'Dri Yoman Thérèse était ancienne ministre ivoirienne de la Santé et de la Lutte contre le Sida. Elle est aujourd'hui ambassadeur extraordinaire et plénipotentiaire de Côte d'Ivoire au Congo-Brazzaville.

[133] Le PULMS est une initiative mise en place en 2009, avec l'aide de la Banque mondiale, pour freiner la prévalence du VIH/SIDA. La Côte d'Ivoire dont le taux de prévalence de 4,7% possède le taux le plus élevé en Afrique occidentale.

[134] Il est fort probable que dans l'ouest de la Côte d'Ivoire, par exemple, zone la plus touchée par les violences post-électorales, la situation soit différente.

[135] A moyen terme, cette politique visait à créer les conditions pour la réconciliation, voire la cohésion sociale.

césariennes, le traitement du paludisme et les urgences médico-chirurgicales pendant les 48 premières heures dans tous les établissements de la pyramide sanitaire publique ivoirienne étaient concernés par ces « mesures d'exemption sélective »[136]

Même si elle a suscité l'espoir de millions de personnes frappées par la crise post-électorale, la politique d'« exemption sélective des soins de santé » est une initiative coûteuse, essentiellement soutenue par les financements extérieurs[137]. C'est l'une des principales raisons qui ont fait qu'elle a été de courte durée. En effet, en dépit du grand espoir qu'elle a suscité au sein des populations, elle n'aura duré « qu'un mois et demi avant de se muer en une forme ciblée neuf mois plus tard c'est-à-dire le 16 février 2012 »[138].

Malgré la relance stable du pays, des lacunes persistent dans le rétablissement des services de base, comme les soins de santé. Cela a d'ailleurs empêché le pays d'atteindre en 2015 les 4e et 5e Objectifs du millénaire pour le développement, à savoir faire baisser la mortalité infantile et maternelle. Les taux élevés de mortalité infantile et maternelle sont un problème majeur, en particulier dans l'ouest de la Côte d'Ivoire, zone la plus touchée par les violences post-électorales. Cette région a toujours été instable en raison de la pauvreté, des tensions ethniques, des conflits fonciers et de l'expulsion des communautés habitant les forêts protégées[139].

■ Zones occupées par les FN
□ Zones dites loyalistes

<u>Carte 5</u> : Image de la Côte d'Ivoire divisée avant la crise post-électorale

[136] La politique de gratuité des soins est juridiquement fondée par les arrêtés ministériels suivants :
- n° 0001 /MSHP/MEF/CAB du 16/04/2011
- n°0038 /MSLS/MEF/CAB du 01 Aout 2011
- n° 0001 /MSHP/MEF/CAB du 20/02/2012.

[137] Cf. le Partenariat de transition que la Commission européenne a établie avec la Côte d'Ivoire, au lendemain de la crise post-électorale qui a permis à cette institution de débourser 119 millions d'Euros, dont 36 millions d'Euros pour le seul Partenariat de transition, sous forme de fourniture de médicaments, paiement des primes du personnel, etc…En l'occurrence, la Commission a fourni 1200 tonnes de médicaments et de matériel médical de base tandis que les ONG partenaires ont contribué à la réhabilitation des structures de santé, à la formation du personnel de santé et à la fourniture d'un appui en gestion aux régions et districts sanitaires. Ce partenariat, dit-on, vise à faciliter la transition entre l'aide humanitaire et l'aide au développement en appui aux efforts du pays pour rétablir les services sociaux essentiels.

[138] Romain Yohou, *Analyse de la politique d'exemption de paiement des soins en Côte d'Ivoire : cas de la politique de la gratuité ciblée des soins dans le district sanitaire de Tiassalé 120 km d'Abidjan*, Mémoire de Master 2 Santé internationale, Université Senghor d'Alexandrie, 2015.

[139] Depuis l'urgence de la crise post-électorale, la Commission européenne a octroyé € 119 millions d'aide humanitaire à la Côte d'Ivoire.

c- Une pauvreté endémique

L'instabilité socio-politique depuis le coup d'Etat de 1999, les crises militaro-politique de 2002 et post-électorale de 2010/11 ont aggravé la pauvreté en Côte d'Ivoire. Le revenu par habitant a diminué d'un sixième au cours des dix dernières années, et la moitié de la population vivait au-dessous du seuil de pauvreté en 2010. La crise post-électorale est venue aggraver encore plus cette situation déjà précarisée. En ce qui concerne l'état des lieux, la pauvreté a été mesurée à travers sa dimension monétaire qui s'appuie sur l'indicateur de bien-être et le seuil de pauvreté. Cette démarche a permis d'identifier comme pauvre en 2008, toute personne qui a une dépense de consommation inférieure à 661 FCFA par jour, soit 241 145 FCFA par an. Aujourd'hui, une personne sur deux est pauvre contre une personne sur dix en 1985 et le nombre de pauvres a été multiplié par 10 en l'espace d'une génération.

De ce fait, la pauvreté a ainsi connu une hausse tendancielle passant de 10,0% en 1985 à 36,8% en 1995 et à 33,6% en 1998 avant de remonter à 38,4% en 2002 puis à 48,9% en 2008, en raison des crises sociopolitiques et militaires successives. 16. En outre, la pauvreté est plus accentuée en milieu rural qu'en milieu urbain. Le taux de pauvreté est passé de 49% en 2002 à 62,45% en 2008 en milieu rural contre 24,5% et 29,45% sur la même période en milieu urbain. La progression de la pauvreté est plus importante dans la ville d'Abidjan, avec environ 50% en plus, que dans les autres villes qui enregistrent un peu moins de 20% de hausse. Comme au niveau national, la pauvreté s'est fortement accrue au niveau des pôles de développement et diffère d'un pôle à un autre. En 2008, huit pôles de développement sur dix ont un taux supérieur à 50% contre quatre en 2002. Parmi ces pôles, celui du Nord est le plus touché par le phénomène de pauvreté avec près de 4 pauvres sur 5 personnes en 2008. Ce pôle est suivi par ceux de l'Ouest (63,2%); du Centre-Ouest (62,9%) ; du Nord-Ouest (57,9%); du Centre-Nord (57,0%) et du Nord-Est (54,7%). Bien qu'ayant des taux de pauvreté élevés, les deux pôles les plus pauvres en 2002, Ouest et Nord-Est, ont enregistré en 2008 une légère baisse de 1,3 et 1,9 point respectivement, grâce aux couloirs humanitaires et économiques.

La crise militaro-politique de septembre 2002 a eu un impact négatif sur les conditions de vie des ménages. Ainsi, près de la moitié de la population totale dit avoir été directement affectée par la crise. 70,1% d'entre eux ont déclaré connaître des difficultés d'alimentation, 68,1% des difficultés à payer les soins sanitaires, 28,4% ont dit avoir perdu leur activité économique pendant que 26,3% éprouvent des difficultés à se loger. Au niveau des revenus, 67,6% de la population affirment avoir subi une diminution de leurs revenus contre 6,5% qui disent avoir observé une hausse. Le reste de la population (25,9%) n'a constaté aucune évolution du revenu. En plus de la chute des revenus, 6,7% de la population affirment avoir subi des dommages sur leurs propriétés avec en moyenne, 42,6% de destruction totale pour les uns et 35,4% de destruction partielle pour les autres. Mais au-delà de la crise, plusieurs facteurs d'ordre structurel continuent de maintenir une grande partie de la population ivoirienne dans la trappe de la pauvreté. Il s'agit, notamment du manque d'instruction, des difficultés d'accès aux soins de santé, de la taille élevée des ménages, des logements précaires, du faible accès à l'eau potable et à l'électricité et de la précocité du chômage.

En réalité, outre les divers traumatismes psychosociologiques et économiques subis par diverses couches de la population à divers niveaux et à des degrés divers, il faut dire que le taux de pauvreté qui avait commencé à augmenter depuis le milieu des années 2000. Une évaluation de la pauvreté en Côte d'Ivoire, en 2008, a révélé qu'elle était de 48,9%. Mais, ce taux est passé de 51% en 2011 à environ 46% en 2015, montrant qu'il a augmenté d'environ 4 points entre 2008 et 2011. Il n'y a pas de données mesurant le taux de pauvreté exact après la crise post-électorale, mais une simple comparaison avec les données de 2008, où il régnait encore un « semblant de paix », cela tombe sous les sens que ce taux va connaître une poussée considérable après cette période.

En outre, il est inégalement réparti. En effet, une approche contrastée entre milieu urbain et milieu rural fait ressortir que le taux de pauvreté en milieu rural est presque doublement plus élevé qu'en milieu urbain, soit 60% contre 35% (INS, 2015)[140].
Autant le taux de pauvreté a progressé suite et à cause de la crise post-électorale, autant l'indice de développement humain (IDH).
En effet, l'Indice de développement humain (IDH) n'a connu qu'une faible progression sur la décennie 2000 (de 0,390 en 2002 à 0,452 en 2013) et reste inférieur à la moyenne d'Afrique subsaharienne qui est de 0,502, situant la Côte d'Ivoire à la 171e place sur 187 pays, notamment en raison de la faiblesse structurelle de ses infrastructures sanitaires et éducatives[141].

Si, en 1993, la Côte d'Ivoire était le pays le mieux classé au sein de l'UEMOA en termes de développement humain, il n'est plus, vingt ans plus tard, en 2013, qu'à la quatrième position, derrière le Sénégal, le Bénin et le Togo. Le taux de pauvreté s'est accru au cours de la décennie 2000, de 38,4 % en 2002 à 51,3 % en 2011.

Le Programme des Nations unies pour le développement (PNUD, 2013) relève, en outre, qu'il existe de profonds déséquilibres de développement humain entre la partie Nord du pays et la partie Sud. En 2011, les régions avec le niveau le plus élevé de pauvreté et l'IDH le plus faible étaient celles de l'Ouest, du Nord, du Nord-Ouest et du Nord-Est[142].

Dans la même veine, comme l'affirme, à juste titre, Ousmane Diagana : «Il y a des vrais exclus qui aujourd'hui sont identifiables» dans le pays, a-t-il poursuivi, ajoutant que la crise politico-militaire de 2000-2011 «est passée par là, mais il n'y a peut-être pas que la crise».[143]

Certes, entre 1985 et 2008, il a été constaté que la pauvreté a pris de l'ampleur en Côte d'Ivoire, passant de 10 à 49 % environ, et elle ne semble pas reculer malgré la fin de la crise depuis avril 2011, témoin la cherté de la vie, notamment dans ce qu'il est convenu d'appeler le panier de la ménagère [144].

En conclusion partielle, il faut dire que la crise militaro-politique a non seulement accentué la dégradation des conditions de vie des ménages, mais elle a encore donné naissance à de nouveaux phénomènes, comme le déplacement des populations, la détérioration d'une partie de l'outil de production, la destruction des biens et services, les pertes en vies humaines, la destruction des infrastructures sociales, la dislocation des cellules familiales, l'absence de l'Etat dans les zones ex-occupées et le dysfonctionnement ou l'absence des services sociaux de base dans la partie nord, centre-nord et nord-est de la Côte d'Ivoire.

Et en le faisant, elle a favorisé le recul de l'activité économique et a contribué à aggraver le chômage dont le niveau était déjà très élevé auparavant, notamment chez les jeunes, mais elle a fortement érodé le tissu social.

---

[140] On note certes une régression de près de 5 points, soit de 10% du taux de pauvreté par rapport à 2011, mais il est fort probable qu'il ait été sous-estimé, en raison de l'absence de statistiques disponibles et fiables. Il y a lieu de noter, toutefois, que le taux de pauvreté est en constante évolution, passant respectivement de 10% en 1985, ce taux est passé à 36,8% 1995, puis à 38,4% en 2002 pour atteindre 48,9% en 2008 (FMI, DSRP, 2009).
[141] Ces éléments compromettent fortement les chances du pays de prétendre « ...satisfaire aux critères sociaux de l'émergence d'ici à 2020 » (http://www.20minutes.fr/economie/1478654-20141111-cote-ivoire-niveau-pauvrete-inquietant-malgre-croissance).
[142] La carte de la pauvreté se superpose avec les régions qui ont subi le plus de dommages lors de la crise politico-militaire de septembre 2002. Dans ces conditions, il est très peu probable que cet OMD soit atteint.
[143] Nommé depuis le 30 juin 2015 en tant que Vice-président de la Banque mondiale, Ousmane Diagana était le chef des opérations de la Banque mondiale pour la Côte d'Ivoire, le Burkina-Faso, le Togo, le Benin et la Guinée de janvier 2014 à novembre 2015.
[144] Selon la dernière enquête sur la mesure des niveaux de vie réalisée en 2015 par la Banque mondiale, l'incidence de la pauvreté a reculé d'environ 51 % en 2011 à 46 % en 2015 ; cette amélioration, qui est le résultat du redressement économique récent, a concerné aussi bien le milieu rural que les zones urbaines. Toutefois, la fin de la crise post-électorale a suscité d'immenses espoirs quant à la résorption sensible de ce taux.

Chapitre V : DE LA RECONSTRUCTION AU RELEVEMENT

A- PROGRAMMES D'ASSISTANCE HUMANITAIRE

Le schéma classique de sortie de crise préconise qu'il faut d'abord commencer par soulager les populations sinistrées à travers des interventions humanitaires avant d'aborder la phase suivante qui est celle du développement.

Ainsi, la crise ayant pris fin, il fallait parer au plus urgent, à savoir mettre en place des programmes d'aide humanitaire en vue de répondre aux besoins élémentaires des populations, notamment les services sociaux de base comme la santé, l'éducation et la cohésion sociale, surtout dans les zones les plus touchées par la crise[145]. C'est tout l'objectif du projet d'assistance post-conflit (PAPC).

1- LE PAPC

Dans le processus de reconstruction post-conflit, plusieurs cycles se succèdent, qui vont de la simple reconstruction, au développement en passant le relèvement.

La crise post-électorale entre décembre 2010 et avril 2011 a fait de nombreuses victimes. Et comme dans tout contexte post-conflictuel, l'on est généralement confronté à la détérioration ou même la destruction des infrastructures, de l'appareil sécuritaire, l'absence de services sociaux de base, les pertes des moyens de production, les pertes en vies humaines, de sinistrés, de déplacés, à des tensions sociales entre les populations et au chômage des jeunes. Néanmoins, vu que la participation des jeunes à ces conflits est élevée, il y a lieu de faire face à leurs attentes immédiates[146]. Comme l'affirme le spécialiste en reconstruction post-conflit, Paul Collier, les jeunes se jettent dans les conflits armés parce qu'ils n'ont plus de perspectives[147].

Alors, une manière de supprimer ces facteurs de risque (*Push Factors*) revient à leur offrir en urgence des opportunités d'épanouissement économique et social, notamment une formation ou un emploi, en vue avant tout d'éviter au pays de replonger dans le cycle de violence[148].

Dans les localités CNO, certes, la crise post-électorale n'a pas eu d'impact significatif en tant que tel, mais la crise militaro-politique de 2002 y a fait d'énormes dégâts. C'est dire à quel point le nouveau pouvoir a de défis à relever[149].

---

[145] S'il est encore besoin de le rappeler, disons que la crise post-électorale a fait plus de 3000 morts et 1 million de déplacés.
[146] L'UNICEF avance le chiffre de 300.000 le nombre d'enfants et de jeunes âgés de 6 à 18 ans mêlés à une trentaine de conflits dans le monde (UNICEF, 2007).
[147] Paul Collier, professeur d'économie et de politique publique à l'École Blavatnik du gouvernement à l'Université d'Oxford, est né le 23 Avril 1949 en Grande Bretagne. Il est également directeur du Centre international de croissance, le directeur du Centre d'étude des économies africaines, et membre du Collège St Antony, Oxford. (https://www.ted.com/talks/paul_collier_s_new_rules_for_rebuilding_a_broken_nation)
[148] Selon la Banque mondiale, la probabilité pour les Etats émergeant d'un conflit dans les cinq années qui suivent la signature d'un accord de paix ou de cessez-le-feu est de 44 % (Banque mondiale, 2003).
[149] Selon le Directeur des opérations de la Banque mondiale, M. Ousmane Diagana, les conventions signées avec la Banque mondiale font partie de la deuxième phase du PAPC qui devrait aboutir à la création de près de 1.000 emplois jusqu'en fin 2015 ; ce qui, à terme, devrait porter le nombre total d'emplois générées par ce programme à 42.000, depuis 2007, date de lancement de sa première phase qui s'est achevée en 2013. Au cours de cette période, 108 préfectures et sous-préfectures furent réhabilitées, 844 infrastructures de base furent bâtis et 221 comités de paix installés, en vue de mettre en œuvre 136 projets de cohésion sociale.

C'est dans ce contexte que le programme d'urgence présidentiel (PPU) a été lancé en vue de fournir une réponse rapide aux besoins immédiats des sinistrés. Dans leurs composantes, les PPUs prennent plusieurs formes telles que la réhabilitation des infrastructures détruites et/ou endommagées, l'appui à la fourniture de services minimum à l'Administration publique nécessaire à son bon fonctionnement, le renforcement des capacités des agents de l'Etat, les projets communautaires ayant pour but de sceller la cohésion sociale et la reconstruction économique. Dans la phase pratique, ils sont exécutés par le Programme d'assistance post-conflit (PAPC)[150].

a- Composantes du PAPC

Si l'objectif du PAPC est d'aviser au plus urgent et immédiat des besoins et attentes des populations suite à la crise post-électorale, il faut dire que le PAPC est, comme son nom l'indique, un programme à multiples composantes destinées à faire face aux besoins et urgents des populations durement frappées par les conflits[151].
Lancé depuis 2007, le PAPC était un don 60 milliards de FCFA de la Banque mondiale en vue de la création d'opportunités socio-économiques de réinsertion et de réhabilitation communautaire, y compris les services sociaux de base suite à la guerre de 2002 avec pour objectif ultime d'accélérer la sortie de crise et de renforcer les perspectives d'une paix durable en Côte d'Ivoire[152].
Toutefois, pour répondre aux nouveaux besoins engendrés par la crise post-électorale, le PAPC a dû revoir sa stratégie d'intervention. Il en a résulté un nouveau recadrage lié à la fois aux régions les plus touchées par le conflit et l'élaboration d'un plan d'urgence en vue de répondre à la fois aux problèmes d'emplois des jeunes, à l'entretien des infrastructures et aux besoins immédiats des communautés. L'idée qui sous-tend une telle approche est d'améliorer les opportunités de réinsertion et de réintégration socio-économique par ceux qui ont été affectés par la crise, en vue d'accélérer le redressement de la Côte d'Ivoire et d'améliorer les perspectives d'une paix durable.
A ce propos, l'objectif général du PAPC est d' « …améliorer les opportunités de réinsertion économique et l'accès aux services sociaux des communautés et des individus affectés par le conflit, ceci de façon à contribuer à l'accélération de la sortie de crise et au renforcement des perspectives d'une paix durable. ».
Plus spécifiquement, le PAPC vise les objectifs suivants[153]:

---

[150] En plus du PAPC comme structure coordinatrice des entités dédiées à la reconstruction post-crise, il y a également Comité national de pilotage du redéploiement de l'administration (CNPRA), le Projet de Reconstruction Post Conflit du Lycée Professionnel d'Odienné (REC-LPO) et le Projet d'Appui au Programme de Reconstruction des Infrastructures dans la zone Centre-Nord-Ouest (REC-CNO).
[151] L'objectif à terme du PAPC est de parvenir à la réinsertion de 5000 jeunes ex-combattants et démobilisés à travers les HIMO (entretien des voiries urbaines) exécutés par l'Ageroute par le biais d'une convention que celle-ci à signée avec le PAPC, en août 2011. D'autres conventions de ce type ont également été signées avec d'autres opérateurs techniques publics comme la SODEFOR, le Programme national de Service civique national (PNRRC) et le Programme National de Réinsertion et de Réhabilitation Communautaire (PNRRC) et des opérateurs techniques privés à l'exemple CARE international et GTZ-IS, en vue notamment de mettre eb œuvre une partie des activités de réinsertion économique et de réhabilitation communautaire du PAPC.
Les premiers résultats de ce programme sont : la réinsertion de 15230 ex-combattants jeunes à risques et personnes associés aux conflits, 200 véhicules acquis pour les sous-préfets, la réhabilitation et construction de 75 sous-préfectures, démarrage de la construction de 2 centre d'archivage Bouaké et Daloa, la mise en œuvre de la réhabilitation des infrastructures dans 505 communautés affectées par les conflits.
[152] Pour rappel, il faut dire que ce programme a été lancé consécutivement à la Célébration de la flamme de la paix à Bouaké les 30 et 31 juillet 2007.
[153] Le PAPC s'exécute en 4 composantes principales qui sont les suivantes: La réinsertion des ex-combattants, personnes associées et jeunes à risques ; l'appui au processus d'identification ; la réhabilitation communautaire ; le renforcement des institutions et l'administration du projet.

- *La composante de réinsertion économique (RE)*

Cette composante vise la réinsertion économique des ex-combattants, des individus associés à un groupe armé et des jeunes à risque à travers : (i) des travaux à haute intensité de main-d'œuvre (HIMO), et en particulier, la réhabilitation de pistes rurales, l'entretien de routes nationales revêtues et non revêtues, la voirie urbaine ainsi que l'assainissement, (ii) la mise en œuvre d'activités venant en appui à l'accès à l'emploi salarié ou à l'auto-emploi telles que la formation professionnelle et technique, l'apprentissage et la formation à la gestion d'entreprise. Il faut ajouter que si l'ibjectif initial de cette composante du programme était la réinsertion de 24.000 personnes, mais la crise post-électorale a tant affecté les infrastructures socio-économiques ainsi que le tissu que de nouvelles priorités ont dues être définies par le nouveau gouvernement pour prendre en considération les nouveaux besoins et attentes des populations affectées par cette crise[154].

C'est justement dans cet esprit que les ''Travaux de haute intensité de main-d'œuvre'' (HIMO) lancés par Président de la République, Alassane Ouattara, le 10 novembre 2011.

- *La composante d'appui au processus d'identification nationale*

Elle vise une identification améliorée à travers l'actualisation et la modernisation de l'État civil.

- *La composante de réhabilitation communautaire (RC)*

Elle vise la réhabilitation des communautés affectées par le conflit à travers la mise en œuvre respective de projets de reconstruction, réhabilitation et rééquipement des infrastructures communautaires sociales et économiques telles que les écoles, les centres de santé, les points d'eau et les marchés, la restauration du capital social et la cohésion sociale à travers des activités telles que des émissions radio spécifiques, des évènements culturels et sportifs et la formation à la gestion de conflits et le traitement des questions relatives au renforcement des capacités des communautés en matière d'élaboration et de gestion de projets.

Quant à la composante VIH-SIDA, elle constitue une activité transversale d'autant qu'elle est intégrée à toutes les activités des autres composantes.

b- *HIMO et projets d'infrastructures*

La reprise de la vie suite à la crise post-électorale passe nécessairement la remise en état de fonctionnement des infrastructures administratives détruites ou détériorées. Dans un premier temps, il s'agissait d'une part de réhabiliter et de rééquiper certains commissariats de police pillés dans le District d'Abidjan et dans certaines villes de l'intérieur et, d'autre part, de réhabiliter les bureaux d'Etat civil et/ou d'en reconstruire de nouveaux afin de répondre aux besoins des populations[155].

Dans un second temps, il fallait non seulement procéder à la réhabilitation des écoles ou des centres de santé endommagés au cours de la crise, mais encore en bâtir d'autres là où le besoin se faisait sentir[156].

---

[154] Les stratégies qui portent sur les offres d'emploi et la réinsertion des jeunes, 150 projets de réhabilitation communautaire. Ce sont près de 3 milliards de Fcfa qui seront dédiés à cette opération pour la relance de l'économie du grand Ouest qui a été durement frappée par la crise post-électorale.

[155] La notion d'administration doit être prise dans ce contexte dans son acception inclusive et extensive, c'est-à-dire qu'elle comprend aussi bien les démembrements de l'Administration centrale tels que les préfectures et sous-préfectures, les commissariats de police et brigades de gendarmerie, les courts, tribunaux et prisons et les structures des collectivités décentralisées tels que les organes délibérants, les services de sécurité locale et les autres services techniques ainsi que les exécutifs. Par ailleurs, une convention d'une valeur de 1 milliard de FCFA portant sur la construction et la réhabilitation de 15 préfectures permettra l'insertion socioprofessionnelle de 300 ex-combattants.

[156] Quand on parle de réhabilitation des infrastructures, d'aucuns seraient tentés de croire qu'il suffit seulement de remettre en état de marche un bâtiment, mais elle va nettement au-delà, car, outre la remise en état de

Enfin, la guerre de 2002 et particulièrement la crise post-électorale de 2010-2011 ayant entraîné la destruction des capacités infrastructurelles, humaines, institutionnelles et sociales, il fallait songer soit à leur réhabilitation, soit à leur reconstruction. C'est dans ce cadre qu'interviennent l'approche des travaux à haute intensité de main-d'œuvre (HIMO)[157].

Le terme HIMO (« haute intensité de main d'œuvre ») utilisé par l'Organisation Internationale du Travail (OIT), est l'utilisation optimale de la main d'œuvre non-qualifiée pour réduire au maximum la pauvreté, tout en considérant attentivement les questions de coûts et de qualité. De manière générale, il s'agit de trouver un équilibre d'utilisation adéquat entre la main d'œuvre, les matériaux et équipements (matériels) afin d'obtenir un produit rentable et de qualité satisfaisante.

Les HIMO dont l'efficacité a plusieurs été démontrée dans le contexte suivant une catastrophe naturelle de grande ampleur ou un conflit, pour ce qui est des secteurs de « la construction, la réhabilitation et l'entretien des routes tertiaires et secondaires (en terre et en revêtement bitumineux), ainsi qu'à la construction de petits ponts, de ponceaux et autres ouvrages connexes…. l'exécution de travaux de voiries urbaines, trottoirs et assainissement », ont pour objectif essentiel une triple intention: fournir des infrastructures, des emplois et des revenus.

Dans le cas de la Côte d'Ivoire, la crise postélectorale a détérioré les conditions d'accès des populations à l'emploi et aux infrastructures.

A ce titre, les HIMO constituent, non seulement, des opportunités pour réhabiliter les infrastructures physiques, y comprise la voirie, mais également des filets de sécurité contre la pauvreté et la vulnérabilité.

Dans la pratique, cette approche combine l'amélioration des infrastructures détruites pendant la guerre, la création d'emplois pour les jeunes et de revenus pour les ménages, ce qui, à terme contribue à la stimulation de l'entreprenariat privé et la promotion du développement économique[158].

Au-delà des résultats mitigés de cette approche qui, certainement résident dans la « création d'emplois temporaires », il faut dire que les HIMO ont une multitude d'avantages[159].

En réalité, il a été prouvé que les méthodes à haute intensité de main d'œuvre donnent des résultats de qualité satisfaisante dans une période de temps et un budget convenus. De plus, si ces approches sont convenablement gérées et soutenues, elles apportent des avantages supplémentaires dans le sens où elles créent de façon significative un plus grand nombre d'emplois non-qualifiés ou peu qualifiés; emplois qui seraient autrement inaccessibles à des personnes avec un bas niveau de formation ou d'apprentissage, y comprises les femmes.

En outre, si l'on compare cet aspect des HIMO avec l'un des aspects essentiels du PAPC qui est d'accompagner les bénéficiaires en les incitant à l'épargne, en vue de créer une activité économique, il y a fort à parier que ce programme peut contribuer à leur intégration.

Il faut souligner que ce processus de réhabilitation et de restructuration des services administratifs de l'administration ivoirienne a débuté un peu plus avant la crise post-électorale. En réalité, de 2002 à 2007, le pouvoir de Laurent Gbagbo limité au sud et sud-ouest n'avait aucune emprise sur la gestion de la zone CNO, qui était administrée par les FN. C'est seulement avec la Célébration de la flamme de la paix à Bouaké, en 2007, qui annonça

---

fonctionnement physique, il faut mettre à disposition un équipement minimal nécessaire au bon fonctionnement de ces services et renforcer les capacités des animateurs.

[157] Il existe dans la littérature une variante courante: THIMO, qui veut dire Travaux à haute intensité de main-d'œuvre.

[158] Les HIMO consisteront à débroussailler et à élaguer les accotements, à colmater les nids de poule, à curer les ouvrages de drainage, à désensabler et à balayer la chaussée, à entretenir les espaces verts, etc.

[159] Nirina Haja Andrianjaka et Annamaria Milazzo, *Travaux publics à haute intensité de main d'œuvre (HIMO) pour la protection sociale à Madagascar : Problèmes et options de politique*, Africa Region Working Papers Series No. 117 August 2008.

officiellement la fin de la guerre que débuta le redéploiement de l'administration dans cette zone.
Toutefois, si ce processus fut timide au cours de la période 2007-2010, il connut un coup d'accélérateur suite à la capture de Laurent Gbagbo et, en dernière instance, la réunification de la Côte d'Ivoire.
Néanmoins, si les choses semblent être rentrés dans l'ordre, il n'en demeure pas moins que plusieurs défis subsistent encore non seulement avec la réhabilitation de tous les postes de police et gendarmeries qui ont été pillés et détruits pendant la guerre, mais également avec leurs dotations en équipements et en ressources matérielles.

a- Projets à impact rapide et relèvement communautaire

Passé la phase de reconstruction post-conflit, il s'agit à présent d'aborder celle du relèvement. En faisant l'économie d'autres définitions, il pertinent de dire que ne sera retenue que celle du Programme des Nations unies pour le développement (PNUD).
En effet, selon cette agence des Nations unies, le relèvement post-conflit est « un processus de transformation faisant intervenir des réformes à la fois économiques, institutionnelles, juridiques et politiques profondes. »[160] Depuis le début des années 80, où la communauté internationale a commencé à s'engager dans le processus de reconstruction post-conflit, le constat qui s'est peu à peu imposé est que nul processus de reconstruction n'est possible sans relèvement économique[161].
En réalité, le relèvement économique est le moyen d'inverser la tendance défavorable à la reprise des hostilités par la transformation des conditions défavorables que le conflit a créées et qui, incidemment, ont contribué à créer le conflit. Et ainsi, de réduire le risque de retomber dans un nouvel cycle de violence. En général, il jette un pont entre le secours humanitaire qui a lieu automatiquement après ou même pendant le conflit et la reconstruction qui, elle, précède le relèvement à long terme, ou le développement économique et social qui s'étend sur plusieurs années. A ce titre, il vise deux objectifs principaux: d'une part, il s'attaque aux causes sous-jacentes du conflit en agissant directement sur les causes socio-politiques et culturelles du conflit contribue au rétablissement des conditions d'une croissance économique autonome et du développement humain…filets de sécurité
Dans le contexte de la Côte s'Ivoire, le relèvement socio-économique des communautés par le biais de mesures de promotion des activités créatrices de revenus et d'emploi, mais surtout de l'accès aux services socio-économiques de base de la part des jeunes et des groupes les plus vulnérables est au cœur du processus de reconstruction post-conflit, de réconciliation et de cohésion sociale.
A ce propos, Plusieurs partenaires Techniques et Financiers se sont mobilisés autour du Gouvernement pour faire face aux défis de rétablissement de la sécurité, de renforcement de la cohésion et de relèvement socio-économique. Les institutions de Brettons Wood, la France et l'Union Européenne sont les plus grands bailleurs des fonds ayant apporté des appuis financiers substantiels à la Côte d'Ivoire au lendemain de la crise post-électorale : Des appuis budgétaires ont été mobilisés en vue de fournir une réponse rapide permettant de satisfaire des

---

[160] Une dimension fondamentale des efforts de relèvement est de prévenir la résurgence du conflit, d'autant qu'un pays émergeant d'une crise demeure extrêmement fragile. Néanmoins, ces efforts ne peuvent porter fruit que si trois (3) conditions essentielles sont réunies: parité du genre, inclusivité du processus et non-dépendance à l'aide internationale.
(http://www.undp.org/content/undp/fr/home/librarypage/crisis-prevention-and-recovery/crisis-prevent-recovery-report-2008-post-conflict-economic-recovery.html).
[161] La première intervention de la communauté internationale de ce type s'est déroulée, pour la première fois, au Nicaragua en 1989 avec le processus de désarmement, démobilisation et réinsertion (DDR).

besoins de financement urgent au nouveau Gouvernement: (i) 400 millions d'euros par le France et (ii) 150 millions $US des institutions de Brettons Wood.

Des programmes ont été réactivés et des financements spécifiques accordés. On peut mentionner 50 millions $US par la Banque mondiale, pour appuyer le Projet emploi jeunes et développement des compétences ainsi que 254,7 millions d'euros de l'UE dans le cadre de la mise en œuvre de son programme indicatif pluriannuel en Côte d'Ivoire au titre du 10ème FED (2008-2013), portant sur le renforcement de la cohésion sociale et la lutte contre la pauvreté en mettant l'accent sur la réhabilitation des secteurs sociaux dans des zones où les infrastructures sanitaires, d'eau et d'assainissement sont fortement dégradées. Ce financement couvre les secteurs tels que la Consolidation de la paix, la réforme des secteurs judiciaire et sécuritaire, l'appui à la bonne gouvernance, la cohésion sociale ainsi que la réintégration socioéconomique et la réhabilitation d'infrastructures sociales et économiques.

Le Peacebuilding Support Office (PBSO) a récemment accordé un financement de 10,5 millions de dollars à travers les Agences du SNU, pour des activités de consolidation de la paix: rétablissement de la sécurité, de l'autorité de l'Etat, restauration de la cohésion sociale, identification, réconciliation nationale, désarmement, démobilisation et réinsertion. Ces activités seront principalement menées dans les régions du pays les plus touchées par la crise, y compris Abidjan. Le financement à mobiliser pour le présent Programme conjoint aura donc pour vocation de renforcer les activités encours et d'autres qui seront bientôt amorcées.

Sur la base de la stratégie développée à travers le CAP, 8 millions de dollars US ont été mobilisés auprès du CERF (Central Emergency Revolving Fund) pour favoriser le retour volontaire des PDI dans la région du Moyen Cavally dans un environnement sécurisé. Ces fonds ont été réparties entre les différentes Agences participantes et couvrent les domaines ci-après : Shelter and Non Food Items (NFI) (UNHCR), Santé (OMS), Nutrition (UNICEF), sécurité alimentaire (PAM et FAO), Protection (UNHCR, UNICEF et UNFPA), Education et Eau potable (UNICEF). L'idée de ce programme conjoint est de développer les synergies et complémentarités entre les agences autour des activités financées par le CERF, le PBF et les fonds réguliers des agences en vue d'obtenir un impact plus important.

Ainsi, si les projets d'assistance humanitaire ponctuelle comme l'appui alimentaire minimum notamment dans les situations de retour ou la contribution au rétablissement des moyens de subsistance des populations qui ont presque tout perdu lors de la crise (abris, capital de production, biens, etc.) visent à restaurer immédiatement les moyens de production économiques, il y a que le relèvement exige des projets qui vont au-delà du cadre temporaire d'assistance humanitaires ou des HIMO.

Dans ce contexte, un ensemble de projets pilotés essentiellement par la Système des Nations unies (SNU) ; l'Union européenne (UE) et la Banque mondiale ont été mis en œuvre. La nature ethnique du conflit ivoirien a orienté les activités de ces interventions. En d'autres termes, la particularité de ces programmes et projets est de renforcer les capacités des communautés, à travers une meilleure compréhension des droits de leurs membres et une meilleure interaction avec les autorités pour les défendre, notamment dans le Grand Ouest où le conflit a mis à nu ou généré de profonds clivages entre les communautés. Cela passe par le développement d'espaces de dialogues et d'échanges où sont promus les questions de droits de l'homme ; l'ouverture de centres d'accès au droit ou cliniques juridiques qui seront des centres d'information et d'orientation juridiques (la mission de ces centres d'accès sera relayée dans les villages à travers un réseau de para juristes); le renforcement des coalitions locales de prévention de la délinquance et de sécurité afin qu'elles puissent mieux répondre aux problématiques de collecte des armes légères et de réinsertion des ex-Combattants, la promotion de la culture communautaire de planification, de mise en œuvre et d'évaluation participative de prévention de la délinquance, de la victimisation et de réduction du sentiment d'insécurité. Ces activités concourront au développement de la sécurité communautaire pour une meilleure redynamisation des relations intercommunautaires et de la confiance entre les citoyens, d'une part, et entre les communautés et les autorités civiles et les 'hommes en tenue'.

b- La réhabilitation des secteurs économiques

Dans cette phase du cycle post-conflictuel, il s'agit de procéder à la relance des activités économiques, sans quoi aucun processus de reconstruction, ni de relèvement, encore moins de développement ne pourra s'amorcer. Il est de notoriété publique que le principal acteur de la production, c'est le secteur privé et que sans lui, il ne peut y avoir de reconstruction, de relèvement, ni de développement. Alors, étant donné que le secteur privé ivoirien a beaucoup subi les contrecoups, non seulement de la crise de 2002, mais encore des conséquences de la crise post-électorale, il fallait procéder immédiatement à la relance de ses activités.

A cet effet, les axes prioritaires de la reconstruction économique avaient trait aux divers domaines d'intervention de l'Etat. Les priorités s'orientent vers les points suivants :
- « (i) la mise en œuvre rapide d'une série de mesures visant à relancer à très court terme l'activité économique nationale,
- (ii) la poursuite des réformes structurelles déjà en cours et qui visent à assainir le cadre macroéconomique et l'environnement des affaires,
- (iii) l'approfondissement de la décentralisation et du développèrent économique local et
- (iv) la réactivation des échanges commerciaux dans la région. »

En d'autres termes, il fallait procéder, entre autres, au redéploiement effectif de l'administration sur l'ensemble du territoire ivoirien, la réhabilitation et/ou la reconstruction des infrastructures sociales détruites et/ou endommagées (centres de santé, infrastructures éducatives, bâtiments administratifs, etc.)[162].

En outre, c'était l'occasion de procéder à la révision des plans nationaux et régionaux d'équipements publics du fait des déplacements massifs et la relocalisation des populations sur le territoire national, la réforme de certains secteurs clés des tels que l'appareil judiciaire et les medias.

Par ailleurs, étant conscient que sans relance économique, il ne peut y avoir de reconstruction, ni de réconciliation, encore moins de cohésion sociale, l'administration du président Ouattara a fait de ce secteur une *priorité absolue*. Il s'agissait de mettre en place un train de mesures de court terme visant à faciliter la relance des activités économiques, en l'occurrence la baisse des taux de taxes sur la TVA, à hauteur de 20% pour certaines structures, tandis que pour d'autres, la suppression pure et simple des avances de TVA[163].

---

[162] Ce vaste mouvement de rétrocession des bâtiments et services aux agents mandatés par l'Etat par les ex-Forces Nouvelles n'a été réellement effectif qu'après la crise post-électorale, en 2011, alors même qu'il était censé entrer en vigueur depuis 2007, avec la Flamme de la Paix. Il s'est effectué sous l'égide du Comité national de pilotage du redéploiement de l'Administration (CNPRA). Structure administrative créée le 27 octobre 2003 en vue d'organiser le retour des personnels de l'État dans les zones qu'ils avaient abandonnées sous la contrainte de la guerre de 2002, le CNPRA est un organisme public qui a pour missions de concevoir, coordonner et assurer la mise en œuvre d'un programme national ayant vocation à restaurer l'autorité de l'État sur l'ensemble du territoire et à conduire à une reprise d'activités des services publics dans les territoires anciennement occupés par les Ex-Forces Nouvelles, œuvre non seulement au retour effectif des personnels publics dans ces zones et entreprend aussi bien la réhabilitation que de l'équipement sommaire d'édifices publics, mais développe aussi des activités tournées vers la recherche de la cohésion sociale, y compris le désarmement, la démobilisation et de la réinsertion/ réintégration (DDR) des combattants, l'identification des populations et la reconstitution des registres de l'état civil détruits du fait de la crise, ainsi que celui de l'organisation des opérations électorales. Aujourd'hui, cette structure n'existe plus, elle a été dissoute, étant entendu que cet objectif a été atteint.

[163] Il faut préciser que ces mesures fiscales incitatives commencées en 2003 se sont poursuivies lorsque la crise qui éclata après les élections de 2010 et qui prit officiellement fin le 11 avril 2011.

Pour atteindre ces objectifs, il sera mis en œuvre une série d'actions ciblées en faveur du secteur privé considéré comme le moteur de la croissance économique. Il s'agit, notamment, d'une part, de la redynamisation du Centre de promotion des investissements en Côte d'Ivoire (CEPICI) avec la création du Guichet unique de l'investissement[164]. Et d'autre part, de la poursuite du maintien des mesures fiscales de soutien à la relance économique, dans le cadre des annexes fiscales 2011, 2012 et 2013.

Enfin, il a été mis en place d'un Comité bipartite pour le suivi du paiement des crédits de TVA avec pour résultat, une non accumulation de nouveaux crédits de TVA en 2012 et l'apurement de 14,3 milliards sur les arriérés à fin 2011 de 32,3 milliards, conformément à un plan d'apurement convenu avec le secteur privé.

Dans la même veine, il a été décidé respectivement la poursuite des efforts d'apurement de la dette intérieure, avec une réduction nette des exigibles de 24,2 milliards à fin juin 2012 et la réalisation d'un audit des arriérés et des passifs enregistrés avant fin 2010; et le paiement régulier des dépenses d'investissement dans le délai légal de 90 jours, pour soutenir la dynamique de relance de l'activité par la hausse des investissements, grâce à un dispositif d'isolement des ressources affectées au paiement desdits investissements. Pour couronner le tout, un centre de ressources dans le cadre du projet d'Appui à la Revitalisation des Petites et Moyennes Entreprises (PARE/PME), en liaison avec la Banque mondiale, pour restructurer et renforcer les capacités des PME, a été créé.

Par ailleurs, une lucarne a été spécifiquement ouverte pour les entreprises qui ont subi des dommages physiques lors de la crise post-électorale, afin de les aider à relancer leurs activités. Il s'agit de l'exclusion de la base de l'impôt sur les bénéfices au titre des exercices 2011 et 2012, des intérêts des prêts consentis par les banques ivoiriennes aux entreprises sinistrées, en vue du renouvellement des biens détruits; de la réduction de moitié du montant de l'impôt minimum forfaitaire dû au titre de l'exercice clos au 31 décembre 2011, pour les entreprises relevant du régime réel normal d'imposition et de la réduction de la moitié du montant de la patente commerciale au titre de l'année 2012[165].

En outre, il y a eu diverses mesures spécifiques relatives aux allègements fiscaux sur la période 2011 à 2013 en ce qui concerne divers secteurs de l'activité économique.

Au titre des entreprises de transport public, afin de leur permettre de faire face au contexte économique post-crise, notamment les difficultés financières occasionnées par les vols, pillages et destructions dont elles ont été victimes, contribuant, ainsi, à aggraver leurs difficultés de trésorerie, le nouveau gouvernement a décidé d'exonérer de TVA, les acquisitions de véhicules de transport neufs effectuées au cours des exercices 2012 et 2013.

C'est dans cette veine que la Société des transports abidjanais (SOTRA) a bénéficié de mesures fiscales. En effet, afin d'aider la SOTRA à achever la mise en œuvre de son programme de restructuration, il a été décidé les deux mesures suivantes: la prorogation de l'exonération de TVA et des droits de douanes jusqu'au 31 décembre 2015 et l'exemption de la contribution des patentes de la SOTRA jusqu'au 31 décembre 2015.

Au titre des PME, il a été institué un taux réduit de 5% sur une base hors taxe de la Taxe sur les Opérations Bancaires (TOB), en vue de contribuer à la promotion de cette catégorie d'entreprises, dans le cadre de la politique de reconstruction et de relance post-crise adoptée par le Gouvernement.

Au titre de la lutte contre la fraude, la contrebande et la contrefaçon, il a été mis en place respectivement la Cellule Nationale de Traitement de l'Information Financière (CENTIF) et l'opérationnalisation du Groupe Intergouvernemental d'Actions contre le Blanchiment

---

[164] Créé pour servir de plateforme pour la création d'entreprises, le Guichet unique de l'investisseur est devenu opérationnel en octobre 2012.
[165] Ces mesures ont été édictées dans l'article premier de l'annexe fiscale à l'ordonnance n°2011-121 du 22 juin 2011 portant Budget de l'Etat pour la gestion 2011.

d'Argent (GIABA), ainsi que la revitalisation du Comité de Concertation entre l'Etat et le Secteur Privé (CCESP) et de ses Groupes de Réflexion sur les questions liées au développement du secteur privé (compétitivité, *Doing Business*, zones industrielles, entreprises sinistrées, etc…)[166].

Enfin, au titre des dispositions individuelles, il y eu également des mesures en faveur des personnes redevables de l'impôt foncier. En effet, la crise qu'a connue la Côte d'Ivoire depuis une décennie a contribué à accroître les difficultés des contribuables à respecter leurs obligations fiscales, notamment en matière d'impôt foncier.

Ainsi, les arriérés de cet impôt ont atteint un niveau important malgré les nombreuses mesures d'annulation prises depuis 2002.

Afin d'alléger la charge fiscale des propriétaires fonciers et de leur permettre de s'acquitter aisément leur impôt, il est proposé de : réduire à hauteur de 25% au moment du règlement, le montant de l'impôt sur le revenu foncier et/ou de l'impôt sur le patrimoine foncier dus au titre de chaque année lorsque le règlement intervient au plus tard le 31 décembre de l'année d'imposition, en ce qui concerne les redevables personnes physiques ; annuler à hauteur de 25%, au moment du paiement, les arriérés d'impôt sur le revenu foncier et/ou d'impôt sur le patrimoine foncier dus au 31 décembre 2011, à condition que le paiement soit effectué au plus tard le 31 décembre 2012[167].

Par ailleurs, il est proposé de s'acquitter de l'impôt foncier sur la base mensuelle en vue de rendre plus supportable le montant mis à la charge des redevables de cet impôt.

L'agriculture étant le pilier essentiel de l'économie, le secteur agricole n'est pas demeuré en reste. A cet effet, dans le souci d'améliorer la situation des producteurs de café et de cacao, le Gouvernement a poursuivi la réduction des prélèvements sur la filière. Au titre de la campagne 2010/2011, les prélèvements ont été agrégés en une taxe *ad valorem* de 22% maximum et le prix indicatif aux producteurs a été fixé à 1 100 F/Kg.

Néanmoins, étant entendu que toutes les régions de Côte d'Ivoire n'ont pas subi ces crises de manière égale, il a fallu procéder à un réajustement du soutien que le gouvernement devait apporter dans les régions et au secteur en général. A ce propos, il a été appliqué la loi de la discrimination positive en vue de restaurer à très court terme, l'économie des filières et des régions les plus touchées par les deux crises[168].

En définitive, ces initiatives en faveur d'une reconstruction socio-économique accélérée, certes modestes, au début, vont se poursuivre et se renforcer, plus tard, à travers une série de « réformes majeures » qui vont poser les jalons pour des interventions à plus long terme, notamment dans le cadre du soutien aux entreprises en difficultés.

---

[166] Toutes ces mesures s'avèrent primordiales si tant est que l'on veut vraiment relancer l'économie d'autant que le contexte de la décennie de guerre a donné lieu à des pratiques hautement frauduleuses et illégales.

[167] D'autres mesures ont, notamment, été prises en faveur de certaines catégories d'entreprises, notamment celles du secteur de la presse et de l'audio-visuel, à propos de l'impôt sur les bénéfices industriels et commerciaux ou d'impôt minimum forfaitaire ; l'impôt sur le patrimoine foncier à l'exception des immeubles donnés en location et la contribution nationale pour le développement économique, culturel et social de la nation au titre du personnel local.

[168] A ce propos, il y a lieu de souligner que la guerre de 2002 et la crise post-électorale ont négativement affecté le secteur privé et contribué à la dégradation de certaines filières de l'économie et les outils de production, notamment les ex-Zones CNO. C'est les cas des unités de production cotonnière de la Compagnie ivoirienne de développement du textile (CIDT) et de Gonfreville.

CHAPITRE VI: DE PROFONDES REFORMES STRUCTURELLES

A- Le rôle moteur de l'Etat dans la relance de l'économie

1- L'interventionnisme nécessaire de l'Etat

a- *Un Etat volontariste*

On entend par interventionnisme, le système de gestion politique qui repose sur l'intervention des pouvoirs publics dans la vie économique[169]. L'idée selon laquelle le progrès économique et social se réalise au travers de l'action publique a toujours divisé les économistes et les sociologues.

Pour les uns, l'Etat devrait être la figure centrale dans la réalisation de cet objectif majeur, en ce sens simplement que s'il existe des domaines qui peuvent naturellement relever du secteur et de l'initiative privée, il est d'autres, en revanche, doivent nécessairement être contrôlés par l'Etat (rôle régalien de souveraineté, etc…), notamment dans les domaines du contrôle des prix, l'assurance des soins de santé et d'un niveau de vie décent aux personnes âgées et aux chômeurs, etc…

Bref, l'Etat doit être au contrôle des secteurs sociaux, non-marchand, dans un souci d'égalité et de justice sociale, notamment en période de crise où cette intervention s'avère primordiale en vue d'atténuer les effets négatifs de cette crise.

Par ailleurs, d'aucuns soutiennent que l'État, en tant qu'acteur du système économique est nécessaire en tout temps, et pas uniquement en période de crise, d'autant qu'il lui incombe non seulement de définir les règles et les conditions dans lesquelles le marché doit opérer pour assurer et, si possible, accroître le bien-être de l'ensemble des citoyens du pays, mais également de pallier les manquements de l'économie, quitte à réorienter celle-ci par des incitations positives ou négatives dont l'objet et l'ampleur varient en fonction aussi bien des perspectives économiques que d'une stratégie de croissance misant sur l'innovation technologique et le développement durable.

A ce propos, Lehmann affirme que l'« …Etat ne devrait plus Laisser faire l'économie de marché dès qu'apparaissent des externalités, des biens collectifs, des monopoles naturels, ou des préoccupations redistributives. »[170]

D'autres même vont plus loin pour affirmer que l'Etat devrait être un acteur économique à part entière, bien que cette entité a toujours été au centre de controverses en ce qui concerne son rôle politique, économique et social, depuis les débuts du capitalisme. Ceci étant, ce à quoi l'on a assisté au cours de l'histoire, c'est plutôt à « des frontières floues et chaque pays, de par son histoire, sa culture, ses caractéristiques économiques et sociales, se construit sa vision de l'Etat. »

En revanche, pour les partisans du retrait pur et simple de l'Etat de la sphère économique qui devrait être laissée à l'initiative privée, comme les économistes des institutions de Bretton Woods (Banque mondiale et FMI), il faut instaurer une libéralisation des marchés, sans l'intervention de l'Etat. Ou si l'Etat doit nécessairement intervenir, son rôle et ses responsabilités se doivent de se limiter à des « …mesures permettant, en principe, aux producteurs de capter des revenus plus élevés dans une situation de concurrence. »[171]

---

[169] Cette intervention prend 3 formes principales (Etat justicier, Etat protecteur et Etat « partenaire »).
[170] Etienne LEHMANN, *Laisser-faire ou régulation? Une synthèse des théories économiques*, ERMES-Université Panthéon Assas Paris 2 IRES, Université Catholique de Louvain et IZA – Bonn, sans date.
[171] Koffi, S.Y., 2013. Libéralisation de la filière coton en Côte d'Ivoire quinze ans après: empreinte spatiale et organisationnelle. *Cinq Continents* 3 (7): 5-17.

Dans le contexte interventionniste étatique, il faut souligner que l'embellie économique qui a succédé à la Seconde mondiale, et qui avait croire que l'Etat devait « prendre les devants » pour réorganiser l'activité socio-économique[172].

Toutefois, à la fin des années 80 et au début des années 1990, avec la conjoncture économique mondiale, plusieurs voix se sont vivement élevées pour questionner le bien-fondé d'une telle politique qui, selon les tenants de cette thèse, est le produit du «… développement excessif des interventions publiques. »

Ainsi, « le reflux de l'État ne serait qu'un retour au « raisonnable ».

En Afrique, cette situation « Du plus d'État au moins d'État » fut à l'origine des vastes programmes d'ajustement structurels (PAS) lancés à la fin des années 80 sous la férule des Institutions de Bretton Woods.

Sous ce rapport, les PAS accordaient une place déterminante à l'assainissement des finances publiques couplée à la restructuration et/ou privatisation des entreprises publiques et parapubliques, « …comme le moyen à la fois d'assainir la situation financière et de générer un nouveau dynamisme économique. »

De toute évidence, la situation en Afrique semble se poser en des termes différents. Il n'est pas étonnant que les PAS n'aient jamais fonctionné, d'autant que, comme l'affirme Soumahoro: « Les interventions de l'État apparaissaient comme le vecteur naturel du développement » (Soumahoro 2003).

Abondant dans le même sens, Antonio affirme qu'en dépit de l'apport du secteur privé qui peut, parfois, se révéler substantielle, « …l'essentiel des infrastructures sont fournies par l'État. Malgré un rôle plus important du secteur privé, le financement et la fourniture en infrastructures demeurent majoritairement l'œuvre du secteur public. Au cours des années 1990, plusieurs États confrontés à des difficultés financières se sont orientés vers un désengagement progressif du secteur des infrastructures mais sans pouvoir parvenir réellement à substituer au financement public des investissements privés. De plus, pour les pays qui sont arrivés à impliquer davantage le secteur privé, le bilan reste mitigé »[173].

En effet, il poursuit son analyse, « *Comme ailleurs dans le monde, rares sont les États qui n'interviennent pas directement pour orienter les transformations de l'agriculture dans leurs pays respectifs. Dans la presque totalité des pays du Tiers monde, et quelles qu'aient été les orientations idéologiques des gouvernements, les politiques de développement agricole ont longtemps été mises en œuvre par des programmes nationaux de développement du secteur agricole et du monde rural appuyées par des institutions publiques ou parapubliques destinées à jouer un rôle majeur dans l'encadrement, le suivi, le conseil et les prestations de service aux paysans. Ce modèle a été expérimenté un peu partout en Afrique de l'Ouest.* »[174]

Néanmoins, par-delà l'opposition, souvent factice, et faisant des polémiques qui existent entre les non-interventionnistes et les interventionnistes, il faut dire que, dans le contexte particulier qui prévalait en Côte d'Ivoire, à la suite de la décennie de crise, l'Etat dut adopter une posture fortement interventionniste pour lui permettre de couvrir les trois spectres d'interventionnisme. En effet, ayant été le théâtre d'une crise socio-politique d'une ampleur inégalée depuis la naissance de cet Etat en 1960, il faut dire que le contexte social et économique ainsi que militaire requérait une intervention vigoureuse de l'Etat, afin de rétablir l'ordre politique, social et économique profondément troublé.

---

[172] L'intervention de l'État dans la vie publique a considérablement pris de l'ampleur après la Seconde Guerre mondiale, en particulier dans le cadre de grands projets de reconstruction.
[173] Estache Antonio, « Infrastructures et développement : une revue des débats récents et à venir », *Revue d'économie du développement*, 4/2007 (Vol. 15), p. 5-53.
[174] Moustapha Soumahoro, Les interventions de l'État ivoirien dans le processus de développement en pays Toura: état des lieux et perspective. *Canadian Journal of Regional Science/Revue canadienne des sciences régionales Revue canadienne des sciences régionales*, XXX: 1, Spring/printemps 2007, 155-182.

D'abord, l'Etat s'est fait justicier, dans un souci de justice sociale « distributive ». Appréhendée, selon Aristote, comme la « première espèce de la justice particulière qui s'exerce dans la distribution des honneurs ou des richesses ou des autres avantages qui peuvent être répartis entre les membres d'une communauté politique. », la justice distributive ne consiste pas à « récompenser les bons et punir les méchants », mais vise, plutôt à la redistribution et la répartition des avantages sociaux proportionnellement aux mérites de chaque citoyen. En outre, ce rôle de l'Etat vise à atténuer les profondes inégalités issues de la guerre.

Dans le cas spécifique de la Côte d'Ivoire, au sortir de la crise, il s'est agi d'œuvrer à une société plus juste et plus équitable, dans la perspective non seulement de résorber la pauvreté qui avait pris des proportions jamais inégalées dans le pays, mais encore de lutter contre l'impunité qui avait régner au cours de cette décennie funeste.

C'est, dans ce cadre qu'au lendemain du 11 avril 2011, un ensemble de structures de recherche et de rétablissement de la vérité furent mises en place, dans le but de « faire droit » aux divers abus auxquels ces crises successives ont donné lieu.

Ensuite, l'Etat s'est fait protecteur des droits des citoyens et des minorités, particulièrement les plus vulnérables, à travers une série de législations, notamment dans le cadre du travail, en général, et, en particulier, dans le domaine de l'égalité des genres. Par ailleurs, eu égard à la situation de non-droit et le développement d'une économie hautement informelle qui échappait à l'Etat, il apparaît nécessaire de rétablir l'intégrité de l'Etat, notamment par le redéploiement de l'administration et du contrôle des leviers financiers.

D'autre part, ne pouvant à lui-seul faire face à cette crise politique, social, et surtout humanitaire, l'Etat a sollicité les ONGs et autres structures socio-humanitaires pour l'aider à faire face à l'urgence que constituaient la crise des réfugiés et des déplacés internes, par exemple.

Néanmoins, combinant son rôle de justicier avec celui de protecteur, l'Etat a dû réformer les forces de défense et de sécurité, suite à la division de fait du pays au lendemain de la rébellion de septembre 2002, où 60% du pays étaient dirigés par les ex-Forces Nouvelles composées de recrues sans formation au métier des armes, et une armée dite « loyaliste », au service de l'ex-président Laurent Gbagbo.

Enfin, la dégradation de l'économie et des infrastructures était telle que l'Etat a dû se constituer parti « partenaire » pour restructurer l'économie, réunifier le pays et attirer les investisseurs privés en tant que moteurs de la relance économique[175].

Comme il vient d'être exposé dans les lignes ci-dessus, l'Etat ivoirien, au lendemain de la crise post-électorale, a pu, tour à tour et, parfois, de manière concomitante, jouer les trois rôles qui, en principe, doivent être dissociés. Mais, la spécificité du contexte post-électoral a contraint l'Etat ivoirien à assumer ces trois responsabilités.

Naturellement, de tels objectifs ne peuvent espérer être réalisés sans un ensemble de mesures *a minima*.

b- *Les grands projets infrastructurels*

Une infrastructure se définit comme l'ensemble des installations, des équipements permanents et nécessaires qui conditionnent le fonctionnement d'un organisme, d'une entreprise ou d'une collectivité. Tout en faisant l'économie du débat sur la corrélation statistique qu'il existe entre l'infrastructure routière et le développement socioéconomique, l'on est contraint de constater que la route contribue à la réduction des disparités.

---

[175] Dominique Henriet, André Piettre, « Intervention de l'Etat, Economie », *Encyclopaedia Universalis* [en ligne] (http://www.universalis.fr/encyclopedie/intervention-de-l-etat-economie/1-histoire-de-l-interventionnisme/).

En réalité, « *il existe un couplage, admis au niveau global et non contredit au niveau local, entre le développement économique et la croissance des flux de transports (de biens et de personnes). Il est donc logique de ce point de vue de se dire qu'une infrastructure de transport va faciliter les flux entre deux territoires, en générer des nouveaux et va donc participer à développer les territoires en question...Les tenants de la nouvelle économie géographique diront que construire des infrastructures de transports, c'est favoriser l'apparition d'externalités de réseau, ou d'agglomération, (gains économiques indirects réalisés par les acteurs économiques du fait de la présence à proximité d'autres acteurs et de services divers leur étant destinés) et donc soutenir la compétitivité et l'innovation* »[176].

Adam Smith n'affirme pas autre chose lorsqu'il établit le lien théorique entre infrastructures et développement deux siècles et demi auparavant.

En outre, la Banque mondiale affirmait, dans son rapport consacré à la situation des infrastructures dans le monde, que «...l'un des obstacles majeurs au développement économique et social réside dans le niveau insuffisant des infrastructures. »

Suivant une logique toute simple, l'institution montre que les infrastructures en général, et les transports, en particulier, favorisant le transport de personnes et de marchandises, facilitent, à leur tour, les échanges qui alimente, en retour, le développement économique et social. En un mot, le rapport vise à démontrer que le développement des infrastructures, non seulement, accroît les opportunités de croissance, mais aide également à assurer que cette croissance soit plus diffusée et équitablement répartie.

Etant conscient de cette logique, plusieurs projets et programmes d'infrastructures routières, principalement financés par l'Etat et ses partenaires, ont été lancés depuis 2012. Au nombre de ces travaux routiers, l'on peut compter la construction du 3ème pont d'Abidjan, encore appelé Pont Henri Konan Bédié reliant Cocody à Marcory au sud d'Abidjan, qui a nécessité un coût global d'une enveloppe de 125 milliards Fcfa, du pont de Bouaflé et du pont Phillipe Yacé de Jacqueville, des ponts de Béoumi et de Bassawa.

Par ailleurs, il y a l'échangeur de la Riviera-2, le pont de Jacqueville, l'autoroute Abidjan-Grand Bassam, le château d'eau de Bonoua, le pont de la Marahoué, le barrage de Soubré, etc...

Enfin, les grands investissements réalisés dans le secteur infrastructurel ont permis de renforcer le tronçon Abidjan-Singrobo, long de 140 km, concomitamment avec l'achèvement du prolongement de l'autoroute Singrobo-Yamoussoukro, estimée à plus de 86 km, celle d'Abidjan-Bassam de 28 Km; et la réfection des tronçons Boundiali-Bolona longs de 93 km et Yamoussoukro-Attièngouakro de 14 km, sans parler de la réhabilitation de 15 000 km de pistes de dessertes.

Ces investissements publics dans les infrastructures ont stimulé une croissance du PIB à 9,8% en 2012 et 8,5% en 2013. Et le taux d'investissement a atteint les 16,5% du PIB en 2013, après le niveau de 13,7% en 2012[177].

Mutatis Mutandis, ces investissements ont donné lieu à de bons indicateurs macro-économiques qui se résument en une seule phrase : «*Côte d'Ivoire is back*»[178].

---

[176] http://fr.forumviesmobiles.org/controverse/2014/02/27/infrastructures-transport-font-elles-developpement-economique-2198.

[177] Ces travaux qui s'inscrivent dans le cadre du Projet de renaissance des infrastructures de Côte d'Ivoire (PRCI) ont été financés conjointement par l'Etat et la Banque mondiale.

[178] La Côte d'Ivoire dispose d'un réseau routier interurbain de 82 090 km dont 75 402 km de routes non revêtues et 6 698 km de routes revêtues comprenant 258 km d'autoroutes ; ce qui équivaut à une densité routière d'environ 26 km de route pour 100 km² de territoire. A ce réseau de routes interurbaines, s'ajoute la voirie urbaine estimée à plus de 4 000 Km de voies bitumées sur l'ensemble du territoire national. Tout relativement dense qu'il y paraît, il faut souligner que le pourcentage des routes revêtues en Côte d'Ivoire, de 8%, est nettement inférieure à celui de pays comme le Ghana (13%), le Nigeria (15%), l'Afrique du Sud (21%), et le Maroc (70%).

2- Le retour de l'Etat planificateur : le Plan national de Développement (PND)

Si l'on part du postulat que le développement économique est un ensemble coordonné d'orientations et d'objectifs cohérents portant sur plusieurs années, alors l'on comprend aisément l'importance de la planification.

De l'étymologie latine *planus*, qui veut dire « plan, plat, uni », la planification est « l'action de planifier, c'est-à-dire d'organiser dans le temps une succession d'actions ou d'évènements afin de réaliser un objectif particulier ou un projet. » [179] L'avantage principal de la planification, c'est qu'elle crée une sorte de visibilité et de lisibilité dans les actions à mener et les objectifs à atteindre dans le temps. Mais, le plus important, c'est qu'elle permet surtout une optimisation des ressources, qui sont nécessairement limitées.

Ayant compris l'importance d'une telle stratégie, la Côte d'Ivoire, après une décennie de crise, a résolu de revenir à la planification[180].

Néanmoins, cette approche étant générale et « vague », l'on a eu recours au plan. Défini comme une « suite ordonnée d'opérations prévue pour atteindre un but ; projet ainsi élaboré »[181], le plan est un document de prévision et cadre d'exécution de la planification de laquelle elle se distingue en « répondant de façon détaillée et concrète aux principaux aspects opérationnels… ».

Suite à la grave crise militaro-politique que la Côte d'Ivoire venait de traverser et qui a eu pour conséquences majeures la «…déstructuration du tissu sociale, l'effritement de la cohésion sociale, le ralentissement des activités économiques et financières et, la dégradation des services sociaux avec en toile de fond l'aggravation de la pauvreté » et surtout la méfiance des investisseurs, il a fallu à l'Etat poser les jalons d'une solide relance socio-économique, notamment par la mise en place d'un cadre institutionnel favorable à l'initiative privée.

C'est pour atteindre cet objectif que l'Etat a élaboré un plan national de développement (PND) qui couvre la période 2012-2015 qui définit la politique de développement économique et social de la Côte d'Ivoire sur la base d'un consensus entre les acteurs nationaux, en intégrant « les principes de la Gestion Axée sur les Résultats et l'approche basé sur les Droits Humains et le Genre. », en vue de «…générer de changements significatifs au niveau de l'épanouissement individuel et collectif des ivoiriens. »

Capitalisant sur les acquis du Document de Stratégie de Réduction de la Pauvreté (DSRP), le PND est le produit d'une approche participative qui prend en compte les « défis nouveaux nés des différentes crises qu'a connues le pays depuis trois décennies, des goulots d'étranglement pour l'atteinte des Objectifs du Millénaire pour le Développement (OMD),du Programme Economique et Financier, du Programme Présidentiel et des sources potentielles de croissance du pays. »

En outre, il constitue le cadre de référence principal des interventions publiques en établissant une hiérarchisation des priorités nationales de développement. Il prend appui sur un scénario appelé « le Triomphe de l'Eléphant » qui vise à atteindre les objectifs stratégiques suivants :

---

[179] La planification dont il s'agit ici est différente de la planification économique ou encore économie planifiée centralisée, qui est un système économique dans lequel les agents économiques sont soumis à un plan dessiné par l'Etat. Elle s'oppose à l'économie de marché où les biens, les services et les capitaux se transigent en fonction de l'offre et de la demande du marché, y compris le marché boursier. L'ex-URSS était une économie planifiée.

[180] Il est intéressant de noter que la Côte d'Ivoire dont la principale richesse repose sur l'agriculture, a centré sa politique de croissance sur la production agricole, dans les années 1960, lorsqu'elle acquit son indépendance politique. A cet effet, l'État a procédé par l'élaboration de plans quinquennaux, dont les résultats, au bout d'une vingtaine d'années, se sont révélés spectaculaires au point de qualifier le pays de miracle économique. Le premier document de planification élaboré en 1962 est intitulé : « Les perspectives décennales de développement économique, social et culturel 1960-1970 ».

[181] http://www.larousse.fr/dictionnaires/francais/plan/61347.

(i) réaliser une croissance forte et soutenue sur une longue période, (ii) arriver à constituer une classe moyenne significative qui a accès à des biens de consommation durable, et (iii) participer au système de production mondial.

Enfin, par sa démarche, le PND favorise l'alignement du budget de l'Etat sur les priorités stratégiques, ce qui est susceptible de contribuer à l'amélioration de l'efficacité et l'efficience des dépenses publiques.

L'une des innovations avec le PND, c'est que ses résultats s'expriment dans un cadre dominé par la gestion axée sur les résultats.

Pourquoi a pris les rênes du financement du développement ?

a- La gestion axée sur les résultats (GAR)[182]

Appréhendée comme une « une approche de gestion qui accorde la priorité aux résultats et met ce principe en pratique dans tous les aspects de la gestion », la GAR est une méthode de gestion du secteur public orientée vers «…les attentes exprimées par les citoyens en fonction des ressources disponibles et vise l'atteinte de résultats en fonction d'objectifs préalablement établis ». Tout en permettant de prendre des décisions éclairées fondée sur les attentes et besoins du citoyen, il vise à lier les ressources à des résultats concrets, à travers résultats suivants:
- l'atteinte de cibles de développement;
- la responsabilisation des agents de l'État;
- la transparence et l'imputabilité dans la gestion publique;
- l'utilisation des données disponibles en vue d'améliorer le processus de décision[183].

En outre, la transparence et l'imputabilité dans la gestion des ressources publiques demeurent l'une de ses caractéristiques principales.

Sous le rapport de la transparence, le plan se révèle d'une efficacité redoutable, parce qu'il «…transmet de manière fidèle et précise les renseignements concernant son fonctionnement, ses pratiques, ses intentions, ses objectifs et ses résultats afin, notamment, de permettre une compréhension suffisante de la logique derrière les gestes posés ». Et en le faisant, il démontre une des valeurs essentielles d'une société démocratique, la gestion transparente des affaires publiques[184].

Au plan de l'imputabilité, en tant que « Possibilité d'attribuer à un individu la responsabilité d'une infraction[185], la GAR, étant une approche de gestion qui résulte d'un souci de rationalisation, le principe de l'imputabilité représente la preuve que chaque agent mandaté par le gouvernement répond de ses gestes et de ses choix ainsi que de ses actes dans l'utilisation des ressources mises à sa disposition.

En ce sens, l'imputabilité « vise à informer la population quant à l'utilisation des ressources publiques, au respect des lois et aux valeurs de la fonction publique. Autrement dit, les citoyens doivent avoir l'assurance que l'autorité publique et les ressources de l'État sont employées conformément aux principes d'une saine administration. L'imputabilité a finalement pour but d'améliorer la gouvernance de l'administration publique. »

Ainsi, en s'appuyant sur la GAR comme outil d'amélioration efficace des pratiques de gestion, le PND se révèle un document de planification d'un apport essentielle dans l'atteinte

---

[182] La GAR est une approche de gestion qui résulte d'un souci de rationalisation budgétaire essentiellement depuis les années 60, d'abord aux États-Unis, avant de s'étendre partout dans le monde. Son équivalent anglais est « Result based Management- RBM ».

[183] Amantchi Gogoua, *Gestion axée sur les résultats. Concepts et Principes*, Cellule d'Analyse de Politiques Economiques du CIRES, Abidjan, Mars 2012.

[184] La GAR recèle bien d'autres avantages pour le citoyen, en termes de qualité et d'efficacité dans la prestation des services.

[185] http://www.larousse.fr/dictionnaires/francais/imputabilit%C3%A9/42080.

des objectifs stratégiques couvrant tout le spectre des attentes politiques, économiques et sociales des Ivoiriens.

L'un des pendants de la GAR, c'est le suivi et l'évaluation.

Graphique 9 : Illustration de la GAR

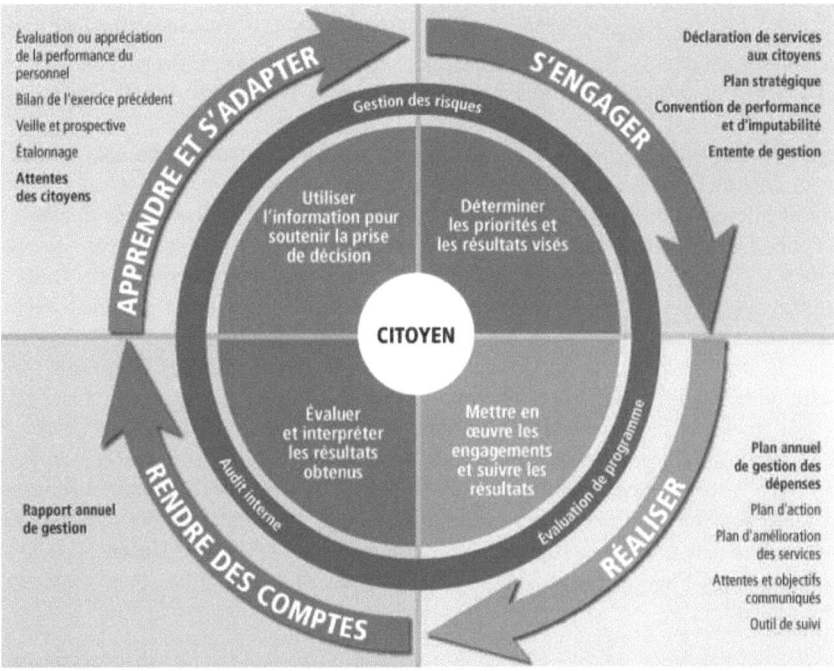

Source : http://www.tresor.gouv.qc.ca/cadredegestion/gestion-axee-sur-les-résultats/index.html

b- Le suivi et l'évaluation

Le suivi et l'évaluation sont des outils d'aide à la décision fondés sur l'identification des points forts et des points faibles d'un programme, projet, politique et intervention. Sous cet angle, ils sont essentiels mesurer la progression vers les objectifs et les résultats énoncés.

Le suivi est « le processus systématique du recueil, de l'analyse et de l'utilisation d'information visant à déterminer en continu les progrès d'un programme, en vue de la réalisation de ses objectifs et à guider les décisions relatives à sa gestion. »

Néanmoins, plus qu'une simple collecte d'information sur le projet, il représente plutôt une évaluation systématique et continue du progrès dans le temps par la collecte et l'analyse de l'information et l'utilisation de cette information pour améliorer le travail sur la base quotidienne. Sous ce rapport, il s'apparente à l'évaluation, encore que la comparaison s'arrête au niveau des objectifs, car l'évaluation « s'inscrit dans une perspective à long terme et à grande échelle afin de rendre les résultats plus particulièrement utiles à la planification, à l'évaluation de la durabilité, et pour le développement de projets et programmes futurs. »

Toutefois, ce dernier est un autre type d'outil d'appréciation de la valeur et de la qualité d'un projet, programme, d'une stratégie ou d'une politique.

En effet, évaluer, « c'est estimer à un moment donné dans le temps l'impact d'un projet, et à quel point les objectifs ont été atteints. » En d'autres termes, c'est « l'appréciation systématique d'une activité, d'un projet, d'un programme, d'une stratégie, d'une politique, d'un sujet, d'un thème, d'un secteur, d'un domaine opérationnel ou des performances d'une institution. Elle porte sur les accomplissements escomptés et réalisés et examine la chaîne des résultats (intrants, activités, extrants, effets et impacts) les processus, les facteurs contextuels et les rapports de cause à effet, afin de comprendre les accomplissements ou le manque d'accomplissements. » En dernière instance, l'évaluation vise à tirer des conclusions sur les cinq (5) aspects stratégiques que sont la pertinence, l'efficacité, l'efficience, l'impact et la durabilité.

L'un et l'autre outil s'appuient sur des objectifs clairs et mesurables ainsi que des indicateurs clés susceptibles de démontrer les progrès accomplis.

Pouvoir piloter un projet, programme ou intervention avec beaucoup plus de visibilité et créer les conditions pour un apprentissage organisationnel efficace par le partage des connaissances, le tout fondé sur les règles éthiques de redevabilité, tels sont, en dernière instance, les grands objectifs visés par la GAR. Elle présente d'énormes avantages et de possibilités pour le citoyen et les entreprises, car elle prend en considération dans les décisions de l'Administration gouvernementale, de leurs attentes et de leur satisfaction à l'égard de la qualité et de la prestation de services.

Le coût total des investissements (publics et privés) du PND 2012-2015, issu du scénario volontariste, «le Triomphe de l'Eléphant» se chiffre à 11076 milliards sur la période 2012-2015dont: 9,56% d'investissements afin de permettre aux populations de vivre en harmonie dans une société sécurisée dans laquelle la bonne gouvernance est assurée. Les secteurs concernés sont le secteur de la Paix, de la Cohésion Sociale, de la Défense, de la Sécurité, de la Justice, de l'Etat de Droit, de la Gouvernance Administrative et Economique et de la Communication;

Graphique 11 : Illustration du cycle de gestion d'un programme

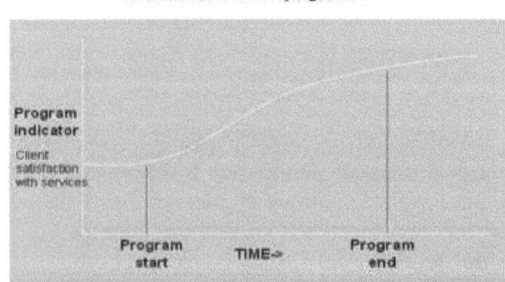
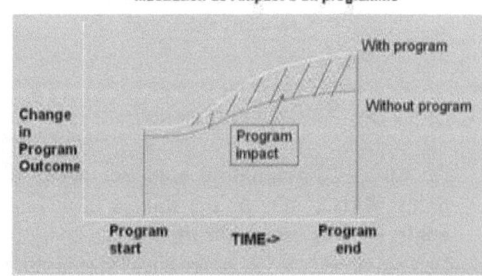

<u>Source</u> : http://www.endvawnow.org/fr/articles/330-quest-ce-que-le-suivi-et-evaluation-.html

B- Les diverses réformes institutionnelles

1- Une amélioration sensible du climat des affaires

a- *Un nouveau Code des investissements*

Un « cadre juridique et institutionnel favorisant la cristallisation de divers cadres contractuels d'investissement à partir desquels se nouent les relations d'affaires dynamiques et mutuellement profitables entre les opérateurs économiques du secteur privé et l'Etat. » s'imposait à la Côte d'Ivoire, vu les nombreuses turbulences socio-politiques que ce pays a traversées depuis décembre 1999. Un Code des investissements dynamique et attrayant est susceptible de jouer ce rôle de catalyseur.

C'est ce que le nouveau gouvernement a fait, au sortir de plus d'une décennie de turbulences socio-politiques, en adoptant le nouveau Code des investissements (Le Code, Ordonnance n°2012-487 du 07 juin 2012 portant Code des Investissements et son Décret n°2012-1123 du 30 novembre 2012) ; cadre juridique dynamique traduisant ainsi « la volonté du gouvernement ivoirien de faire de la sécurité juridique l'un des points focaux de la relance de l'économique nationale, et de réformer, le ressort central de la législation économique du pays. »

Un Code des investissements s'appréhende comme un corpus juridique réglementant l'activité économique, y compris le régime des investissements privés. En outre, il fixe les conditions, avantages et règles générales applicables aux investissements directs nationaux et étrangers réalisés dans un pays.

Dans ce le cas de la Côte d'Ivoire, l'objectif de cette nouvelle disposition réglementaire qui inclut « des incitations sous la forme de suppressions de taxes pour privilégier les investisseurs privés qui s'engageront à transformer localement leurs produits avant de les exporter » est d' accorder des avantages fiscaux plus favorables aux investisseurs, à travers divers régimes incitatifs, et surtout créer pour eux un environnement juridique sécurisé favorable à l'investissement privé par le biais de la mise en place de Trois nouvelles zones industrielles ainsi qu'un tribunal dédié aux conflits commerciaux.

Le nouveau Code des investissements renforcent les garanties générales données aux investisseurs notamment en matière de protection de la propriété ainsi que les avantages accordées et abaissent les seuils d'éligibilité.

En outre, sur la base des nouvelles Zones créées, la a durée des exonérations fiscales à partir de l'achèvement de l'investissement varie toujours selon la zone d'investissement mais désormais trois zones sont définies. Abidjan constitue la zone A dans laquelle les entreprises peuvent être exonérées dégressivement de l'impôt sur les bénéfices et de la contribution des patentes jusqu'à la cinquième année suivant l'achèvement de l'investissement. La Zone B comprend les agglomérations dont la population est égale ou supérieure à 60 000 habitants. En sus des exonérations applicables en Zone A, les investisseurs y bénéficient, pendant huit ans, d'une réduction de 80 % du montant de la contribution sur salaires à la charge des employeurs (normalement de 2,8 % pour le personnel local et de 12 % sur le personnel expatrié). Dans la Zone C, regroupant les communes dont la population est inférieure à 60 000 habitants ainsi que les zones franches, les entreprises bénéficient en sus des avantages de la Zone A et pendant quinze ans d'une réduction de 90 % du montant de la contribution à la charge des employeurs, ainsi que d'une exonération de l'impôt sur le patrimoine foncier et des droits d'enregistrement en cas d'augmentation du capital.

Par ailleurs, les équipements importés par les entreprises agréées bénéficient désormais, en sus d'une réduction de 40 ou 50 % des droits de douane, de l'exonération totale de la TVA.

Pour le reste, le nouveau dispositif réglementaire reprend pour la plupart les dispositions déjà contenues dans la Loi 95-620 du 03 août 1995, mais la différence fondamentale se situe au niveau des objectifs visés, des garanties accordées aux investisseurs, les obligations mises à leur charge, l'octroi d'avantages fiscaux plus favorables, la simplification et la modernisation des procédures d'accès aux régimes incitatifs.

En outre, il introduit la notion de Petites et Moyennes Entreprises (PME) avec des avantages spécifiques.

Au titre des garanties, il est notamment accordé aux investisseurs la liberté d'investir en Côte d'Ivoire, la protection de leurs droits de propriété intellectuelle (brevets, marques et noms commerciaux), ainsi que la propriété privée de tous leurs biens, la liberté d'accès à tous aux matières premières.

Au titre des obligations, tout investisseur a obligation de fournir chaque année au ministre de l'industrie et au Centre de promotion des investissements en Côte d'Ivoire (Cepici), organe dont le rôle moteur a été affirmé par la création d'un Guichet Unique, un rapport sur leur pratique de responsabilité sociétale, de recruter en priorité la main-d'œuvre nationale et de contribuer à accroître la qualification de leurs collaborateurs locaux, notamment par la formation continue. Les investisseurs doivent également privilégier les fournisseurs et les sous-traitants locaux.

En un mot, le nouvel instrument des investissements offre plus d'avantages aux investisseurs, notamment « l'assistance de l'Etat aux entreprises sinistrées, l'accès aux zones industrielles aménagées, l'exonération totale de la TVA pendant la phase d'investissement, l'exonération de tous les droits d'enregistrement sur tous les actes soumis à l'enregistrement. Ces garanties concernent également l'octroi pour les PME d'un tarif préférentiel pour l'achat d'eau, d'électricité et de prestations de nouvelles technologies, l'allongement de la durée des avantages dans les zones franches et l'exonération partielle de la part patronale de l'impôt sur les traitements et salaires. Les avantages du Code s'appliquent à tous les investisseurs, nationaux comme étrangers. Ce code constitue incontestablement une des grandes attractions pour les investisseurs. »[186]

Les modalités pratiques de ces dispositions allaient être mises en pratique par le Centre de promotion des investissements en Côte d'Ivoire (CEPICI), par le biais de son système du Guichet unique.

b- Le CEPICI et le Guichet unique

Créé par le Décret N°2012-867 du 06 septembre 2012, le Centre de promotion des investissements en Côte d'Ivoire (CEPICI) est l'interface de l'investissement direct en Côte d'Ivoire. A ce titre, dit-on, il demeure l'organe qui «…fédère, coordonne et rationalise l'ensemble des initiatives et actions gouvernementales en matière de promotion des investissements et de développement du secteur privé. »[187]

En termes pratiques, les objectifs globaux du CEPICI sont les suivants:
- bâtir le programme de l'investisseur avec lui, avant même son arrivée en Côte d'Ivoire, assurer son accueil à l'aéroport, lui donner l'information préalable dont il a besoin, l'assister dans tous ses contacts durant tout son séjour et assurer le suivi de sa mission après son départ ;
- mettre en œuvre une stratégie clairement définie de promotion des investissements. Cette stratégie est fondée sur plusieurs critères (« visibilité », « célérité », "transparence", « équité », « lisibilité »).

Son rôle d'accompagnement du secteur privé lui confère les missions spécifiques suivantes :
1. d'assurer, par son Guichet Unique de l'Investisseur, notamment :
   - la facilitation des formalités administratives relatives à la création, à l'exploitation, à la transmission ou à l'extension des entreprises. Les administrations et organismes concernés par ces formalités sont, à cet effet, regroupés au sein du CEPICI;
   - la contribution à la réduction des coûts et délais relatifs à ces formalités;

---

[186] Ces mesures d'allègement fiscal en faveur des PME sont couplées avec le Système de gestion intégré des finances publiques (SIGFIP) qui représente une approche complètement informatisée de la préparation du budget de l'État, afin de réduire les délais d'exécution des finances publiques et de renforcer la sécurité de la dépense publique aux fins de transparence des transactions et la communication directe entre les différents acteurs. Cette méthode de la SIGFIP permet de «…dégager plus facilement tous les états et tous les agrégats en liaison avec le Trésor public qui réalise ses travaux sur un autre logiciel spécifique à la comptabilité ».

[187] Le CEPICI a, en réalité, été créé en septembre 1993 et placé sous l'autorité et la tutelle du Premier ministre. Il avait pour vocation à « donner du produit Côte d'Ivoire une image juste, donc la plus vraie et la plus permanente possible ».

- la réception et l'instruction des demandes des investisseurs pour le bénéfice des avantages du Code des Investissements;
- la réception et l'instruction des demandes des investisseurs pour l'obtention de terrains à usage industriel;
2. d'instruire, de délivrer et de retirer les agréments à l'investissement;
3. d'assurer la promotion et l'attraction des investissements directs nationaux et étrangers en Côte d'Ivoire, à travers notamment?
   - l'organisation, tant en Côte d'Ivoire qu'à l'étranger, de foires et de manifestations de promotion économique;
   - la promotion du Partenariat Public-Privé auprès des investisseurs nationaux et étrangers ;
   - la recherche et l'identification des investisseurs et le développement de partenariats ;
   - la participation à la promotion des investissements en Côte d'Ivoire en relation avec les ambassades et consulats de la Côte d'Ivoire à l'étranger;
   - l'entreprise d'actions de communication et de marketing de la Côte d'Ivoire comme destination pour l'investissement;
   - le rapprochement des investisseurs étrangers avec les promoteurs des Petites et Moyennes Entreprises/Petites et Moyennes Industries nationales pour favoriser le développement de celles-ci;
   - la mise en place d'un dispositif d'attraction des investissements de la Diaspora;
   - la création et la mise en œuvre d'un dispositif de suivi-évaluation de tous les investissements ayant bénéficié des avantages du Code des Investissements;
   - d'assurer d'une manière générale, en relation avec les administrations et les organismes publics et privés concernés, la mise en œuvre des dispositions du Code des Investissements.
4. de contribuer à toutes les actions qui concourent à l'amélioration de l'environnement des affaires et de formuler des propositions au Gouvernement;
5. de contribuer à la mise en œuvre, en tant qu'Agent d'exécution, des programmes du Gouvernement et des Partenaires au développement en faveur du secteur privé en Côte d'Ivoire;
6. d'être une plateforme de rencontre d'échanges et de concertation entre le secteur public et le secteur privé, afin d'initier et de formuler des propositions au Gouvernement pour répondre aux préoccupations du secteur privé[188].

Ce nouveau contrat institutionnel donne la primauté à six (6) catégories d'entreprise: les entreprises immobilières; les entreprises de cultures industrielles et les industries connexes de préparation (oléagineux, hévéa, canne à sucre etc....); les entreprises industrielles de préparation et de transport mécanique ou chimique des productions végétales et animales ivoiriennes (café, cacao, oléagineux, hévéa); les industries de fabrication et de montage des articles et objets de grande consommation (textiles, matériaux de construction, fabrication de métaux, véhicule…); les entreprises minières et de recherche pétrolière; et enfin les entreprises de production pétrolière[189].

Collant à son rôle d'interface entre l'Etat et les investisseurs privés, le CEPICI fonde sa stratégie sur trois (3) axes principaux : la recherche des meilleures expertises pour répondre de manière personnalisée aux besoins des investisseurs, le développement de l'entrepreneuriat local et l'attraction de la diaspora. La combinaison active de ces trois axes l'ont fait participer

---

[188] http://www.cepici.gouv.ci/?tmp=text&p=presentation.
[189] Néanmoins, pour bénéficier du régime de l'agrément prioritaire (exonération des droits de port et la TVA à propos des importations d'équipements et de matières premières, ainsi que des droits de sortie des produits finis exportés), les entreprises doivent remplir les conditions.

à plusieurs missions et tournées économiques et commerciales à l'étranger, notamment la série des TICAD, au Japon, en Europe et en Afrique.

Parallèlement, il lui arrive fréquemment de recevoir également des délégations étrangères en provenance de Chine, de France, de Corée, du Canada, des Pays-Bas, de l'Inde, de Belgique, du Nigeria et du Maroc.

Pour ce qui est de l'attraction de la diaspora, le Cepici, en collaboration avec le ministère de l'Intégration africaine et des Ivoiriens de l'Extérieur a organisé le forum « Diaspora for Growth », en juin 2013, le premier forum en faveur des Ivoiriens de l'étranger, auquel plus de 300 participants prêts à investir et/ou à s'installer en Côte d'Ivoire ont pris part.

Dans l'un comme dans l'autre cas, il est évident que «Tous ces rendez-vous et missions ont été des plateformes de rencontres, d'échanges et de partenariats où nous avons présenté les opportunités et potentialités d'investissement dont regorge la Côte d'Ivoire».

Ce qu'il faut comprendre, c'est qu'avec la mise en place du Guichet unique, c'est la simplification des procédures de création d'entreprise, car dorénavant, au lieu de faire le pied de grue devant plusieurs organismes distincts pour les diverses déclarations juridiques, fiscales et sociales, le Guichet unique est une sorte de « one stop shop », car il regroupe l'ensemble des services impliquées dans la création d'entreprises et d'agrément au Code des investissements en Côte d'Ivoire.

Il s'agit, notamment, du Guichet des formalités des entreprises (GUFE) réunissant en son sein les services de la Direction générale des impôts pour l'enregistrement des actes et l'attribution du compte contribuable, le greffe du Tribunal de commerce d'Abidjan pour l'immatriculation au Registre du commerce et du crédit mobilier (RCCM), le ministère du Commerce, de l'Artisanat et de la Promotion des PME pour l'immatriculation au Code Import-Export et la Caisse nationale de prévoyance sociale (CNPS) pour l'immatriculation de l'employeur. Le tout permettant « aux opérateurs économiques de réaliser en un même lieu toutes ces formalités et offre également un gain considérable de temps. »[190]

L'une des particularités de cet outil de promotion des investissements réside également dans la gratuité de ses prestations. Aussi, les droits perçus par les administrations pour la délivrance des actes, ont-ils été considérablement réduits. Les coûts de publication de l'avis de constitution de société sont de 15 000 FCFA. Les frais de la procédure notariale sont à 120.000 FCFA HT pour les sociétés à responsabilité limitée (SARL) dont le capital n'excède pas 1.000.000 FCFA. Le droit de timbre est supprimé pour l'enregistrement des actes pour les Sociétés à responsabilité limitée (SARL) au capital de 1.000.000 FCFA[191].

Le résultat de tout cela en est que la Côte d'Ivoire dans les dix pays les plus réformateurs…

Le pendant nécessaire au nouveau Code des investissements et du Guichet unique est le Tribunal du commerce d'Abidjan.

c- le Tribunal du commerce

En vue de rendre le climat des affaires plus sûr en Côte d'Ivoire, voire de « sécuriser les relations d'affaires » et de relancer son économie, la Côte d'Ivoire a mis sur pied un tribunal

---

[190] Il faut préciser qu'en dehors du Guichet des formalités des entreprises, le Guichet unique regroupe également trois autres guichets: le guichet des investissements, le guichet des terrains industriels et le guichet des formalités et assistance, travaillant en étroite collaboration pour « assurer la facilitation des formalités administratives relatives à la création, à l'exploitation, à la transmission ou à l'extension des entreprises, contribuer à la réduction des coûts et délais relatifs à ces formalités (délai 24 heures), réceptionner et instruire les demandes des investisseurs pour le bénéfice des avantages du Code des Investissements. » contre 32 jours nécessaires officiellement par le passé, sans compter les délais intempestifs dus aux rendez-vous manqués.

[191] Il en est résulté un gain net de 484 milliards FCFA d'investissements pour 2462 entreprises créées et 5434 emplois directs et indirects générés.

du commerce, dont la spécificité réside dans la brièveté de la procédure visant à permettre le règlement des litiges avec diligence, célérité et transparence.

Créé par la Décision N°01/PR du 11 janvier 2012 portant création, organisation et fonctionnement des tribunaux de commerce et du Décret N°2012-628 du 6 juillet 2012 portant création du Tribunal de Commerce d'Abidjan et fixant son ressort territorial, le tribunal de commerce d'Abidjan est une juridiction autonome de premier degré chargé d'examiner les litiges qui naissent entre acteurs économiques : commerçants, chefs d'entreprise, banquiers et leurs clients. En d'autres termes, c'est un tribunal spécialisé dans le règlement des conflits commerciaux, dans le but de sécuriser les investissements nationaux et internationaux.[192].

Ses principales attributions sont les suivantes :
- les contestations relatives aux engagements et transactions entre commerçants au sens de l'Acte Uniforme sur le droit commercial général,
- les contestations entre associés d'une société commerciale ou d'un groupement d'intérêt économique,
- les procédures collectives d'apurement du passif,
- les contestations et oppositions relatives aux décisions prises par le Tribunal de Commerce,
- les contestations entre toutes personnes, relatives aux actes de commerce au sens de l'Acte Uniforme relatif au Droit Commercial Général (NB : dans les actes mixtes, la partie non commerçante demanderesse peut saisir les tribunaux de première instance),
- les contestations relatives aux actes de commerce accomplis par les commerçants à l'occasion de leur commerce et l'ensemble de leurs contestations commerciales comportant même un objet civil,
- les litiges attribués par les lois spéciales aux tribunaux de commerce.

Il est composé respectivement de juges professionnels, c'est-à-dire des magistrats de carrière, et de juges consulaires. Ces derniers sont choisis sur une liste d'aptitude établie par la Chambre de Commerce et d'Industrie (CCI), après concertation avec les chambres consulaires et les associations d'opérateurs économiques légalement constituées. A ce propos, il faut dire qu'il y a des juges consulaires titulaires et des juges consulaires suppléants. Leur mandat de trois (3) ans renouvelables.

Pour finir, il y a les Greffiers et le personnel administratif.

Le contrôle et le suivi des activités du Tribunal de Commerce d'Abidjan sont dévolus à un organe dénommé « Conseil de Surveillance ». Il est composé d'un conseiller à la Chambre Judiciaire de la Cour Suprême (Président), de l'Inspecteur Général des services judiciaires et pénitentiaires, d'un avocat désigné par le Barreau, d'un Administrateur des services judiciaires désigné par le Ministre de la Justice et de deux opérateurs économiques désignés par la Chambre de commerce et d'Industrie de Cote d'Ivoire. Ce Conseil est composé des personnalités suivantes : un président de Chambre à la cour de cassation qui en assure la présidence, l'Inspecteur Général des services judiciaires qui en assure la Vice-présidence, n avocat désigné par le Barreau, un administrateur des Services judiciaires désigné par le Ministre de la Justice, deux (2) représentants des Chambres consulaires et associations d'opérateurs économiques désignés par le Président de la Chambre de Commerce et d'Industrie.

Cet organe est également l'organe de discipline pour les juges consulaires, qui en cas de faute disciplinaire peuvent encourir les sanctions suivantes: avertissement, blâme, déchéance.

---

[192] En l'occurrence, il rend un jugement en cas de contestation de la valeur ou de la qualité d'une marchandise ou d'un bien. Ils départagent les conflits entre associés et les différends qui naissent au moment des liquidations ou des faillites.

2- La Haute Autorité pour la Bonne Gouvernance

Si le terme gouvernance est appréhendé comme «…l'ensemble des processus, politiques, lois et institutions affectant la manière dont un pays, une institution, une société, etc., sont dirigés, administrés ou contrôlés.», alors la bonne gouvernance est la pratique politique et économique consistant à mettre en place des mécanismes de gestion qui tiennent compte « des droits et des intérêts des parties prenantes, dans un esprit démocratique. »[193]

A la suite de la Banque mondiale, l'on peut définir la bonne gouvernance comme « la bonne gouvernance comme étant la manière dont le pouvoir est exercé pour gérer les ressources nationales économiques et sociales consacrées au développement. »[194]

La philosophie attachée à ce concept, au-delà de l'intérêt que l'institution porte aux fonds qu'elle octroie aux pays en développement, comme le titre du rapport le suggère d'ailleurs, "Gouvernance et développement", c'est que la bonne gouvernance, en tant que gage de la gestion transparente des deniers publics, est un facteur de viabilité, de responsabilité, de durabilité et, en dernière instance, de développement.

A l'opposé, la corruption que l'absence de bonne gouvernance entraîne est synonyme de gaspillage des ressources rares, de pauvreté et de crises sociales diverses.

Voulant réduire au maximum l'incidence de la corruption, dans un contexte de rareté des ressources, l'Etat ivoirien, au sortir de la crise post-électorale a mis en place des institutions et un corpus de textes législatifs en vue de « moraliser » la vie publique.

Sous ce rapport, il faut dire que dès la fin de la crise post-électorale, en 2011, le gouvernement s'est doté d'une Charte d'éthique et de déontologie faisant obligation aux hauts fonctionnaires et les représentants d'organismes publics à déclarer leurs patrimoines, c'est-à-dire ils doivent dresser un bilan de tous leurs biens sous la forme de déclaration des actifs et des passifs ; document qui permettra d'apprécier l'évolution de leur situation patrimoniale et de « savoir si ces derniers n'ont pas bénéficié d'enrichissement anormal dû à leur fonction. »

En outre, la Côte d'Ivoire a respectivement ratifié la Convention des Nations unies contre la corruption (CNUCC), et la Convention de l'Union africaine sur la prévention de la corruption, en octobre 2012.

Parallèlement à ces traités internationaux ayant un caractère contraignant auxquels la Côte d'Ivoire a adhéré, elle a mis en place un ensemble d'organes, en vue de renforcer son arsenal de gouvernance équitable. Ce sont, par exemple, l'Inspection générale d'État (IGE), le Secrétariat national à la gouvernance et au renforcement des capacités (SNGRC).

Toutefois, pour rendre ces processus plus « efficaces et efficientes, participatives, transparentes, réceptives et équitables », ce corpus s'est enrichi de deux autres organes : le Secrétariat national chargé de la lutte contre la corruption (SNLCC) et la Haute autorité pour la bonne gouvernance (HABG)[195].

Pour ce qui est, du reste, de la HABG, elle est née de Ordonnance N°2013-660 du 20 septembre 2013 relative à la prévention et à la lutte contre la corruption et les infractions assimilées, telle que modifiée, complétée par l'ordonnance n°2013-805 du 02 novembre 2013 et ratifiée par la loi n° 2013-875 du 23 décembre 2013[196].

---

[193] https://www.ifad.org/what/operating_model/tags/1964139.

[194] Ce concept, en vogue au début des années 1990, fut largement repris par cette institution dans un de ses rapports annuels (Banque mondiale, *Rapport annuel*, 1992).

[195] En vue de toucher un public élargi, en plus des textes législatifs, l'Etat a procédé par des affiches sur des panneaux publicitaires où l'on peut lire : « La corruption. Tous coupables, tous victimes » et des spots radiophoniques et télévisés. Seydou Elimane Diarra en est le président.

[196] Un corpus de dispositifs réglementaires visant à assainir la Fonction publique et lutter contre la corruption a été édicté, notamment le décret portant organisation et fonctionnement du Comité National d'Ethique et de Déontologie de l'Agent public, ainsi que la notification de la charte d'éthique à chaque Agent de la Fonction publique.

Elle fait partie intégrante des instruments légaux et juridiques composant le plan national de lutte contre la corruption. C'est une entité administrative indépendante, dotée de la personnalité morale et de l'autonomie financière, et placée sous l'autorité du Président de la République. Elle a compétence sur toute l'étendue du territoire nationale[197].
Elle vise quatre objectifs principaux :

- *La moralisation de la vie publique*

Il s'agit de soumettre tous les acteurs publics ayant un positionnement administratif et politique de premier plan ou assurant des charges majeures en matière de gestion publique, à l'obligation de faire connaître, chacun, son patrimoine au début et à la fin de ses fonctions ou de son mandat pour une meilleure appréciation de la variation de celui-ci.

- *Créer un lien de confiance entre les populations et les acteurs de la vie publique*

Il s'agit de hisser au rang de modèles les acteurs en charge de l'animation de la vie publique et de la gestion de la « chose publique ».

- *Prévenir la corruption et les infractions assimilées*

La déclaration de patrimoine vise à prévenir le détournement à des fins personnelles de moyens publics mis à la disposition des administrations publiques et des collectivités décentralisées dans le cadre des missions de service public qui leur sont confiées.

- *Poser les fondements d'un développement économique et social durable*

Il s'agit spécifiquement:
- de renforcer les facteurs endogènes de lutte contre la pauvreté;
- d'instaurer une nouvelle ère avec les partenaires au développement;
- d'améliorer l'image de marque de la Côte d'Ivoire[198].

---

[197] Au nombre des actions de prévention de la corruption figure la déclaration de patrimoine, en tant qu' « une obligation qui impose à toute personne énumérée à l'article 5 de l'ordonnance n° 2013-660 du 20 septembre 2013 de faire connaître l'ensemble des biens meubles et immeubles qui compose son patrimoine. »
En outre, le texte poursuit : « La déclaration de patrimoine est obligatoire pour tout assujetti. Tout manquement est passible de sanctions prévues par l'article 54 de l'ordonnance n° 2013-660 du 20 Septembre 2013 relative à la prévention et à la lutte contre la corruption et les infractions assimilées, telle que modifiée, complétée par l'ordonnance n° 2013-805 du 22 novembre 2013 et ratifiée par la loi N° 2013-875 du 23 décembre 2013. Ces manquements portent sur le refus de déclaration et la fausse déclaration. »
Pour finir, l'article 54 alinéa premier stipule : « Est puni, d'une amende égale à six mois de rémunération perçue ou à percevoir soit dans l'emploi ou la fonction occupé(e) ou à occuper, soit dans le mandat exercé ou à exercer, tout agent public qui refuse de déclarer son patrimoine, ou fait une fausse déclaration de patrimoine. »

[198] Aux termes de l'article 5 de l'ordonnance n° 2013-660 du 20 septembre 2013 relative à la prévention et à la lutte contre la corruption et les infractions assimilées, et modifiée par les ordonnances n° 2013-805 du 22 novembre 2013 et n° 2015-176 du 24 mars 2015, et de l'article 7 du décret 2014-219 du 16 avril 2014 portant modalités de déclaration de patrimoine, les Chefs et Présidents d'Institutions de la République, les Membres du Gouvernement et les Personnalités ayant rang de Ministre ou de Secrétaire d'Etat, les Gouverneurs de District et leurs Vice-Gouverneurs, les personnalités élues et toutes les autres personnes agissant pour le compte de l'Etat et utilisant dans le cadre de leurs fonctions les moyens financiers de l'Etat ont obligation de déclarer leur patrimoine dans les trente (30) jours qui suivent leur prise de fonction.
En application des dispositions susvisées, le Président de la Haute Autorité pour la Bonne Gouvernance invite les assujettis ci-après qui n'ont pas encore effectué leur déclaration de patrimoine à prendre toutes les dispositions utiles en vue de déclarer leur patrimoine dans les trente (30) jours qui suivent leur prise de fonction ou de début d'exercice de mandat. Ce sont :
- Les Chefs et Présidents d'Institutions de la République;
- Les Membres du Gouvernement et les Personnalités ayant rang de Ministre ou de Secrétaire d'Etat;
- Les Gouverneurs de District et leurs Vice-Gouverneurs;
- Les Députés;
- Les Maires et leurs Adjoints;

En somme, la création du Tribunal de commerce d'Abidjan en vue d'accroître les performances dans les décisions de justice, en matière de règlements des litiges commerciaux, la mise en place du Guichet Unique de création d'entreprise et du CEPICI, la création de l'Autorité nationale de régulation des marchés publics pour assainir les modes de gestion et d'attribution des marchés publics, la création de l'Unité de lutte contre le racket et la corruption, la mise en place de la Commission de la concurrence, etc. sont également autant de réformes opérées et autant d'atouts pour améliorer le climat des affaires en Côte d'Ivoire[199]. Ce sont ces efforts qui ont été reconnus par le *Doing Business* 2014[200] et dans l'amélioration sensible de son rang dans le classement de l'Indice Mo Ibrahim 2016 de la gouvernance africaine (IIGA), bien que dans l'Indice 2013 elle ait occupé la 44ème place sur 52 Etats considérés[201].

- Les Ambassadeurs, les Payeurs d'Ambassade, les Attachés de Défense et les Agents publics en poste dans les représentations diplomatiques ayant rang de Directeur;
- Les Secrétaires Généraux et les Directeurs Financiers des Institutions de la République;
- Les Présidents, Secrétaires Généraux, Directeurs Généraux et Directeurs Financiers des Autorités Indépendantes de Régulation et de Contrôle rattachées aux différents Ministères;
- Les Directeurs de Cabinets des Ministères et leurs Adjoints;
- Les Chefs de Cabinets des Ministères;
- Les Directeurs Généraux et leurs Adjoints du Ministère en charge de l'Economie et des Finances;
- Les Directeurs Généraux et leurs Adjoints du Ministère en Charge du Budget;
- Les Inspecteurs Généraux et Directeurs Généraux des Ministères;
- Les Préfets et Sous-Préfets;
- Les Directeurs Centraux des Ministères;
- Les Directeurs des Affaires Financières des Ministères;
- Les Présidents de Conseils d'Administration, les Directeurs Généraux et les Directeurs Financiers des Sociétés d'Etat et Sociétés à participation financière publique majoritaire de l'Etat;
- Les Directeurs Généraux, les Directeurs Administratifs et Financiers, les Agents Comptables et les Contrôleurs Budgétaires des Etablissements Publiques Nationaux;
- Les Coordonnateurs, les Directeurs ou Chefs, les Directeurs Financiers, les Agents Comptables et les Régisseurs des Projets et des Programmes;
- Les Contrôleurs Financiers;
- Les Trésoriers Principaux d'Abidjan;
- Les Inspecteurs Régionaux;
- Les Directeurs Régionaux;
- Les Payeurs de Régions et de Districts, les Trésoriers Généraux, les Receveurs Principaux des Impôts et des Douanes;
- Les Directeurs Généraux et Directeurs des Collectivités Décentralisées;
- Les Secrétaires Généraux, Directeurs Financiers ou Chefs de Services Financiers des Collectivités Décentralisées.

[199] Il faut rappeler que c'est un total de 25 réformes majeures qui ont été introduites, entre 2013 et 2014, dans le contexte ivoirien pour l'amélioration du climat général des affaires.

[200] Le classement *Doing Business* 2014 place la Côte d'Ivoire au 147ème rang, ce qui représente un gain de 30 places par rapport à 2013, où elle venait à la 177ème place sur 185 pays. En outre, le pays compte parmi les 10 meilleurs pays réformateurs de leur environnement pour les affaires, avec la 3ème place; privilège qu'elle sera la seule à garder deux années de suite, dans le Top 10 des pays les plus réformateurs au monde.

[201] La Côte d'Ivoire a, cependant, fait des progrès énormes, depuis lors, surtout dans le secteur de la sécurité et de l'Etat de droit (+17,3), l'un des talons d'Achille des Etats africains. Elle se situe à la 21ème place en 2016. (http://www.lemonde.fr/afrique/article/2016/10/05/les-progres-de-la-cote-d-ivoire-et-six-autres-lecons-du-classement-africain-mo-ibrahim_5008370_3212.html).
Par ailleurs, La Côte d'Ivoire est le 71ème pays et le premier d'Afrique subsaharienne francophone à avoir rejoint, en octobre 2015, le Partenariat pour un gouvernement ouvert (POG), dont le quatrième sommet mondial a eu lieu du 7 au 9 décembre 2016, à Paris. Pour devenir membre, les pays devront répondre à quatre critères : transparence budgétaire, facilité d'accès à l'information, publication de la déclaration de patrimoine des agents de la fonction publique, et enfin promouvoir la participation et l'engagement des citoyens dans l'action publique. Enfin, il faut préciser qu'avant que la Côte d'Ivoire ne soit admise au POG, elle a dû souscrire à un ensemble d'engagements.

PARTIE III

PERSPECTIVES

CHAPITRE VII : AVANTAGES COMPARATIFS ET FAIBLESSES CONTEXTUELLES

A- Les atouts de la Côte d'Ivoire

1- Un potentiel naturel spécial

a- *Climat, végétation et relief*

D'une superficie de 322 462 km², la Côte d'Ivoire est limitée au nord par le Mali et le Burkina Faso, à l'ouest par le Libéria et la Guinée, à l'est par le Ghana et au sud par l'Océan Atlantique.

Compris entre 4° et 10° de latitude nord, elle est située à une distance d'environ 400 km de l'Equateur sur ses marges méridionales, et d'environ 1400 km du Tropique du Cancer sur ses frontières septentrionales.

Ces coordonnées géographiques induisent la présence de deux zones climatiques : le climat équatorial et le climat tropical. Le climat tropical de savane humide couvre le nord de la zone forestière du sud et le sud de la région des savanes tandis qu'il est caractérisé par une semi-aridité dans sa partie nord qui, elle, est marquée par une seule saison. Les températures, à amplitudes plus importantes, de l'ordre de 20 °C y oscillent entre 14 °C et 33 °C avec une hygrométrie de 60 % à 70 % et des précipitations annuelles de 1 200 mm³, à Bouaké, notamment.

Cette zone climatique est marquée par quatre saisons : deux saisons sèches, de novembre à mars et de juillet à août et deux saisons pluvieuses, de juin à octobre et de mars à mai. On y relève la présence de l'harmattan, entre décembre et février, un vent frais et sec.

Etant principalement couverte de savanes, caractérisées par de grands espaces d'herbage et d'arbres clairsemés, et en cela, seules les zones proches des cours d'eau présentent des forêts denses et une végétation riche, les cultures que l'on y trouve sont : le mil, le millet, le sorgho, le riz et le coton, et vers le sud des maraîchers de tomates et de légumes.

Pour ce qui est de la zone équatoriale, elle connaît, en revanche, de fortes poussées thermiques qui font osciller les températures d'amplitudes moyennes oscillant autour de 28 °C tout le long de l'année avec un fort taux d'humidité (de 80 à 90 %) et des précipitations abondantes, qui atteignent 1 766 mm³ pour Abidjan et 2 129 mm³ pour Tabou. Cette zone est caractérisée par deux saisons sèches et deux saisons humides. La grande saison sèche, chaude, est entrecoupée de quelques pluies et s'étend de décembre à avril. La petite saison sèche couvre les mois d'août et de septembre.

Quant aux saisons de pluies, elles s'étendent de mai à juillet pour la grande et d'octobre à novembre pour la petite.

Ces deux climats donnent lieu à deux grands types de végétations : la forêt au sud, la savane dans la partie nord, la limite étant constituée par une ligne qui part de Man à l'ouest, redescendant dans la région de Yamoussoukro et remontant aux environs de Bondoukou à l'est.

D'une part, il y a près du tiers du pays recouvert par la savane soudanienne tandis que le tiers sud est à cheval sur deux écorégions : à l'ouest l'écorégion de forêts appelée « forêt de plaine de l'ouest guinéen » ainsi qu'au centre sud et au sud-est l'écorégion de la forêt de l'est guinéen, séparée par le fleuve Sassandra[202].

---

[202] Grâce à sa large façade maritime de 560 kilomètres et son réseau lagunaire assez dense de 1200 kilomètres, en plus de ses quatre grands fleuves (Bandama, Sassandra, Comoé et Cavally, la Côte d'Ivoire a, en main, toutes les cartes pour le développement de ses activités halieutiques. Il faut rappeler, pour information, qu'Abidjan est le premier port thonier d'Afrique faisant de la Côte d'Ivoire l'un des principaux pays exportateurs de thon dans le monde.

D'autre part, il existe au centre une petite écorégion de montagne appelée forêt de montagne ouest-africaine. Ces trois zones sont incluses par la Conservation International dans le point chaud de biodiversité de l'*Upper Guinean forests* (de l'anglais « forêt de la Haute-Guinée»)[203]
.

C'est dans cette partie du pays que l'on trouve les grandes plantations de cultures de rente comme l'ananas, la banane douce, l'hévéa, le cacao et de café, ainsi que des cocoteraies.

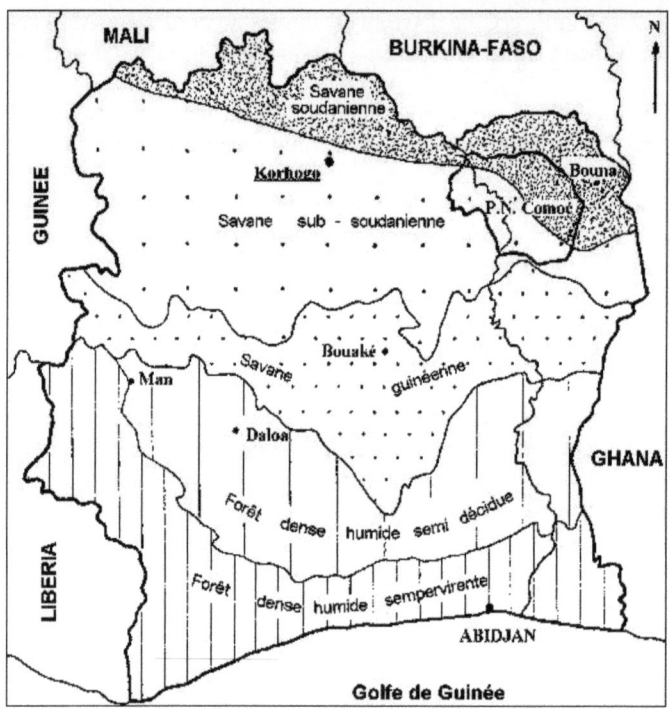

Carte 6 : Les diverses aires végétales de la Côte d'Ivoire
<u>Source</u>: Carte de la végétation de Côte d'Ivoire (Echelle 1/5.000.000è, d'après Guillamet et Adjanohoun, 1971)

b- *Ressources minières et énergétiques*

Bien que relativement riche, le sous-sol ivoirien n'a jamais été l'objet d'attention particulière de la part des pouvoirs publics. En effet, longtemps relégué au second rang, la part du secteur minier, en général, dans la formation du PIB n'a jamais dépassé les 5%[204].
Aujourd'hui encore, excepté l'or et le manganèse qui sont, dans une certaine mesure, exploités industriellement, les autres minerais comme le fer, le diamant, la bauxite, le nickel, etc…restent à être exploités. En 2011, par exemple, la production d'or a atteint 11,7 tonnes et celle de manganèse 40 tonnes[205].

---

[203] Les « Upper Guinean Forests » sont une région tropicale humide de l'Afrique occidentale. Elles s'étendent de l'extrémité ouest, c'est-à-dire de la Guinée Conakry et de la Sierra Leone en passant par le Libéria, la Côte d'Ivoire, à l'autre extrémité est, c'est-à-dire au Ghana et au Togo. En outre, elles se prolongent encore sur quelques centaines de kilomètres à l'intérieur de la côte atlantique.
[204] Pourtant, ces importantes ressources minières ont été découvertes dans les années 1970.

De nombreuses études ont démontré qu'à cause des deux grands ensembles géologiques qui caractérisent la Côte d'Ivoire, à savoir le bassin sédimentaire côtier au Sud (2,5% de la superficie totale du pays) et le socle cristallin (97,5% du territoire national), le sous-sol du pays est favorable à plusieurs types de minéralisation. En réalité, il est doté de beaucoup de richesses: (ii) minières (or, diamant, fer, manganèse, etc.) situées généralement sur le socle ; (ii) pétrolière et gazière, localisées sur le bassin sédimentaire. Citant des travaux de la Société pour le développement minier de la Côte d'Ivoire (SODEMI), Koffi et al., affirment qu'il existe «…au moins cinq (5) gisements d'or, avec une teneur variant de 0,7 à 9 g/t, deux (2) de diamant, huit (8) de fer contenant plus de 33% du minerai, trois (3) qui combinent le fer et le titane, sept (7) du nickel, deux (2) de manganèse, trois (3) de sables minéralisés, deux (2) de tantalite, sept (7) de bauxite contenant entre 35 et 55% d'oxyde d'aluminium, plus de vingt (20) gisements de granite, marbre et pierres ornementales, deux (2) de sables de verre à usage industriel et quatre (4) d'argiles (KATENDI, 2009). Les différentes régions de localisation de ces gisements sont : - régions de l'or : Sanwi-Asupiri, Anuiri, Hiré, Kokumbo, Bonikro, Yaouré, Korhogo et Ity; - régions de colombo-tantalite : Issia et Touvré ; - régions de nickel : Sipilou, Fongouessou, Touaoba, Moyango Lefoi, Viala et Saabela; - région de bauxite: Digo-Mokouedou et Bongouanou ; - régions de fer : Mont Nimba, Mont Klahoyo et Mont Goa. » [206]

Il en va légèrement différent pour le pétrole et le gaz naturel pour lesquels c'est au début des années 90, même si les activités d'exploration ont débuté en 1941[207].

Il faut dire qu'avant la découverte, dans les années 1970, de gisements de prolifère et gazier, le pays assurait la couverture de ses besoins en énergie par des importations de produits finis. Mais, à partir de 1965, notamment, l'Etat ivoirien procéda à l'importation d'importantes quantités d'hydrocarbures et de procéder à leur transformation sur place, afin de bénéficier des gains de valeur ajoutée liés à la transformation du pétrole brut. Ce fut le rôle dévolu à la Société ivoirienne de raffinage, créée en 1962 qui, en son temps, possédait une capacité de raffinage de 3 500 000 tonnes par an, soit 70 000 barils par jour[208].

---

[205] Il faut ajouter que le sous-sol de la Côte d'Ivoire abrite du diamant, notamment dans les régions de Séguéla et de Tortiya ainsi que des ressources inexploitées de bauxite, cobalt, cuivre, nickel ou encore fer, avec peu de données fiables disponibles à ce jour à part celles relatives au fer.

[206] Yao Blaise KOFFI, Kouassi Ernest AHOUSSI, Amani Michel KOUASSI et Jean BIEMI, Ressources minières, pétrolières et gazières de la Côte d'Ivoire et problématique de la pollution des ressources en eau et des inondations, *Geo-Eco-Trop.*, 2014, 38, 1, n.s.: 119-136.

[207] Bien que la Côte d'Ivoire possède des réserves de pétrole brut estimées à 100 millions de barils, l'intérêt pour une véritable exploration du potentiel pétrolier et gazier a débuté en 1941. Toutefois, elle fut interrompue en 1963 lorsque la Société Africaine de Pétrole (SAP) déclara que le sous-sol était stérile. Toutefois, encouragées par les premières découvertes, les autorités ivoiriennes lancèrent de nouvelles recherches, au début des années 70, sous la direction du groupe ESSO sur le bassin sédimentaire côtier ivoirien. Il en est résulté la découverte du premier champ pétrolier, en 1974, baptisé « Champ Bélier ». Une étude menée par la PETROCI a révélé que les réserves ivoiriennes de pétrole étaient estimées à 300 millions de barils, et celles du gaz naturel à plus de 1500 milliards de pieds cubes. Depuis cette période, « plus de 207 forages ont été réalisés sur le bassin sédimentaire côtier de la Côte d'Ivoire et ont permis la découverte de huit (8) champs dont quatre actuellement en production ».Il faut dire que l'exploitation de cette ressource s'est intensifiée sous le régime de Laurent Gbagbo. De 2008 à 2011, « la production journalière a atteint son pic en 2009, avec une valeur de 50 000 barils/jours puis a diminué de 10 000 barils/j pour rester constante jusqu'à 2011. En ce qui concerne, la production gazière, elle a atteint le pic en 2010, avec une valeur de 160 millions de pieds cubes/jours pour retomber à 130 millions de pieds cubes/jours en 2011. Malgré les fluctuations, la production journalière devrait dépasser les 65 000 barils en 2020 et une production de gaz qui se stabiliserait autour de 200 millions de pieds cubes (10), selon les multinationales » (Yao Blaise KOFFI, Kouassi Ernest AHOUSSI, Amani Michel KOUASSI et Jean BIEMI, op.cit. p. 19).

[208] En 2015, la production de pétrole brut se chiffre à 55,55%, soit 29.411 barils par jour. Pourtant, « A la fin décembre 2015, la production de pétrole brut était de 10.735.143 barils, soit 29.411 barils par jour, enregistrant une hausse de 55,55% par rapport aux résultats obtenus à fin décembre 2014 » (http://news.abidjan.net/h/591696.html). Cette hausse sensible s'explique par « la mise en production de

Toutefois, si le pays fut identifié, à un moment donné de son histoire, comme « un pays tourné vers la raffinerie plutôt que la production du pétrole », en 2005, la production atteignit les 3,9 millions de tonnes, constituant, ainsi, la production la plus élevée du secteur industriel. A la fin mars 2006, grâce à la production du champ « Baobab » du bloc CI40, le niveau de production journalière atteignit les 80 000 barils[209].

Au total, en 2008, avec 50 000 barils par jour en moyenne, la Côte d'Ivoire ne peut être considérée comme un producteur stratégique de pétrole en Afrique comparativement à la Guinée Équatoriale (300 000 barils par jour), l'Angola (1,5 million par jour) ou encore au Nigéria (2,3 millions de barils par jour).

Quant à la production gazière, à ce jour, elle est de 64,109 milliards de pieds cubes (175,162 millions de pieds cubes par jour), soit une hausse de 7,24% par rapport à son niveau de 2009[210]. Toutefois, cette production a doublé entre 2012 et 2013, passant respectivement de 110 millions de pieds cubes à 220 millions de pieds cubes. Cette hausse spectaculaire trouve principalement son explication dans les investissements faits par la compagnie Foxtrot, une filiale du Groupe Bouygues, dans les champs CI-26 et CI-27.

Néanmoins, vu l'accroissement des firmes pétrolières en Côte d'Ivoire associée aux concessions d'exploitations, ces dernières années, dénote d'un certain dynamisme de ce secteur qui a commencé à peine à révéler toutes ses potentialités, et l'avenir de ce pays a de fortes potentialités de s'écrire avec l'or noir en plus de son fort potentiel agricole.

Tableau 10 : Synthèse de la production pétrolière et gazière de la Côte d'Ivoire sur la période 2007 à 2011 (Rapport ITIE 2007 à 2011)

Années Quantités produites	2008	2009	2010	2011
Production pétrolière (barils/jour)	45 000	50 000	40 000	40 000
Production gazière (million de pieds cubes/jour)	150	150	160	130

Source : Yao KOFFI, Kouassi AHOUSSI, Amani KOUASSI et Jean BIEMI

---

nouveaux puits des phases de développement en cours sur les champs Espoir, Baobab et Marlin. »
[209] Les besoins énergétiques pétroliers nationaux sont estimés à 25 000 barils.
[210] http://www.energie.gouv.ci/index.php/hydrocarbures/petrole-a-.

Graphique 11 : Production comparée de pétrole et de gaz en Côte d'Ivoire

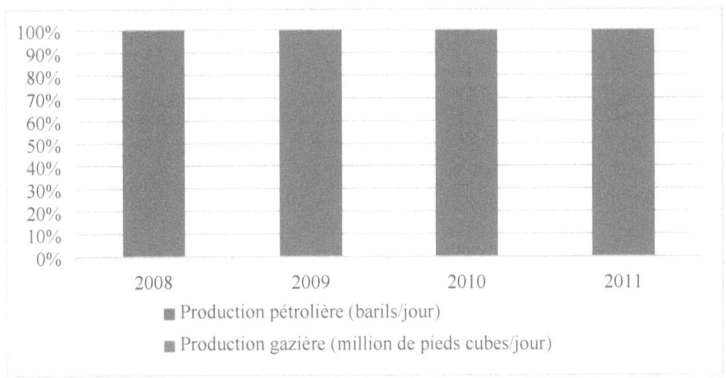

Tableau 11 : Destination des produits pétroliers exportés par la Côte d'ivoire

	Valeur en Milliards XOF						VAR
	2008	2009	2010	2011	2012	2013	2012/2013
Total	1 631,3	1 422,3	1 196,4	1 272,3	1 610,9	1 392,9	□ 13,5
Afrique	810,4	790,0	601,2	574,2	883,2	787,9	□ 10,8
Europe	656,1	456,6	347,4	220,6	374,8	367,2	□ 2,0
Asie	20,5	63,6	27,4	23,4	51,1	46,5	□ 8,9
Caraïbes	3,6	51,0	2,6	36,4	54,5	0,4	□ 99,4
Amérique	138,5	56,9	217,4	408,1	245,9	188,6	□ 23,3
Océanie	0,3	0,2	0,3	0,7	0,9	0,8	□ 17,3
Autres territoires	1,9	4,0	0,2	9,0	0,6	1,5	166,4

Tableau 11 bis : Destination des produits pétroliers exportés par la Côte d'Ivoire

	Volume en milliers de tonnes VAR						
	2008	2009	2010	2011	2012	2013	2012/2013
Total	4 969,7	5 549,2	4 018,8	3 274,9	3 612,6	3 234,1	□ 10,5
Afrique	1 972,7	2 397,9	1 814,0	1 319,7	1 841,1	1 689,4	□ 8,2
Europe	2 389,8	2 299,4	1 351,0	630,9	919,5	955,6	3,9
Asie	45,9	193,7	58,8	38,4	80,0	78,2	□ 2,3
Caraïbes	12,6	288,9	7,3	96,8	150,3	0,7	□ 99,5
Amérique	542,7	347,1	786,2	1 164,1	615,0	504,3	□ 18,0
Océanie	0,8	0,7	1,0	2,2	3,3	1,3	□ 60,6
Autres territoires	5,2	21,5	0,5	22,7	3,4	4,7	38,8

Graphique 12: Evolution de l'exportation de produits par la Côte d'Ivoire

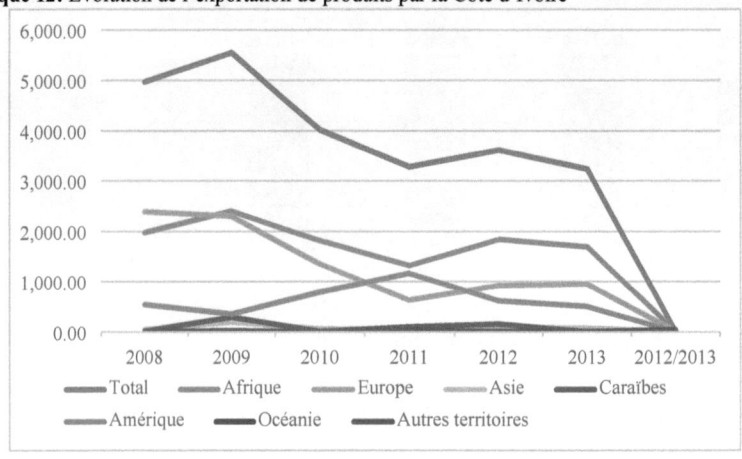

2- Une économie redynamisée
a- Un secteur agricole florissant et diversifié

Bénéficiant de facteurs naturels favorables, la Côte d'Ivoire a su faire de l'agriculture le principal moteur de sa croissance depuis les années 60.

Fondant, en effet, sa stratégie sur la tryptique café-cacao-bois, le pays a su mettre en place une stratégie agricole solide qui lui a permis encore de nos jours de conserver cette avance. Aujourd'hui, il est le premier producteur mondial de fèves de cacao et le troisième exportateur mondial de café après le Brésil et la Colombie. Par ailleurs, il est le deuxième producteur de la qualité Robusta, derrière l'Indonésie.

Néanmoins, peu à peu, pour échapper au risque de fluctuation sur les marchés internationaux auquel les deux cultures ci-dessus citées sont constamment soumis, mais surtout pour avoir plus devises, elle a su peu à peu mettre en place une politique de diversification de cultures de rente. Premier pays producteur de noix de cajou et deuxième pays producteur d'huile de palme, la Côte d'Ivoire est également productrice et exportatrice de banane dessert, de caoutchouc, d'ananas, le sucre de canne, le tabac, le soja, la noix de cola et de fibre de coton, pour ne citer que les plus importantes[211].

Cette agriculture se scinde en deux types : l'agriculture vivrière et l'agriculture d'exportation. Si l'agriculture vivrière ou agriculture de subsistance participe directement de la nourriture de la population locale, l'agriculture d'exportation ou agriculture de rente est destinée à l'exportation.

Pour ce qui est de la part spécifique du cacao dans le PIB, il faut préciser que de par son apport dans la formation du PIB et l'emploi, la filière «…représente à elle seule un bon baromètre de l'état de santé économique du pays. » En réalité, la filière participe à hauteur de 20%. Avec une production de presque 1 800 000 tonnes pour la campagne 2014-2015, les réformes menées dans le secteur ont propulsé la part du pays de « 36% à plus de 46% de la production mondiale, en trois ans»[212].

---

[211] La Côte d'Ivoire est le leader mondial de la production de noix de cajou, détrônant ainsi l'Inde. En outre, elle «…est le premier exportateur africain de mangue et de palmier à huile et le premier port thonier d'Afrique. » Sa politique de diversification s'est étendue aux filières suivantes : huile de palme (109 162 t), coton (180 144), caoutchouc (141 379 t), bananes dessert (307 227 t) et ananas (226 022 t), graines de palme (1,564 million t.), canne à sucre (1,430 million de t.), noix de kola (65 216 t), noix de cajou (167 000 t.), mangues (120 902 t.).

Parallèlement, « le prix du kilogramme bord champ est successivement passé de 50 FCFA en moyenne...à 725FCFA, ...puis à 750 et à 850 FCFA et les revenus annuels de l'ensemble des producteurs sont passés de 1 070 milliards de FCFA...à 1 600 milliards pour la campagne 2014/2015, soit une augmentation de 50% »

Il faut dire que le slogan du premier président de Côte d'Ivoire, Félix Houphouët-Boigny qui voudrait que « Le succès de ce pays repose sur l'agriculture » démontre comment son développement économique et social dépend de l'agriculture, non seulement par l'emploi actif qu'elle procure à plus de 70% de la population et par les devises qu'elle fait gagner à l'Etat. Et en jouant ce rôle, elle a fait de ce pays «...une puissance agricole en Afrique ».

En effet, participant à 30% du PIB, le secteur agricole, en général, a connu une croissance de 0,7% en 2012, un taux supérieur à celui de 2011, eu égard à la crise post-électorale qui a eu un impact négatif sur les filières agricoles et minières et particulièrement dans le secteur des fèves brunes[213].

Le passage suivant traduit toute l'importance que le secteur agricole recèle pour l'économie ivoirienne : « Outre son poids dans l'économie et au sein des exportations ivoiriennes, le secteur agricole est d'autant plus stratégique qu'il fournit 2/3 des emplois du pays. La Côte d'Ivoire est à l'origine de 35% de la production mondiale de cacao, ce qui en fait le plus gros producteur (environ 38% de la balance des exportations en 2010).

La demande pour les produits chocolatiers augmentant, cette filière continuera de tenir une place prépondérante sur l'échiquier économique. Le cacao occupe 2 millions d'hectares de terrain et 700 000 planteurs, on estime que les emplois directs et les retombées indirectes de la filière permettent à 4 millions de personnes de vivre.

Les exportations sont assurées en grande partie par de grands groupes étrangers dont la majorité exerce les activités de broyage sur place. Récemment, les acteurs de la filière se sont entendus pour garantir un prix minimum aux producteurs en échange de réductions fiscales pour les acteurs intervenant en aval.

La filière café, qui assurait avec le cacao, le spectaculaire essor des années 1960, est, lui, en net recul. L'émergence de nouvelles cultures vues comme plus rentables et moins contraignantes ont eu raison de son succès. La Côte d'Ivoire pointe en effet au premier rang africain en termes de production d'hévéa/caoutchouc naturel. La filière connait un engouement certain que la nouvelle taxation de 5% sur le chiffre d'affaires devrait, cependant, contenir.

La culture de l'anacarde, en passe de devenir la première culture de rente du nord du pays, représente également des perspectives très intéressantes. Le faible taux de transformation et consommation locale limitent cependant la valeur ajoutée que nous serions en droit d'en attendre.

---

[212] Parmi les stratégies de stabilisation et de garantie du prix d'achat au producteur, afin, notamment, de le protéger contre les fluctuations des cours internationaux, il y a le Programme de vente anticipée à la moyenne (PVAM). Il s'agit d'un mécanisme de vente anticipée à des prix attractifs la production agricole nationale un an avant la récolte sous la forme d'une commande passée à l'international. Ce mécanisme s'appuie sur un Fonds de réserve technique (FRT) de 70 milliards garantissant « au moins 60% du prix à l'international.».

[213] Outre le secteur du cacao où la Côte d'Ivoire occupe la place de premier producteur, avec 1,404 million de tonnes (2003-2004), elle est troisième pour la production de la noix de coco.
A l'opposé du cacao, il faut dire que la culture du café à baissé (154 000 t, 2003-2004), ce qui place désormais le pays à la 14e place mondiale, très loin derrière le Brésil et le Vietnam. Les cultures vivrières ne demeurent pas en reste : banane plantain (1 519 716), maïs (608 032), taro (51 252) et riz (673 006). Toutefois, si le pays est autosuffisante pour le manioc et l'igname, elle reste fortement tributaire des importations de céréales. Les plantations de cacao et café âgées tendent à ne plus être renouvelées à cause de la pression des maladies et de l'épuisement des sols, et sont graduellement remplacées par l'hévéa. Les cultures vivrières sont également présentes : banane plantain (1 519 716), maïs (608 032), taro (51 252) et riz (673 006). Auto suffisante pour le manioc et l'igname, la Côte d'Ivoire reste cependant, un importateur net en céréales.

La filière palmier à huile complète le panorama des activités exportatrices les plus performantes.
Malgré une faible diversification de son utilisation et les campagnes internationales de dénigrement, ses rendements potentiels restent trop importants pour entraver la progression de la production. Les autres denrées agricoles, vivrières, ne pèsent que peu dans la balance des exportations ou sont consommées localement. »[214]
S'il est encore une filière qui mérite attention, c'est celle de l'anacarde. En effet, La filière anacarde en Côte d'Ivoire est devenue un levier important de développement notamment dans les régions du Nord. La production de la noix de cajou a enregistré de très fortes hausses durant ces 15 dernières années. En effet, d'un niveau d'à peine 64 000 tonnes en 2 000, la production est passée à 450 000 tonnes et 700 000 tonnes respectivement en 2012 et 2015. Ainsi, en 2015, le pays est devenu le premier producteur mondial de la noix de cajou avec 25% de l'offre mondiale, devant l'Inde, précédemment leader. Le pays est également premier exportateur de la noix de cajou avec comme principaux destinataires l'Inde, le Brésil et le Vietnam. La filière regroupe environ 250 000 producteurs et fait vivre près de 2,5 millions d'ivoiriens. En 2015, à peine 8% de la production de l'anacarde est transformée localement. Des opportunités de transformation s'offrent au pays : amande rôties et salées, baume de cajou, huile de cajou, jus, fruits et confitures, combustible, peintures marines, vernis, élément de friction de frein et d'embrayage, intrants de cimenterie, etc. Ces opportunités pourraient générer de nombreux emplois, en majorité féminins. Ainsi, parvenir ne serait-ce qu'à transformer 234 000 tonnes (le tiers de la production actuelle) pourrait contribuer à la création d'au moins 46 000 emplois. Conscient des potentialités énormes de l'anacarde, le gouvernement a démarré la mise en œuvre d'un ambitieux programme de développement et de transformation, visant à (i) faciliter l'accès au financement pour la transformation (mécanisme de garantie pour couvrir 60% du montant des crédits d'investissement et d'exploitation octroyés par les banques et système de récépissés d'entrepôt sous forme de tierce détention); (ii) à améliorer la qualité par un appui direct aux entreprises; (iii) à promouvoir la commercialisation (recherche de marchés internationaux); et (iv) à renforcer les capacités des acteurs. Sources: Ministère de l'Agriculture, Ministère de l'Industrie et des Mines, Communication en Conseil des Ministres du 6 Décembre 2013, Projet d'appui au secteur de l'agriculture[215].

Les tableaux ci-dessous comparent les résultats agricoles de certaines cultures de rente de la Côte d'Ivoire à ceux de divers pays.

Tableau 12 : Production comparée du cacao et du café dans cinq pays africains

---

[214] La Côte d'Ivoire a réalisé bien d'autres exploits dans le secteur agricole. Elle a, notamment, été classée comme «... premier pays en Afrique au sud du Sahara, dont le secteur agricole est le plus dynamique sur les quatre dernières années, devant le Cameroun et le Nigeria. » (http://www.financialafrik.com/2015/10/02/mamadou-sangafowa-ministre-ivoirien-de-lagriculture-la-cote-divoire-une-puissance-agricole-en-afrique/#.WJ7iyRuLTIU).
Par ailleurs, il est le deuxième producteur d'huile de palme et le troisième producteur de coton fibre, avec une production annuelle qui culmine à 450 000 tonnes, à l'issue de la saison 2014/2015, soit une augmentation de 11% par rapport à la saison précédente.
[215] PSAC-Banque mondiale, *Troisième Crédit d'appui à la réduction de la pauvreté*, PRS C3- Banque mondiale, 29 Sept 2015.

Cacao (en milliers de tonnes métriques)				
Classement africain	Classement mondial	Pays	2013/2014	2014/2015
1	1	Côte d'Ivoire	1 746	1 750
2	2	Ghana	897	696
3	5	Cameroun	211	230
4	7	Nigéria	248	210
5	-	Ouganda	20	nd

Café (en milliers de sacs de 60 KG)				
Classement africain	Classement mondial	Pays	2014/2015	2015/2016
1	5	Ethiopie	6 475	6 500
2	8	Ouganda	3 550	3 800
3	15	Côte d'Ivoire	1 400	1 325
4	16	Tanzanie	800	900
5	19	Kenya	780	840

mays-mouissi.com

Source : http://www.mays-mouissi.com

Graphique 13 : Production comparée du café dans le monde

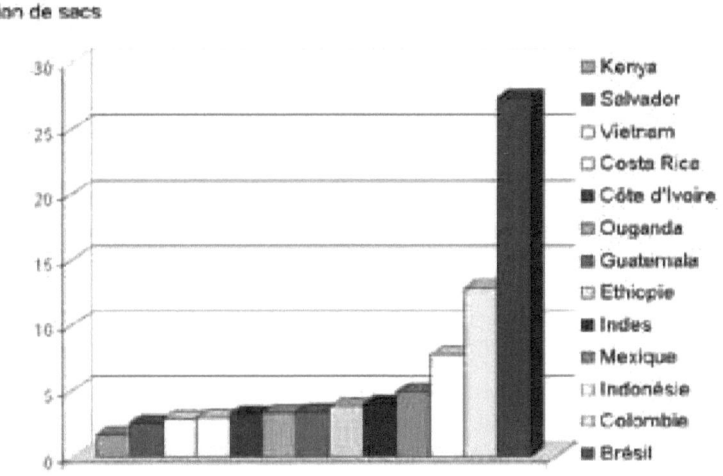

Source : http://sites.estvideo.net/cafe/Pays.html

Tableau 13 : Production comparée de l'huile de palme et du caoutchouc dans cinq pays africains

Huile de palme (en milliers de tonnes métriques)				
Classement africain	Classement mondial	Pays	2014/2015	2015/2016
1	5	Nigéria	970	970
2	8	Ghana	495	500
3	9	Côte d'Ivoire	400	417
4	10	Cameroun	322	300
5	-	RD Congo	300	300

Caoutchouc naturel (en milliers de tonnes métriques)				
Classement africain	Classement mondial	Pays	2013/2014	2014/2015
1	7	Côte d'Ivoire	289	317
2	-	Nigéria	144	nd
3	-	Libéria	63	nd
4	-	Cameroun	56	nd
5	-	Ghana	21	nd

mays-mouissi.com

Source : http://www.mays-mouissi.com

Au regard de ce qui précède, il importe de souligner que le secteur agricole ivoirien est dense et diversifié. Elle regorge de nombreuses opportunités d'investissement. L'agriculture demeure la base de l'économie nationale. En effet, elle contribue à 22% à la formation du PIB et constitue la source de revenus de 2/3 des ménages. Elle procure environ 75% des recettes d'exportation non pétrolières. En 1993, l'État a entrepris d'importantes réformes agricoles à travers le « Plan Directeur de Développement Agricole 1992-2015 ». Au terme de ces réformes, l'État s'est désengagé des filières de production, en privatisant la plupart des Sociétés d'État.

A l'image du Brésil, l'Etat devrait reprendre en main la destinée du secteur agricole, secteur moteur de l'économie par des politiques ciblées sur les secteurs à fort potentiel à l'exportation. Les filières agricoles à fort potentiel à l'exportation doivent être protégées de la concurrence étrangère en ne libéralisant pas totalement le marché. De plus, les filières à forte valeur ajoutée doivent bénéficier d'actions ciblées pour assurer la compétitivité vis-à-vis du reste du monde[216].

b- Un environnement favorable au développement industriel

Le secteur secondaire, représenté par l'industrie, a été l'un des secteurs qui ont le plus ressenti l'impact des crises successives.

Si en 2000, une année après le coup d'État de 1999, après s'être contractée de 13.1%, en 2001, en revanche, elle afficha une relative embellie, soit (1.1%), portée par les performances de l'agro-industrie dont le dynamisme des exportations et la hausse de la demande intérieure ont fortement contribué à la bonne performance du secteur, en général.

Néanmoins, la lancée du secteur sera infléchie par la crise politico-militaire de septembre 2002, du fait, notamment, de la baisse de la demande intérieure et des difficultés d'approvisionnement des pays limitrophes.

Mais, les industries sont diversement affectées selon qu'elles sont situées ou non en zones de conflit. En général, les entreprises situées dans des zones de conflit sont localisées au centre et

---

[216] CAPEC, *Les moteurs de la croissance et l'ouverture commerciale en Côte d'Ivoire, septembre,* 2014.

au nord de la Côte d'Ivoire. Leurs activités consistent principalement en la transformation des produits agricoles (coton, tabac, sucre) ou en activités connexes telles que la sacherie. Les entreprises localisées en dehors des zones de conflit, qui exercent dans des secteurs en forte interaction avec les industries des zones occupées, subissent indirectement les contrecoups de la crise du fait du non-approvisionnement des usines en intrants et en matières premières et de la contraction de la demande. Avant cette crise, on prévoyait une croissance dans le secteur secondaire de 7.8 pour cent en 2002, soit 4 pour cent dans l'agro-industrie, 6 pour cent dans les autres industries et 9 pour cent dans le BTP (une hausse des dépenses d'investissement public était anticipée).

Après avril 2011, avec la résolution la crise post-électorale, ce secteur s'est peu à peu redressé au point qu'aujourd'hui sa part dans le PIB est de 22%, après avoir chuté à 7,4% en 2011. En effet, sous l'effet principal de la production alimentaire, fortement suscitée par la forte « demande nationale et sous régionale, le bâtiment et les travaux publics (BTP), en lien avec la réalisation des infrastructures socio- économiques, les produits pétroliers, à la faveur de la reprise des activités de la Société ivoirienne de raffinage, et le secteur de l'énergie, du fait de l'intensification de l'activité industrielle et de la poursuite de l'électrification rurale. », le secteur reprend des couleurs et marque une croissance de 14,8% et assure 25% du PIB.

Le secteur se subdivise en deux grands types : les industries de transformation et les autres types.

Les premières, les plus nombreuses, sont destinées à la transformation des produits agricoles et forestiers. Ce sont, par exemple, les industries agro-alimentaires (Nestlé, Unilever, etc.), les industries du bois (scieries) et les industries du caoutchouc (AIC).

Il faut entendre par autres industries, les industries chimiques (engrais, cosmétiques, pharmaceutiques, peinture, etc.) les industries mécaniques (matériel de transport) les industries exerçant dans le domaine de l'électronique, du domaine du papier, etc.

Il faut préciser que ces entreprises sont, pour la plupart, concentrées dans quatre grandes zones de Côte d'Ivoire : Abidjan, Bouaké, San-Pedro, Korhogo[217].

Aujourd'hui, c'est plus de 700 entreprises qui emploient plusieurs actifs dans les domaines ci-dessus mentionnés.

Aidées en cela par les nouvelles réformes entreprises par le gouvernement ivoirien, qui ont, à terme contribué à assainir l'environnement des affaires, notamment en « sécurisant » les investissements, l'on assiste à une certaine revitalisation de ce secteur par la création de nombreuses entreprises.

Par ailleurs, il faut ajouter également que le dynamisme que le secteur de la production agricole a affiché ces derniers temps ont également permis d'implanter de nombreuses entreprises spécialisées dans le sous-secteur de l'agro-industrie, contribuant ainsi à la création de plus de 30 000 d'emplois directs et indirects.

Dans son ensemble, le tissu industriel ivoirien est composé de près de 700 entreprises. Il est présent dans les domaines de l'industrie meunière, la transformation du café, du cacao, des fruits, des oléagineux, de la volaille, du sucre, des produits de la mer[218].

Pour finir, il faut aussi dire qu'en dépit de la forte concurrence exercée par les produits occidentaux et ceux venant de Chine, les produits « made in Côte d'Ivoire » arrivent à s'imposer sur le marché ouest africain avec des débouchés dans les pays de l'espace UEMOA

---

[217] Il y a lieu de préciser qu'Abidjan concentre à elle seule 75% de ces entreprises.
[218] Ce secteur est respectivement dominé par les deux sous-secteurs des industries agroalimentaires et les industries chimiques (33% et 28,5 %, les industries de l'énergie électrique et de l'eau, celles des métaux de construction (8,9 %, 8 % et 5,3 %), et les industries du bois, les industries du textile et de la chaussure, les industries mécaniques, automobiles, électriques et les industries extractives (5 %, 4,6 %, 3,9 %, et 2,8 %) (AHOURE Alban A. E. TANO A. Paulin, Bilan diagnostic de l'industrie ivoirienne, *Politique Economique et Développement*, CAPEC, PED N° 03, 2008).

et au-delà, de l'espace CEDEAO, signe qu'une bonne politique entrepreneuriale peut faire toute la différence, surtout qu'elle s'est montrée extrêmement sensible à la conjoncture économique et à l'environnement sociopolitique des dix dernières années.

c- *Le secteur tertiaire*

Le secteur tertiaire qui est l'ensemble des activités économiques ayant trait à la distribution des produis et des services, est diversifié en Côte d'Ivoire. Il comprend trois sous-secteurs principaux: le commerce, les transports et le tourisme.

Le commerce en Côte d'Ivoire est de deux sortes : le commerce intérieur et le commerce extérieur. Si le commerce intérieur ne concerne que la vente, la distribution de produits et service au niveau local ainsi que le ravitaillement des centres urbains et ruraux en produits agricoles et manufacturés, le commerce extérieur, en contrepartie, comme sa dénomination l'indique, porte essentiellement sur les produits destinés à l'exportation.

Si l'on s'appuie sur les chiffres fournis par l'INS, c'est en 2013 que les échanges extérieurs ont commencé à progresser (+2%) après une forte accélération impulsée par la dynamique post-crise. Ils ont atteint une valeur de 10 546 Mds FCFA (16 Mds EUR), soit une augmentation des importations (+3,5%) par rapport aux exportations (+1,1%), d'où une balance commerciale déficitaire[219].

En 2015, en revanche, le pays a réalisé un excédent commercial de 1,9 Mds EUR (+56% à 1,9 Mds EUR en 2015 contre +60% en 2014), grâce à une bonne orientation des termes de l'échange (hausse du prix du cacao et baisse de celui du pétrole). Ses exportations ont connu une progression plus soutenue (+17,7%) que ses importations (+12%). Le taux de couverture a ainsi atteint 120%. La France, avec une part de marché de 14%, demeure le deuxième fournisseur du pays derrière le Nigéria (16%) et juste devant la Chine (13%).

Les produits exportés sont, en général, dominées par les produits agricoles, à raison de 60% du total, et les produits pétroliers qui représentent un total de 13%. A ces deux-là, il fautr, toutefois, ajouter les boissons et les approvisionnements industriels, y compris les combustibles et lubrifiant (INS, 2013). Ces exportations représentaient un volume de 95,5% des exportations totales pour une valeur de 75,4% contre 93,3 % en 2012.

Parmi les produits agricoles, le cacao et ses dérivés tiennent le haut du pavé. A eux-seuls, ils représentent 40% des exportations. En 2015, par exemple, ce poste a augmenté de 33%, soit 4,6 Mds EUR, dopé, en cela, conjointement par l'amélioration des cours mondiaux (+10%) et des quantités exportées (+23%)[220].

Les principaux pays destinataires des exportations ivoiriennes, tous produits confondus, sont respectivement les Pays-Bas (10%, cacao, or), les Etats-Unis (8%, cacao), la Belgique (6%), l'Allemagne (5,7%) et la France (5,4%, produits agricoles et agro-alimentaires, pétrole brut). L'Angola est devenu le premier client africain de la Côte d'Ivoire avec 4% de part de marché, devant le Nigéria (3,7%, contre 5% en 2014, produits raffinés) et l'Afrique du Sud (3%, contre 7% en 2014). Les ventes vers l'Inde, essentiellement composées de noix de cajou, représentent 4% du total, tandis que celles en direction de la Chine demeurent marginales, à ce jour.

Au niveau régional, en Afrique occidentale par exemple, la CEDEAO occupe la première place avec 41,1% de part en 2013, tandis que le Nigeria vient en seconde position avec 31,3

---

[219] Néanmoins, la Côte d'Ivoire bénéficie d'un taux de couverture de 113%, constituant un cas unique parmi les pays de l'UEMOA.
[220] Néanmoins, le cacao n'a pas été le seul produit à profiter de cet environnement international, d'autres produits agrovilles, comme la noix de cajou (698 Mds EUR, +54%) et l'or (683 Mds EUR, +29%) ont également bénéficié de cette embellie sur les marchés mondiaux.

%, demeurant de loin le partenaire africain le plus important la zone hors UEMOA dont la part est diminué à 9,7 % dans l'ensemble des exportations 2013.

Quant à l'UE, il faut dire que les échanges commerciaux extérieurs de la Côte d'Ivoire sont fortement tournés vers la France, et partant l'Europe, à cause des liens historiques qu'elle a avec ces pays. En cela, elle confirme sa position de première union économique importatrice du cacao fèves avec 795 milliards XOF pour 654,1 milliers de tonnes[221].

Toutefois, l'on observe une baisse progressive de la part de ces pays dans les exportations de la Côte d'Ivoire, depuis 2008 (32.5% contre 35,0 % en valeur en 2013 des exportations depuis son indépendance).[222]

Pour ce qui est du continent américain, l'Accord de libre-échange nord-américain (ALENA) qui est composé principalement des USA, du Canada et du Mexique, pèse pour 10,4 % dans les exportations ivoiriennes vers ce continent, en 2013 contre 12,9 % en 2012. Par ailleurs, profitant de son éligibilité à l'African Growth and Opportunity Act (AGOA), c'est-à-dire la Loi sur la croissance et les possibilités économiques en Afrique, la Côte d'Ivoire a exporté, en 2015, 275 milliers de tonnes aux Etats Unis pour près de 316 milliards XOF, ce qui a fait de ce pays le premier pays en matière d'exportation du cacao fève, en 2013.

Tableau 14: Exportations de produits alimentaires et boissons

	Valeur en Milliards XOF						var
	2008	2009	2010	2011	2012	2013	2012/2013
Total	1 694,2	2 202,6	2 340,2	2 395,2	2 292,4	2 453,5	7,0
Conserves de poissons	78,7	64,0	8,1	0,02	0,01	0,00	☐ 99,8
Bananes	53,2	53,1	67,1	63,2	71,2	74,6	4,8
Noix de cajou	78,1	82,0	155,5	128,5	175,5	171,4	☐ 2,4
Sucre et sucrerie	7,2	8,1	7,6	12,3	14,0	9,5	☐ 32,2
Café vert	59,6	63,4	84,1	23,1	77,3	14,5	☐ 81,2
Café Soluble	32,4	39,1	29,3	31,7	37,0	89,5	141,9
Cacao fèves	**789,3**	**1 224,0**	**1 227,2**	**1 428,9**	**1 185,5**	**1 322,2**	**11,5**
Cacao transformé	422,5	475,4	563,9	462,1	430,8	516,2	19,8
Huile de palme	48,5	58,5	74,7	125,1	138,8	97,1	☐ 30,1
Autres	124,6	135,1	122,7	120,3	162,2	158,4	☐ 2,3

Source : INS, 2013

---

[221] Les Pays☐Bas, avec 261,5 milliards XOF pour 214,6 milliers de tonnes viennent en tête, la Belgique, avec 178,9 milliards XOF pour 149,9 milliers de tonnes vient en seconde position, l'Allemagne, avec 99,8 milliards XOF pour 85,7 milliers de tonnes arrive en troisième position. Quant au continent asiatique, il participe à hauteur de 108 milliards XOF pour 91 milliers de tonnes, une part non-négligeable dans la valeur des exportations des fèves de cacao (INS, 2013).

[222] Quand bien même l'on observerait une certaine régression de la tendance des exportations ivoiriennes vers l'Europe, les principales destinations demeurent encore les pays de l'Union Européenne (UE28) qui compte pour 32,5 % en 2013 contre 35,4 % de la valeur des exportations de la Côte d'Ivoire en 2012. Nous n'en voulons pour preuve que « parmi les 12 principaux clients de la Côte d'ivoire, quatre sont membres de ce groupement économique : Pays☐Bas (573,1 milliards XOF), Allemagne (393,2 milliards XOF), France (396,7 milliards XOF) et UEBL (263,3 milliards XOF). »

Tableau 14 bis: Exportations de produits alimentaires et boissons

	Volume en milliers de tonnes						var
	2008	2009	2010	2011	2012	2013	2012/2013
Total	2 229,0	2 527,7	2 505,6	2 648,0	2 958,9	3 140,7	6,1
Conserve de poissons	37,5	29,5	4,6	0,0	0,0	0,0	100,5
Bananes	264,3	257,0	335,6	320,1	339,4	354,8	4,5
Noix de cajou	313,0	341,4	351,1	279,8	412,3	449,0	8,9
Sucre et sucrerie	9,5	11,2	8,3	11,2	20,6	47,3	129,7
Café vert	69,2	85,9	96,4	32,4	82,0	26,5	☐ 67,7
Café Soluble	7,8	8,2	6,5	6,5	7,6	91,5	1 107,4
Cacao fèves	782,9	917,7	790,9	1 073,3	1 011,6	1 112,6	10,0
Cacao transformé	272,4	289,3	276,2	272,7	253,4	319,6	26,1
Huile de palme	277,8	96,1	191,4	201,2	254,0	240,5	-5,3
Autres	194,5	491,5	444,5	450,9	578,0	499,0	☐13,7

Source : INS, 2013

Tableau 15 : Balance commerciale par catégorie de produits

CGCE	Désignation (cgce)	2009	2010	2010	2012	2013
1	Produits alimentaires et boissons	1 496,9	1 655,4	1 668,9	1 380,3	1 649,9
6	Autres biens de consommation	☐ 65,7 ☐	☐ 99,5	☐ 69,4	☐ 130,2	☐ 111,7
2+3	Approvisionnements industriels (y compris Combustibles et lubrifiants)	527,3	360,5	872,7	337,6	☐ 42,7
4+5	Biens d'équipement et leurs parties, pièces détachées et accessoires ☐	☐ 394,6	☐ 734,5	☐ 382,8	☐ 1 027,6	☐ 1 010,0
7	Divers	3,0	☐ 0,0	☐ 31,0	☐ 8,9	21,2
Total		1566,9	1182,0	2058,3	551,2	506,7

*y compris les combustibles et lubrifiants
Source : Annuaire Statistique du Commerce Extérieur 2013 (INS, 2013)

Graphique 14 : Evolution de la balance commerciale par catégorie de produits

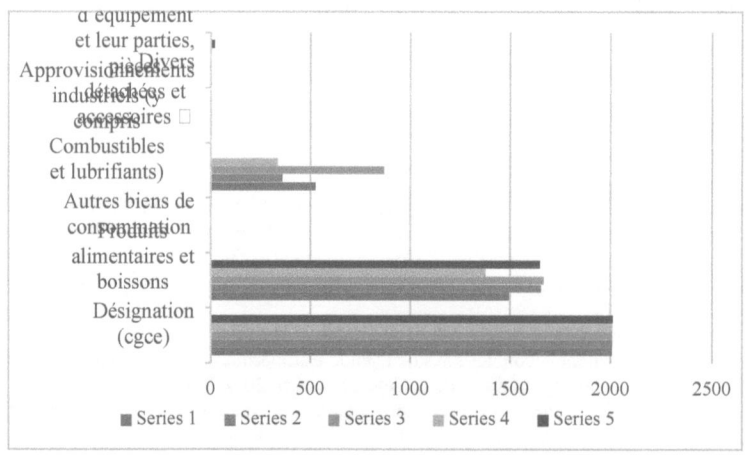

L'analyse ci-dessus démontre, en gros, que depuis 2013, la Côte d'Ivoire réalise de bonnes performances dans ses exportations grâce, notamment, aux produits pétroliers et aux fèves brunes. Les exportations ivoiriennes de marchandises pour l'année 2013 valaient 6782,3 milliards XOF, une hausse de 1244.3 milliards XOF. Les exportations sont en hausse en valeur depuis 2010 et reste au dessus des 5000 milliards XOF; la valeur de ces exportations s'est appréciée de 22,5 % contre 5,3% en 2011 (INS, 2013).

Depuis 2015, sa balance commerciale est dite « structurellement excédentaire. » où elle a enregistré sa deuxième année de forte croissance (+56% à 1,9 Mds EUR contre +60% en 2014). Il faut dire que le pays a su profiter des conditions favorables qui prévalaient sur les marchés mondiaux, mais cette balance commerciale excédentaire traduit une double situation.

D'une part, il y a un eu un net recul des importations, l'année précédente, et d'autre part, il y a eu une reprise soutenue des exportations qui ont atteint 11,3 Mds EUR (+17,7%) tandis que les importations se stabilisaient à 9,4 Mds EUR (+12%).

Néanmoins, il faut dire que ces résultats positifs ont été obtenus sous l'effet conjugué de la conjoncture internationale favorable et des réformes structurelles que le nouveau gouvernement a progressivement introduites, en vue d'inciter l'investissement privé.

Le tableau économique de la Côte d'Ivoire serait incomplet sans son tourisme que forme son riche patrimoine physique et culturel.et le secteur du transport en plein essor.

Dotée d'un littoral de 560 km de côte avec des plages à perte de vue, les plans d'eau lagunaire, et de paysages montagneux, comme les montagnes et les cascades de Man et d'espaces protégés, à l'exemple des parcs animaliers de Taï, celui d'Abokouamékro, entre autres, et les grands édifices tel que la Basilique, les cathédrales, les mosquées, la Côte d'Ivoire possède tous les atouts pour faire de ce domaine une enclave monétaire susceptible de lui procurer d'importantes devises, pourvu qu'elle en fasse un secteur prioritaire.

En outre, possédant près de 4 513 kilomètres de routes interurbaines et régionales dites de classe A, 136 kilomètres de d'autoroute, avant l'ouverture de l'axe Singrobo-Yamoussoukro, 1745 kilomètres de routes départementales, dites de classe B, et 120 kilomètres de routes de sous-préfectures et de villages, dites de classe C, la Côte d'Ivoire est l'un des pays de l'Afrique occidentale où le réseau infrastructurel et des transports est des plus développés, y compris dans les secteurs du dans les secteurs du transport routier, du transport ferroviaire, du transport maritime et du transport aérien[223]

L'on gagnerait à développer encore plus ces deux sous-secteurs du secteur tertiaire, car, il faut noter que si ce secteur qui représente 48% du PIB s'est accru de 14,1% en 2012, c'est grâce aux sous-secteurs du commerce et des transports[224].

3- Le capital humain

a- *Une population jeune, dynamique et bien éduquée*

La Côte d'Ivoire compte environ 23 millions d'habitants ((RGPH 2014), avec un taux de croissance annuelle de 3,7% et une densité de l'ordre de 56 hab/km². C'est une population

---

[223] La Côte d'Ivoire a mis un point d'honneur à développer et à moderniser son réseau routier et les transports dès son accession à l'indépendance. Le réseau routier ivoirien, en effet, était estimé, en 2015, à 82 000 kilomètres de « routes interurbaines classées, dont 6 500 kilomètres de routes revêtues et 4 000 kilomètres de voiries urbaines... » (http://www.jeuneafrique.com/347291/economie/cote-divoire-approuve-plan-de-developpement-routier-de-57-milliards-deuros/)

[224] Bien que sa contribution au PIB ne soit que de 1,5%, le secteur halieutique regorge d'immenses potentialités, notamment avec la sous-exploitation des stocks de poisson «lithophile». Par ailleurs, la combinaison de diverses politiques développées conjointement par les pouvoirs publics et le privé atteste d'une réelle volonté des autorités de faire de ce secteur dormant, une industrie pouvant satisfaire à la fois la demande intérieure et extérieure.

jeune (50% de la population est jeune c'est-à-dire moins de 20 ans) qui augmente rapidement car le taux de natalité est élevé et une forte immigration (étrangers 26%)[225].

En termes économiques, cette population jeune constitue une main-d'œuvre abondante et bon marché, en plus de constituer un grand marché de consommation.

Au plan culturel, la Côte d'Ivoire est un pays multi-ethnique. Elle est composée d'une mosaïque d'ethnies provenant de trois horizons divers, notamment du nord, de est et de l'ouest provenant de foyers culturels très différents, faisant de ce pays « un creuset, vers lequel ont convergé des populations variées, généralement attirées par les richesses naturelles du pays (terres fertiles, gibier naguère abondant, etc.) ».

Toutefois, en dépit de cette diversité ethnique et tribale, le pays semble conserver une certaine unicité de civilisation, le tout contribuant ainsi à l'affirmation et l'enrichissement de la personnalité culturelle et linguistique nationale, à travers ses cinq groupes ethniques principaux, à savoir les Akan, au centre et au sud-est, les Krou, au sud-ouest et à l'ouest, les Mandé ou Mandingue, dans le nord-ouest et les Gour ou Voltaïques, dans le nord-est[226].

Le groupe Akan est de loin le plus nombreux. Originaire pour la plupart du Ghana, l'on peut distinguer les Akan du centre (Baoulé), les Akan frontaliers (Agni, Abron, etc.) et les Akan lagunaires (Aké ou Attiés, Abé ou Abbey, Adioukrou, Ebrié, Abouré, etc.).

Les Krou (ou Magwé) quant à eux, sont originaire du Libéria. Ils occupent le sud-ouest du pays. On compte les Bété, les Guéré ou Wé, les Wobé, les Dida, dans ce groupe.

Le groupe Mandé, dans le nord-ouest, est composé de deux groupes différents, issus du Haut-Niger, à savoir les Mandé du nord ou Mandingue qui comprennent les Malinké, les Dioula, les Bambara, les Mahou, etc. et les Mandé du sud réunissant les Yacouba ou Dan, les Gouro, les Gagou ou Gban etc.

Enfin, le groupe Gour ou voltaïque, dans le nord-est, est probablement l'un des plus anciens peuples du pays. Venus de la Haute Volta, actuel Burkian Faso, ce groupe comprend les Dénoufo, les Koulango, les Lobi, les Tagbana, etc.

Si tant est qu' « il n'est de richesses que d'homme »[227], comme l'affirme si résolument Jean Bodin, alors on peut affirmer, sans se tromper, que la Côte d'Ivoire est « bien partie » pour tirer parti de son immense capital humain qu'elle a su bâtir patiemment au fil des années, afin d'amorcer la phase vertueuse de sa croissance, et partant de son développement.

En effet, une politique volontariste visant à atteindre la scolarisation universelle mise en place aux premières heures de l'indépendance a permis à la Côte d'Ivoire d'atteindre des résultats plus que positifs à ce jour, au point les nombreuses écoles de formation professionnelle et les universités ont pu assurer au pays un vivier de cadres constituant, ainsi, autant de ressources humaines de qualité sur lesquelles le pays peut valablement compter pour ériger son développement économique et social.

En réalité, depuis les années 70, où Houphouët-Boigny a lancé la politique d' « ivoirisation des cadres » pour pallier le manque de cadre dans l'administration, soutenue, en cela, par la mise en place d'un réseau d'infrastructures de qualité sous forme d'écoles de formation et d'universités de qualité, la Côte d'Ivoire a pu former des milliers de cadres qui s'illustrent avec brio dans divers domaines de compétences à plusieurs endroits du monde[228]. C'est ainsi que, pour atteindre ces résultats spectaculaires, diverses structures de formation ont vu le jour.

---

[225] Il faut ajouter que la Côte d'Ivoire abrite un grand nombre d'étrangers. Ce sont notamment des Burkinabés, des Ghanéens, des Libériens, des Européens, des Américains et des Syro-Libanais.

[226] La Côte d'Ivoire compte plus d'une soixantaine d'ethnies inégalement réparties sur toute l'étendue du territoire ivoirien.

[227] Né en 1530 à Angers et mort en 1596 à Laon, Jean Bodin était un français qui exerça une forte influence sur l'histoire intellectuelle de l'Europe, notamment à travers ses théories économiques et ses principes du « bon gouvernement ». Par ailleurs, il s'est rendu célèbre pour avoir introduit plusieurs concepts, comme la souveraineté et la théorie de la monnaie, qui connaitront par la suite un fort développement.

[228] Dans l'esprit du premier président, l'idée était à la fois de « …promouvoir les compétences nationales,

Il s'agit notamment de l'Ecole nationale d'Administration (ENA) qui a été créée en 1960 pour former les agents et cadres ivoiriens destinés à exercer dans la haute administration et les hautes sphères politiques de l'Etat, principalement au Trésor public, aux impôts, à la douane, aux affaires maritimes et portuaires, en diplomatie et en administration civile, ainsi que dans les différents ministères du commerce et du ministère de l'économie et des finances.

Il s'agit encore de l'Institut National Polytechnique Félix Houphouët-Boigny (INP-HB) logé à Yamoussoukro. Né par le décret 96-678 du 04 septembre 1996 de la fusion de quatre établissements: l'Ecole Nationale Supérieure d'Agronomie (ENSA), l'Ecole Nationale Supérieure des Travaux Publics (ENSTP), l'Institut Agricole de Bouaké (IAB), et l'Institut National Supérieur de l'Enseignement Technique (INSET).

Dans la foulée de cette fusion plus que salutaire, puisqu'elle a permis à l'établissement de « réduire les coûts structurels, allouer de façon plus pertinente les moyens et les ressources des écoles et harmoniser les programmes de formation », l'Institut met en œuvre, depuis 2012, une stratégie d'ouverture internationale qui lui confère dorénavant un statut d'Institut panafricain par excellence avec le label de Centre d'Excellence Régional de l'UEMOA[229].

A côté de ces instituts prestigieux aux politiques de formation exceptionnelle, il existe quatre grandes universités de renommée internationale (Abidjan-Cocody, Abobo-Adjamé, Bouaké, Korhogo et Daloa) et une Ecole normale supérieure (ENS) pour la formation des enseignants de l'enseignement secondaire, la Côte d'Ivoire est également dotée d'écoles hautement techniques à vocation africaine. C'est l'exemple de l'Ecole nationale d'économie et de statistiques appliquées (ENSEA) destinée à la formation de hauts cadres africains dans le domaine des statistiques[230].

Cette volonté affichée de faire du secteur éducatif un secteur prioritaire, afin de contribuer à la formation d'un capital de qualité s'illustre par les parts respectives du budget réservé à l'éducation qui ont toujours gravité autour 44 et 45% du budget[231].

---

favoriser l'embauche des nationaux dans les entreprises et faire entrer un peu d'argent dans les caisses de l'État. »

[229] Basé à Yamoussoukro en Côte d'Ivoire, l'INP-HB est une école d'excellence de formation supérieure et de recherche scientifique de l'UEMOA. L'Institut, crée en 1996 de la fusion de l'INSET, l'ENSTP, l'ENSA et l'IAB, 4 prestigieuses grandes Ecoles. Il regroupe depuis la fusion 5 grandes Ecoles en formation Initiale (ESI, ESCAE, ESA, ESMG, ESTP) et possède également des Classes Préparatoires aux Grandes Ecoles, une école de Formation Continue et de Perfectionnement des Cadres et depuis 2014, une Ecole Doctorale Polytechnique. Accompagnant cette fusion, six nouvelles écoles sont créées au sein de l'Institut : l'Ecole Supérieure d'Agronomie (ESA), l'Ecole Supérieure d'Industrie (ESI), l'Ecole Supérieure de Commerce et d'Administration des Entreprises (ESCAE), l'Ecole Supérieure des Mines et de Géologie (ESMG), l'Ecole Supérieure des Travaux Publics (ESTP), et l'Ecole de Formation Continue et de Perfectionnement des Cadres (EFCPC). Des partenariats scientifiques et académiques sont aussi signés avec des pays, des entreprises, des organisations et des établissements internationaux. L'objectif étant de renforcer sa visibilité sur le plan national et international, de mettre à la disposition des entreprises des étudiants mieux formés et de permettre aux enseignants d'effectuer des recherches afin d'accroître la compétitivité des secteurs agronomique, industriel et minier. La coopération bilatérale avec les grandes écoles étrangères favorise entre autres les échanges d'étudiants, et la co-diplomation de la formation entre l'INP-HB et ses partenaires outre-Atlantique.

[230] L'École nationale supérieure de Statistique et d'Économie appliquée est depuis juin 1969 un établissement public d'enseignement supérieur ivoirien doté de la personnalité civile et de l'autonomie financière. L'établissement reçoit aujourd'hui des élèves en provenance des 22 pays d'expression française et d'Haïti. Depuis deux ans, elle est ouverte aux pays anglophones et recrute des élèves de l'Afrique du Sud et du Libéria. Pour l'année académique 2012-2013, l'effectif était de 325 étudiants.

[231] Ces performances des années 60 et 70 ont été plus ou moins émoussées par les crises socio-politiques à répétitions, mais toujours est-il que près de 10 milliards, soit 4,5 du PIB sont toujours versés au budget de l'éducation. Ainsi, le taux brut de scolarisation (TBS) au cycle primaire est passé de 83% en 2011 à 95,5% en 2015. Cette amélioration est constatée, d'ailleurs, à tous les autres niveaux, en termes de taux d'achèvement et taux de réussite aux différents examens, grâce notamment « …à la mobilisation toujours plus importante des ressources publiques (20 à 22% du budget soit 4% du PIB), la forte implication des ménages (30 à 37% des dépenses totales en éducation), notamment à travers les Comités de Gestion des Etablissements Scolaires publics

En effet, au regard de la situation de l'éducation qui prévaut dans les autres africains d'expression française, la Côte d'Ivoire fait un effort comparativement à la moyenne constatée dans les autres pays africains d'expression française et très comparable à celle observée dans les pays développés. Pour preuve, il y a que les dépenses totales d'enseignement ont augmenté de plus de 70% en valeur absolue et représentent 3'9% du PIB en 1960 et 4,5 en 1964 (Jacques Hallak Raymond Poignant, 1966) (voir tableaux)[232].

Certes, les décennies de crises sociale et politique ont progressivement érodé les capacités de l'Etat à conserver la dynamique budgétaire qu'il a instauré en faveur du secteur de l'éducation depuis les années 70.

Néanmoins, cette idée que la formation d'un capital humain de qualité est le meilleur gage du développement n'a jamais disparu des divers arbitrages budgétaires au cours du temps. La Banque résume de manière éloquente cette situation : « *Depuis plus de dix années, le pays a été exposé à un contexte macroéconomique et démographique relativement difficile (sans mentionner le contexte politique délicat des dernières années). Ainsi, le Produit National a certes augmenté en termes réels entre 1990 et 2000, mais avec un rythme un peu inférieur à celui de la population, conduisant à une graduelle érosion de la valeur du produit national par habitant (il baisse d'environ 7 % au cours de la décennie). Au cours de cette période, on observe aussi une baisse de la capacité fiscale du pays, les recettes domestiques passant de 19,5 % du PIB en 1990 à 16,3 % en 2000 (avec une contraction de l'aide extérieure). En conséquence de ce double mouvement, et sous la pression de la croissance démographique spécialement vive (3,5 % par an sur la décennie), la recette fiscale par habitant baisse d'environ 22 % en termes réels. Dans le même temps, l'augmentation des dépenses associées à la dette extérieure, la contraction relative de l'aide extérieure et à la réduction progressive du déficit public, conduisent à ce que le revenu disponible pour l'Etat pour le financement de ses dépenses courantes augmente lui-même significativement moins que les recettes fiscales du pays; ainsi, alors que les recettes fiscales, en valeurs courantes, augmente de 96 % entre 1990 et 2000, les dépenses courantes n'augmentent que de 37 %, impliquant une contraction significative du niveau des dépenses courantes de l'Etat par habitant. Dans ce contexte, le pays a conservé un niveau élevé de priorité pour le financement public de l'éducation, degré de priorité mesuré par la proportion des dépenses publiques au sein des dépenses courantes de l'Etat. Cette proportion est en effet de 32,5 % en 2000, une valeur supérieure à ce qui est observé dans la plupart des pays de la région. Cela dit, il faut tout de même observer que cette proportion est elle-même en diminution depuis le début de la décennie où elle s'établissait à 36,6 % (si cette proportion avait été conservée, le budget de l'éducation aurait, en 2000, de 13 % plus élevé, passant de 297 à 334 milliards de Fcfa).* »[233]

(COGES) et un appui constant des Partenaires Techniques et Financiers (PTF). »

[232] D'autres mesures accompagnent cette politique d'universalité de l'éducation. Il y a, par exemple, la gratuité de l'école depuis la classe du Cours préparatoire première année (CP1) jusqu'en 3e, tandis que les livres scolaires sont offerts gratuitement aux élèves pour les classes primaires et les frais d'inscriptions vont de 5000 à 11 000 francs pour le secondaire.

[233] Banque mondiale, *Côte-d'Ivoire. Rapport d'Etat du Système Educatif Ivoirien: Eléments d'analyse pour instruire une politique éducative nouvelle dans le contexte de l'EPT et du PRSP*, Département du développement humain Région Afrique, septembre 2005.

Tableau 16: Données sur l'évolution de l'IDH

Années	Valeurs	Variations (%)**
1980	0,35	
1990	0,36	2,86
2000	0,37	2,78
2005	0,38	2,70
2009	0,40	5,26
2010	0,40	0,00
2011	0,40	0,00
2014	0,46	15,00
2015	0,44	-4,35
2016	0,44	0,00
2017	0,45	2,27
2018	0,45	0,00
2019	0,46	2,22
2020	0,46	0,00

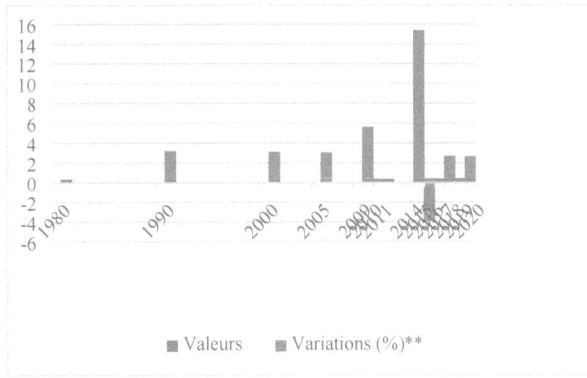

Graphique 15: Evolution de l'IDH en Côte d'Ivoire

Source : http://perspective.usherbrooke.ca/bilan/tend/CIV/fr/SP.POP.IDH.IN.html

* Projection à partir d'une tendance linéaire des cinq dernières valeurs réelles. L'équation de régression est construite ainsi : constante = -9.851, coefficient de régression = 0.005. Le calcul est simple: au produit de l'année par le coefficient de régression, on additionne la constante. On obtient alors la valeur estimée.
**La variation est entre deux valeurs consécutives.

Tableau 17 : Part du budget consacrée à l'éducation et la santé

PART DU BUDGET DE L'ETAT CONSACREE A L'EDUCATION & LA SANTE (2013)	GABON		SENEGAL		CÔTE D'IVOIRE		MAROC	
Administration bénéficiaire	Budget (en FCFA)	Pourcentage	Budget (en FCFA)	Pourcentage	Budget (en FCFA)	Pourcentage	Budget (en FCFA)	Pourcentage
Éducation Nationale	176 313 467 428	4,41%	362 585 369 520	14,82%	81 261 336 683	2,08%	2 418 667 489 438	11,45%
Enseignement Supérieur, Recherche Innovation	77 892 332 175	1,95%	103 788 068 480	4,24%	67 196 574 662	1,72%	528 817 614 750	2,50%
Enseignement Tech, Formation Professionnelle	38 208 508 791	0,96%	29 193 141 680	1,19%	8 067 635 395	0,21%	29 277 759 000	0,14%
Santé	163 314 969 837	4,08%	116 192 173 500	4,75%	88 841 156 838	2,27%	633 349 226 188	3,00%
Budget général de l'Etat en 2013 en FCFA	3 999 160 232 594		2 446 600 000 000		3 906 608 322 617		21 122 292 778 250	

plusieurs étendues marécageuses.**Source** : http://www.mays-mouissi.com

Tableau 18: Dépenses d'enseignement et produit national brut (PIB)

	1960		1964	
	Millions de francs CFA courants	Pourcentage du PIB	Millions de francs CFA courants	Pourcentage du PIB
Produit intérieur brut	145 400		216 900	
Dépenses totales				
Aide comprise	5 680	3,9	9 747	4,5
Aide non-comprise	4 715	3,2	6 995	3,2
Dépenses en capital				
Aide comprise	558	0,38	979	0,45
Aide non comprise	526	0,36	314	0,14

Source : Jacques Hallak et Raymond Poignant, 1966

Tableau 19 : Dépenses d'enseignement et budget de l'État (ressources nationales)

	1960		1964	
	Courantes	Courantes	Capital	Total
	Millions de francs CFA			
Budget de l'État	24 718	29 1OS	12 152	41 260
Dépenses d'enseignement dans le budget de l'État	4 118	6 562	314	6876
Pourcentage du budget	16,7	22,6	2,6	16,7

Source : Jacques Hallak et Raymond Poignant, 1966

Tableau 20: Enseignement public et privé. Évolution de la scolarisation à tous les niveaux

	Effectifs	1960/61	Effectifs	1964/5	Indice
Niveau	Total	%	Total	%	
Enseignement préscolaire			2817	0,7	
Enseignement élémentaire	238 772	94,8	347133	92,0	145,3
Enseignement du second degré	12880	5,1	26 638	7,0	206,8
Lycées et collèges	5 980		11 665		195,0
Cours complémentaires	3 443		8 623		250,4
Enseignement normal	1828		2 394		130,9
Enseignement professionnel et technique	1483		3 114		250,4
Enseignement agricole	146		242		165,1
Enseignement supérieur	315	0,1	1279	0,3	406,0
Universités	210		835		309,2
Écoles normales supérieure			228		
École des beaux-arts			51		
Autres écoles supérieures	45		165		366,6
Total général	**251 961**	**100**	**317861**	**100**	**150**

Source : Jacques Hallak et Raymond Poignant, 1966

Tableau 21 : Priorités budgétaires et macro-économiques des dépenses sociales en Côte d'Ivoire

	1980-1985	1986-1993	1994-1996
Dépenses budgétaires en % du PIB	29,2	25,6	19,9
Dépenses sociales en % du PIB	11,9	10,7	8,1
Dépenses publiques de santé en % du PIB	1,4	1,8	1,7
Dépenses publiques d'éducation en % du PIB	**8,0**	**7,2**	**5,5**
Dépenses sociales/dépenses budgétaires (%)	41,0	42,3	40,6
Dépenses de santé/dépenses budgétaires (%)	3,9	5,8	6,3
Dépenses éducation/dépenses budgétaires (%)	23,6	20,9	19,7

Source: UNICEF, 1998

Tableau 22: Dépenses par élève par ordre d'enseignement, toutes sources, 2006☐2015, FCFA constants de 2014

	2006	2007	2008	2009	2010	2011	2012	2013	2014	2015 (budget)
Primaire	138,771	140,043	130,041	135,669	143,613	113,561	127,588	139,046	139,444	154,976
Sec. gén. 1	210,613	211,512	214,621	237,462	238,940	206,882	243,382	259,086	267,873	273,318
Sec. gén. 2	547,457	460,328	448,622	425,706	394,161	309,982	411,554	475,643	498,928	477,343
Supérieur	912,781	1,001,365	1,025,649	1,006,460	1,134,082	N/A	N/A	1,297,476	1,198,623	1,377,952

Source: Calculs de l'équipe technique privé sur la base des données du Ministère du Budget et des systèmes d'information des Ministères du secteur éducation

Graphique 16 : Evolution des dépenses par élève par ordre d'enseignement, toutes sources, 2006⎕2015, FCFA constants de 2014

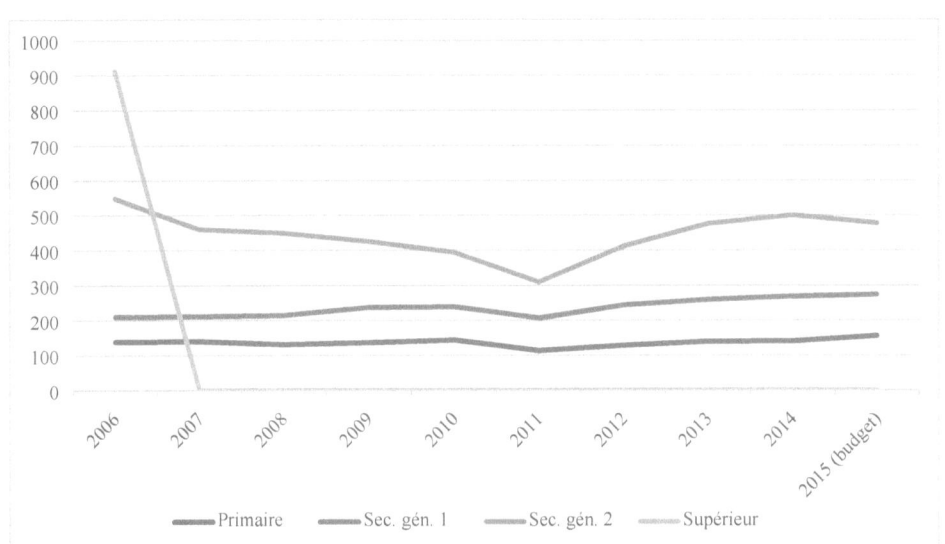

b- Une psychologie spécifiquement ivoirienne

Herder affirme que « toutes les nations de la terre ont un mode d'être unique et irremplaçable. »[234] C'est ce qu'il nomme le « Volksgeist », un terme allemand issu de *Volk*, le peuple et *Geist*, l'esprit. Traduit en français, il signifie « l'esprit du peuple » ou le « génie du peuple »[235].

Partant de cette affirmation de Herder, on peut dire que les Ivoiriens sont caractérisés par les traits de caractère suivants. Certes, il nous est tous arrivé de se chahuter en associant tel peuple à tel ou tel trait[236].

Mais, au-delà de ces stéréotypes qui se combinent souvent à des préjugés, souvent fâcheux, il est des traits généraux qui ont forgé et trempé le caractère des Ivoiriens au fil des années[237]. Il est bien entendu évident que Houphouët-Boigny, en fondant sa politique sur la paix voulait amener les Ivoiriens à s'attacher sincèrement à la paix et en faire une « seconde religion », parce qu'il a compris très tôt que sans un minimum de concorde et d'entente entre les Ivoiriens, il ne saurait y avoir d'évolution, ni de progrès économique et social.

Sous ce rapport, l'on est forcé de reconnaître, en passant, que la Côte d'Ivoire est un pays où l'esprit de paix, de tolérance et de solidarité ne s'est jamais démenti depuis l'époque de Houphouët-Boigny jusqu'à maintenant, même si après la disparition de celui-ci, le pays a traversé des moments difficiles qui ont pu jeter un sérieux doute ces valeurs[238].

---

[234] Johann Gottfried (von) Herder, né le 25 août 1744 à Mohrungen (ville polonaise, anciennement en Prusse-Orientale) et mort le 18 décembre 1803 à Weimar (Thuringe, Allemagne) est un poète, théologien et philosophe qui contribua à la diffusion du concept de Volksgeist.
[235] Le concept de Volksgeist, c'est-à-dire de génie national ou l'esprit de la nation, apparut en 1774, dans le livre de Herder intitulé, *Une autre philosophie de l'histoire*. Il affirme que « toutes les nations de la terre ont un mode d'être unique et irremplaçable.
[236] Pour plus d'information sur les stéréotypes ivoiriens, se référer à la fameuse chanson Zouglou du groupe Les Potes de la rue, intitulé: «Faut pas fâcher nous s'amuser »
[237] Terme utilisé en psychologie sociale, le stéréotype est « une croyance qu'une personne entretient au sujet des caractéristiques des membres d'un autre groupe social. ».
[238] Le Vieux aimait à ironiser qu'il préférait l'injustice au désordre. En son temps, l'opinion publique a fortement critiqué cette approche, mais on a fini par comprendre, plus tard, qu'entre la guerre et l'iniquité, on préférait

Ceci étant, l'on peut affirmer, sans ambages, qu'il existe divers attributs psychologiques qui définissent spécifiquement les Ivoiriens.

D'abord, c'est un peuple qui un sens élevé de l'hospitalité définie respectivement comme « action de donner gratuitement le gîte et le couvert » et « qualité d'un accueil cordial », ou encore l'«asile accordé à un voyageur, à un réfugié politique, etc. »

C'est ce trait de caractère qui l'a fait accueillir des millions d'étrangers sur son sol depuis les années 60 jusqu'à ce jour[239]. Selon les résultats du 4è Recensement général de la population et de l'habitat, la Côte d'Ivoire compte 23 millions d'habitants dont 17.172.297 d'Ivoiriens, soit 75,8% et 5.491.972 d'étrangers, soit 24,2% de la population (RGPH, 2014).

Ensuite, on peut dire que les Ivoiriens sont un peuple hilare, gai et bon vivant. Une telle qualité se remarque partout, notamment les fins de semaine, où tous les espaces de loisir sont bondés et où, s'il est besoin encore de le rappeler, l'alcool coule à flots. Il est même parfois arrivé à certains de dire que les Ivoiriens cotisaient pour les fins de semaine, notamment peux ceux qui sont désœuvrés.

Ainsi, ils passeraient toute la semaine à épargner et à se réserver pour ces « bacchanales » hebdomadaires. Même au plus fort de la crise politico-militaire, en 2002, où de fréquents couvre-feux étaient imposés, dans la partie du pays dirigé par l'ex-président Laurent Gbagbo, les Ivoiriens s'enfermaient dans les « maquis » pour continuer le « show », comme une manière de démontrer qu'ils ne sont, en rien, concernés par la guerre et que ce qui les intéresse, c'est de vivre avec insouciance. Ce trait particulier s'observe également dans l'attitude conciliante de l'Ivoirien qui n'hésite pas à faire des compromis, les manifestations sociales n'étant que des exceptions à cette règle[240].

Toutes choses étant par ailleurs égales, cette valeur transparaît clairement dans leur capacité à traiter sur un ton humoristique même les thèmes les plus graves comme une autre manière d'exprimer sa grande capacité d'adaptation en rapport avec ses…« ressources de résistance généralisées »[241].

Est-ce peut-être pour eux une façon de refouler ces faits, afin de les nier? Rien n'est moins sûr, mais une chose est certaine, c'est que l'Ivoirien, dans son ensemble, n'est ni ronchonneur, ni rancunier. L'on sait que faire montre d'humour, surtout quand il s'exprime sous la forme de blagues, parfois teinté de cynisme, est primordial lorsque l'on est confronté à certaines vicissitudes de la vie, car dit-on, c'est une façon de réduire «…la nécessité de protéger son ego de la réalité. L'humour personnel détourne l'apitoiement sur soi, qui est une émotion destructrice. »

En revanche, il faut souligner, par ailleurs, que l'Ivoirien est également inventif, toujours prêt à décocher un trait d'esprit, le plus souvent par humour que par méchanceté[242].

Dans cette même veine, il est un fait qu'il est pertinent de relever. On entend souvent dire que l'Ivoirien est indolent, paresseux et manque d'initiatives, et qu'il aurait hérité de ce trait du système colonial français qui consistait en une administration directe comme « étant le gouvernement direct de la colonie depuis la métropole par l'intermédiaire des agents de cette

---

l'iniquité, comme pour dire qu'entre deux maux, il faut toujours choisir le moindre.

[239] Il est vrai que le système de production axée sur les cultures de rente exigeait l'utilisation d'une main-d'œuvre abondante et bon marché que la Côte d'Ivoire pouvait se procurer facilement dans les pays limitrophes, mais il fallait un sens minimum d'hospitalité, d'ouverture d'esprit et de solidarité pour accepter si généreusement des individus venus d'ailleurs.

[240] Dans le langage courant ivoirien, l'anglicisme « show » désigne les soirées souvent copieusement arrosées entre amis. Couplé à ce trait, l'Ivoirien possède également l'esprit dépensier.

[241] L'autodérision (voir le côté humoristique d'une situation donnée) est fort présente chez l'Ivoirien, en témoignent les divers films produits localement et la série des « Bonjour…. », les fameuses émissions cultes organisées au début de chaque année.

[242] C'est ce trait que l'on observe principalement chez les artistes chanteurs à travers les thèmes abordés et les diverses mélodies qu'ils élaborent pour mettre ces thèmes en chanson.

dernière » et que ce fait aurait été accentué par Houphouët-Boigny, par opposition au système anglais dit indirect où « le maintien, auprès de l'autorité métropolitaine, de structures traditionnelles » a permis une certaine autonomie des autorités locales dans la prise de décision. Le résultat est qu'un Ghanéen, par exemple, serait plus débrouillard qu'un Ivoirien. Cependant, il est des faits qui ont tendance à prouver tout le contraire. En effet, cette idée qui voudrait que l'Ivoirien soit un « enfant gâté » cadre mal avec certaines réalités.

Au contraire, il faut dire que, loin de ces clichés, l'Ivoirien a un goût fort prononcé pour l'effort, le travail bien fait et la recherche permanente de l'excellence, parce que, si tel est le cas, l'on rend difficilement raison qu'à 4 heures du matin déjà, les principales artères des quartiers comme Adjamé grouillent de monde, chacun vaquant de bonne heure à ses occupations quotidiennes, en vue d'assurer « son pain quotidien. »

D'ailleurs, une question essentielle s'impose: comment une population dont la moitié environ vit en dessous du seuil de pauvreté peut-elle se permettre le luxe d'être paresseuse et indolente?

Carte 6 : grands groupes ethnoculturels de Côte d'Ivoire

Source:https://www.google.nl/search?q=carte+des+groupes+ethniques+de+cote+d%27ivoire&biw=1366&bih=662&noj=1&source=lnms&tbm=isch&sa=X&ved=0ahUKEwiurZ7ot43SAhXE0RoKHVAWDocQ_AUICCgB

Tableau 23: Marchés de prédilection de la Côte d'Ivoire

Codes du produit	Libellé du produit	Part dans les exportations mondiales (%)	Rang dans les exportations mondiales
Total	Tous produits confondus	0,1	92
180100	Cacao en fèves et brisures de fèves, brutes ou torréfiées (MP)	34	1
180310	Pâte de cacao non dégraissée (T1)	27,6	1
180400	Beurre, graisse et huile de	10,9	4

		cacao (T2)		
180320		Pâte de cacao complètement ou partiellement dégraissée (T2)	33,4	1

MP: matière première
T1: produit de première transformation
T2: produit de deuxième transformation
Source: Centre du commerce international (2014).

Tableau 24 : Principaux secteurs économiques

Indicateurs de croissance	2013	2014	2015	2016	2017 (e)
PIB *(milliards USD)*	31,27e	34,05	31,42e	34,65	38,40
PIB *(croissance annuelle en %, prix constant)*	9,3e	7,9e	8,5	8,0e	8,0
PIB par habitant *(USD)*	1.388	1.473e	1.325e	1.424	1.538
Endettement de l'Etat *(en % du PIB)*	43,4	46,5	48,9	49,0	48,3
Taux d'inflation *(%)*	2,6	0,4	1,2	1,0e	1,5
Balance des transactions courantes *(milliards USD)*	-0,63	0,51	-0,57	-0,61	-0,80
Balance des transactions courantes *(en % du PIB)*	-2,0	1,5e	1,8e	-1,8e	-2,1

Source : FMI - World Economic Outlook Database 2016
Note : (e) Donnée estimée

Tableau 25 : Principaux indicateurs économiques de Côte d'Ivoire

	2014	2015	2016 (p)	2017 (p)
Croissance PIB (%)	7,9	8,5	8,0	8,0
Inflation (moyenne annuelle)	0,4	1,2	1,0	1,5
Solde budgétaire / PIB (%)	-2,3	-3,0	-4,0	-3,6
Solde courant / PIB (%)	1,5	-1,8	-1,8	-2,1
Dette publique / PIB (%)	46,5	48,9	49,0	48,3

Source : http://www.coface.com/fr/Etudes-economiques-et-risque-pays/Cote-d-Ivoire

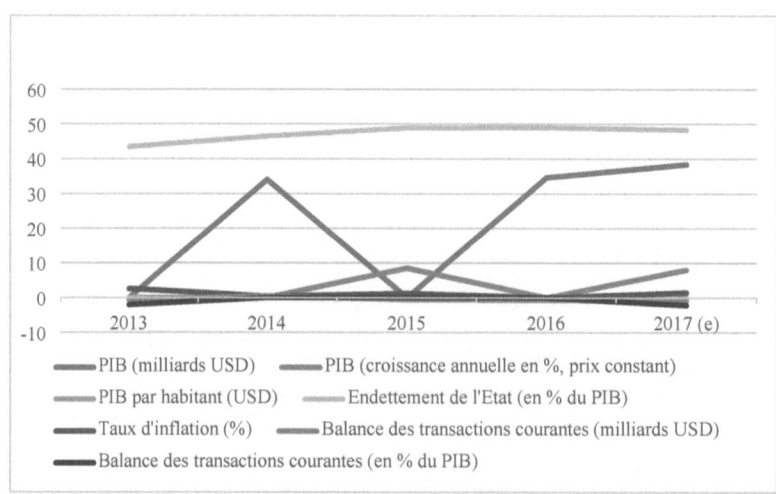

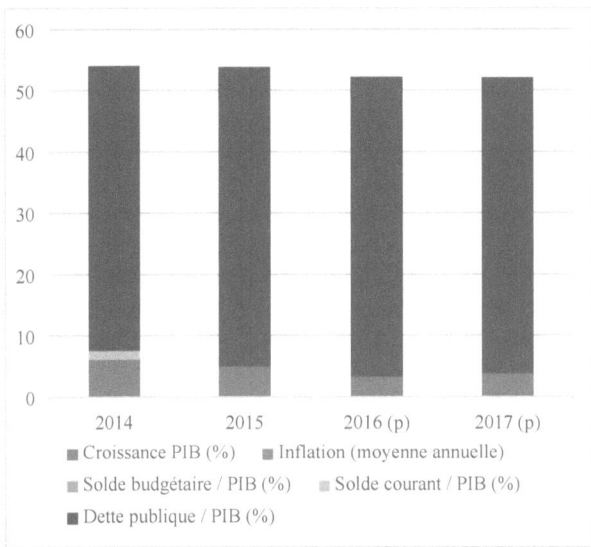

Graphique 18: Evolution des principaux indicateurs économiques de Côte d'Ivoire

Tableau 26 : Répartition de l'activité économique

Répartition de l'activité économique par secteur	Agriculture	Industrie	Services
Valeur ajoutée *(en % du PIB)*	20,2	25,5	43,4
Valeur ajoutée *(croissance annuelle en %)*	3,6	8,7	39,4

Source : Banque Mondiale, 2016.
En raison de l'arrondi, la somme des pourcentages peut être inférieure ou supérieure à 100%.

En un mot, après plusieurs crises, souvent subies de plein fouet, la Côte d'Ivoire a su tirer parti de ses avantages comparatifs (secteurs agricole et industriel surtout et capital humain) pour se constituer de solides atouts, notamment dans le secteur agricole (28% du PIB) où elle conserve sa place de 1er producteur mondial de cacao (plus de 35 % du marché). Le secteur secondaire (25% du PIB) concerne principalement le raffinage de pétrole brut, le BTP et l'agro-alimentaire. Le secteur tertiaire (47% du PIB) est dominé par la téléphonie mobile (cinq opérateurs), les activités bancaires et les technologies de l'information et de la communication ; le tout soutenu en cela par de profondes réformes institutionnelles et structurelles dans divers secteurs de l'économie; vision qui lui a valu d'être classée parmi les 10 pays ayant réalisé les plus nombreuses réformes en faveur du monde des affaires, sur la période 2013-2014.

Partant de ce fait, l'on peut affirmer que la bataille économique est en passe d'être gagnée, pourtant, il existe de nombreux facteurs de vulnérabilité et de risques qui, si mal maîtrisées, peuvent se révéler de véritables obstacles et remettre les compteurs de la croissance déjà amorcée à zéro.

B- FACTEURS DE RISQUES

De nombreux progrès ont été réalisés depuis la prise officielle du pouvoir par Alassane Ouattara le 11 avril 2011, comme l'analyse ci-dessus l'a démontré. A présent, il est nécessaire de maintenir et renforcer les efforts déjà effectués, il importe d'identifier et d'analyser les divers facteurs de risques potentiels ainsi que leurs diverses interactions. Une telle démarche, loin d'être un pur exercice intellectuel, contribuera, au contraire, à leur anticipation et à la minimisation de leur impact socio-économique.

Dans un pays ayant de « récents souvenirs de guerre et de conflit », comme la Côte d'Ivoire, l'objectif ultime est de « maintenir la paix tout en rebâtissant l'économie nationale et en restaurant la confiance des citoyens peut être très difficile, en particulier si ce pays souffre encore d'extrême pauvreté et que ses jeunes sont en grande majorité sans emploi. »[243]

Un des moyens efficaces pour prévenir les crises consiste à réduire l'impact des facteurs de risque. En l'occurrence, il s'agit de relever les leviers incontournables qui constituent des conditions *sine qua non* pour « une Côte d'Ivoire nouvelle, réconciliée et apte à reprendre le chemin de la croissance durable. »

1- Les risques liés à l'environnement sécuritaire

a- *La construction de l'Etat de droit et la réforme du secteur de sécurité*

Avec l'arrestation de Laurent Gbagbo le 11 avril 2011, un épisode de l'histoire de la Côte d'Ivoire marqué par la violence semblait s'être clos. Pour autant, le pays semblait ne pas encore avoir exorcisé les démons de la violence et de l'insécurité qui ont sévit durant plus d'une décennie. La mise à sac de divers commissariats de police et de postes de gendarmerie dans le district d'Abidjan et à l'intérieur du pays par les FRCI pendant les 4 mois que la crise a duré la crise post-électorale, il y a eu un vide sécuritaire dont le comblement exigera des autorités la mise en application de réformes vigoureuses, notamment le rétablissement de la sécurité en vue de la protection des biens et des personnes et de l'état de droit[244].

Dans leurs efforts de restauration de la sécurité et de l'état de droits, il s'agit, d'abord et nécessairement, pour les nouvelles autorités de procéder à la réduction de la violence armée en luttant contre la prolifération et la circulation illicite des armes légères et de petits calibres (ALPC) rendues excessivement disponibles par les diverses crises que la Côte d'Ivoire a connues depuis 1999, en raison notamment de l'effondrement des unités militaires, du pillage des magasins d'armes et de la fourniture d'armes aux milices civiles et aux groupes d'autodéfense[245].

Il faut dire que la sécurité, au-delà de sa nécessité pour l'épanouissement de l'être humain en tant qu'individu, renferme un enjeu encore plus grand. Il ne peut, en effet, y avoir de développement sans sécurité des personnes et des biens. C'est cette idée séminale que le président Alassane Ouattara a relevé, à juste titre, dans son discours inaugural lors du

---

[243] Pour la Côte d'Ivoire, l'objectif à moyen terme est de reconstituer le tissu socio-culturel et politique détérioré, afin de parvenir à la paix sociale par le biais de la réconciliation nationale, en dernière instance.
[244] Même si aujourd'hui, la situation sécuritaire et des droits de l'homme semble s'être sensiblement améliorée, il faut remarquer aux premières heures de la prise du pouvoir par Alassane Ouattara, il ne se passait pas un seul jour sans que des cas de braquage, d'attaques de domicile et de vols de voitures soient signalés.
[245] A la vérité, il est quasiment impossible de connaitre le nombre exact d'armes qui sont en circulation aujourd'hui sur l'étendue du territoire ivoirien. L'Enquête nationale sur les armes légères et de petit calibre a mis en exergue la disponibilité d'un large éventail d'armes de petit calibre sur les marchés illicites de la Côte d'Ivoire, y compris des armes militaires et de nombreux fusils de fabrication artisanale (Savannah de Tessières, 2012).

séminaire gouvernemental qui s'est tenu les 5 et 6 juillet 2011, à Abidjan où il reconnut que « …la sécurité des gens et de leurs biens et la consolidation de la paix font partie des principaux défis auxquels son gouvernement est confronté. »[246]

Ensuite, l'un des défis que l'administration du président Ouattara devra relever, c'est l'érection de l'état de droit dans le but de « réédifier les fondements de la société ivoirienne et reformer les institutions. »

Dans son acception la plus courante, l'état de droit est un est « un système institutionnel dans lequel la puissance publique est soumise au droit.»[247].

Dans le cas de la Côte d'Ivoire, le concept revêt une double importance. D'abord, l'on ne saurait envisager un quelconque développement sans un minimum de respect des droits fondamentaux des individus et des collectivités.

A cet effet, l'Etat devra veiller à édifier des institutions « efficaces et capables de garantir les droits de propriétés » pour parvenir à une égalité des chances[248]. C'est à ce titre seulement qu'autant les citoyens et les investisseurs étrangers se sentiront rassurés contre une quelconque expropriation et pourront, ainsi, investir dans les activités économiques pour créer de la valeur ajoutée[249].

En outre, il est question de « partir sur de nouvelles bases », c'est-à-dire qu'il faut remontrer aux causes profondes des conflits, et justement l'une des causes les plus évoquées est le non-respect des droits de certaines minorités qui ont été taxées, à un moment donné, d'être de n'être pas des Ivoiriens de souche.

Enfin, il est nécessaire de s'attaquer au pan le plan essentiel de la sécurité, c'est-à-dire la réforme du système sécuritaire, c'est-à-dire trouver un point de chute professionnel à tous ces jeunes qui, pour une raison ou une autre, ont pris part à la « libération » du pays. Après l'euphorie de la victoire, en effet, il s'agit de réorganiser l'armée.

Or, comme on le sait, la mise en place d'une nouvelle armée est une mission délicate. Cette mission s'avère délicate, voire périlleuse, d'autant plus que

Depuis le début de la crise avec la rébellion de septembre 2002, l'armée ivoirienne a subi de profondes mutations dues à l'apparition dans le champ militaire de divers autres acteurs dont le métier premier n'est celui des armes. Il s'agit principalement des Dozos. Les Dozos sont des « chasseurs néo-traditionnels » typiquement reconnaissables à leurs tenues et généralement armés d'armes de fabrication artisanale.

Pratiquement inconnus avant les années 2000, les Dozos firent leur apparition sur la scène militaire ivoirienne à la faveur de la crise de 2002, d'abord, lorsqu'ils furent massivement mobilisés pour s'engager aux côtés des forces de la rébellion. Par la suite, la confrérie se militarisa fortement au contact des Forces nouvelles (FN)[250].

---

[246] En mai 2015, un rapport du Secrétaire général des Nations Unies sur l'Opération des Nations Unies en Côte d'Ivoire (ONUCI) estimait que la situation sécuritaire demeurait « stable dans l'ensemble, mais fragile » et que l'indice de sécurité qui était estimé à 3,8 en 2012 était passé à 1,3 à fin 2014, puis à 1,18 à début janvier 2015, ce qui, *grosso modo*, correspondrait au niveau de sécurité de Genève ou New York.

[247] Un Etat de droit ou (« Rule of Law » en anglais) est fondé sur le principe essentiel du respect des normes juridiques (ou « primauté du droit »), chacun étant soumis au même droit, que ce soit l'individu ou la puissance publique.

[248] Un État de droit s'oppose à un État de police, où règne l'arbitraire.

[249] Dans cet ordre d'idées, il faut trouver dans l'urgence une alternative au principe selon lequel « la terre appartient à celui qui la met en valeur », surtout quand on sait que l'une des causes des crises récurrentes est l'accès à la propriété foncière.

[250] En Bambara, Doso-remarquez l'orthographe- est un terme constitué de « do », *ce qui entre* et de « so », *la concession*. En clair, Doso veut dire « ce qui entre dans la concession et y reste », en parlant de savoir, de savoir-être et de savoir-faire. Ainsi, le *dosoya* (le fait d'être doso- la condition du Doso) dote l'individu d'une somme considérable de savoirs recoupant presque tous les aspects de la vie (art de la chasse, médecine naturelle, pouvoirs mystiques et magiques dont l'ubiquité, de métamorphose, d'invulnérabilité aux armes métalliques, etc.) et aussi le respect d'un code de conduite morale et sociale

Peu à peu, pourtant, leur rôle et responsabilités dans la gestion de la situation sécuritaire du pays prit de l'ampleur. Ainsi, dans les endroits reculés et dans les villages de l'Ouest, en particulier, ils ont acquis un pouvoir exorbitant. Ce sont eux désormais qui assurent la « sécurité» des champs et des campements agricoles réinvestis par les « allogènes »[251]. Recrutant des éléments tous azimuts (sans plus guère de référence au rituel traditionnel), ils sont devenus une véritable milice au service des nouveaux maîtres des lieux, en relation étroite avec les FRCI.

Cependant, leur incursion dans le paysage sécuritaire n'a pas que des aspects positifs, au contraire ce pouvoir qu'ils ont acquis à la faveur des circonstances a pris tellement d'ampleur qu'ils n'hésitent pas à en abuser[252].

A côté des Dozos, il y a lieu de gérer les attentes parfois impatientes de ceux que l'on pourrait nommer les « Jeunes associés ».

Il s'agit des jeunes pour la plupart recrutés par ci et par là, tout azimut lors des offensives de 2010-2011 et surnommées les « to monnan ».

Durant cette dernière phase de la guerre, en effet, de nombreuses forces supplétives ont été recrutées. Arrivés à Abidjan comme des libérateurs en avril, nombre de ces combattants, souvent issus de villages reculés du nord, ont très vite goûté aux douceurs de la capitale économique[253].

Le consumérisme à tout crin a eu raison de la discipline militaire. Certains d'entre eux se sont alors livrés à des pillages et un racket qui prenaient la forme de « revanche sociale. » Auréolés de leur victoire, les petits « paysans-soldats » ont ainsi fait payer à la bourgeoisie urbaine, choyée par tous les régimes depuis l'indépendance, une vieille relation de subordination. Depuis lors, ces comportements ostentatoires ont été modérés et réprimés.

Mais la dimension structurelle de cette « revanche de classe », qu'exprime la nouvelle génération de combattants issus du Nord, ne doit pas être sous-estimée. Elle demeurera dans les mois et les années à venir une variable importante de l'évolution de leur rapport au pouvoir politique et à la hiérarchie militaire. Il en est de même des nouvelles recrues urbaines. Les jeunes des quartiers populaires plutôt favorables à Alassane Ouattara (Adjamé, Treichville, Koumassi, Abobo) se sont souvent auto-organisés pour faire face aux menaces et aux attaques des miliciens du régime Gbagbo. La résistance s'est ainsi construite en peau de léopard, à partir de petits territoires arrachés aux mains des nervis du pouvoir. La prise d'un commissariat d'Attécoubé, par exemple, a permis aux jeunes de récupérer des armes et des uniformes dépareillés, de sécuriser leur quartier puis de prolonger leur offensive vers un camp militaire plus important encadrés par des éléments FRCI. Leur auto-défense s'est aussi bâtie sur des réseaux de sociabilité locale : associations de jeunes, comités de « maracana » (football de rue), clubs de karaté, grins de thé, organisations professionnelles, notamment de

---

(http://www.rezoivoire.net/cotedivoire/patrimoine/92/les-chasseurs-dozo-origine-du-dozoya.html#.V87xXSiLTIU).

[251] Est-il encore besoin de rappeler que l'Ouest est depuis le début des années 90 le théâtre de violents affrontements, d'une part, entre autochtones et allochtones, et d'autre part, entre autochtones et allogènes à propos de l'occupation foncière.

[252] En 2011, ils se rappelèrent encore une fois aux bons souvenirs des Ivoiriens. Les Dozos ont à nouveau joué un rôle clé dans ce qui fut, des deux côtés, une « guerre hyper mystique » selon l'expression d'un de mes informateurs. Ils ont acquis alors une visibilité nouvelle dans l'espace public, avec à leur tête le charismatique commandant Zacharia Koné, « Com zone » de Séguéla, devenu patron de la nouvelle police militaire des FRCI. Certains dozos venus du Nord sont ensuite rentrés chez eux pour sécuriser les axes stratégiques des régions rurales et ceux restés à Abidjan ou dans les autres agglomérations du Sud ont été sommés de se faire plus discrets.

[253] En son temps, l'ONUCI avait été de d'au moins 228 assassinats, 164 cas de coups et blessures et 162 arrestations et détentions illégales commis par des Dozos de 2009 à 2013. Le silence du pouvoir sur ces exactions à fait dire certains que le pouvoir du Président Ouattara leur est trop redevable pour pouvoir prendre des sanctions contre eux.

chauffeurs, « syndicats » de « wôrô wôrô » (taxi) dans les gares routières, « Universités du temps libre», structures militantes de la Fesci, et bien sûr cellules locales des partis d'opposition, dont le RDR qui a fourni le gros des troupes de combattants, y compris du fameux «Commando *fongnon*» d'Abobo[254]. Nos enquêtes montrent que l'engagement dans la violence a certes été motivé par des considérations politiques (« défendre sa vie et son vote »), mais il a aussi obéi à des considérations et des structures sociales micro-locales. Ce n'est souvent que dans un second temps que ces jeunes des quartiers ont été incorporés formellement dans la hiérarchie des FRCI. Idem pour les « gros bras », « Cœurmen » et autres « Zigueï » (gangsters et chefs de bandes) qui s'étaient taillés une réputation au « ghetto »13 et qui, à l'instar de leurs collègues ayant rejoint les milices de Laurent Gabgbo, ont converti leurs « sciences de la rue » au service de la cause Ouattariste[255].

Armée de « Com zones », les FRCI sont donc aussi une armée de « Gbonhi » : une agrégation plus ou moins lâche de petits groupes de jeunes combattants qui, durant la bataille d'Abidjan, se sont mobilisés sous la houlette d'un « vieux père », d'un petit leader de quartier, et qui obéissent souvent plus à ce dernier qu'à la hiérarchie formelle de l'armée, fut-elle en train de se réformer.

Ces jeunes FRCI « civils » se considèrent comme les « libérateurs du pays » – et sont souvent reconnus comme tels au quartier où ils se pavanent dans leurs nouveaux uniformes, conquête féminine au bras. Ils sont devenus les nouvelles figures de la réussite sociale par les armes. Ces « Jeunes associés » (selon la terminologie officielle du nouveau programme de démobilisation) sont nombreux. A ce jour, l'on aurait recensé 38 834 d'entre eux et seraient en attente de réinsertion[256].

Or, d'après certaines enquêtes de terrain, ce processus de « réinsertion » s'avère être très compliqué, car la plupart de ces jeunes supplétifs, incorporés dans les FRCI, se considèrent déjà comme des militaires et n'envisagent pas leur avenir autrement que dans les « corps habillés ». Les projets alternatifs, imaginés par le pouvoir et les bailleurs sous la forme du Service civique ou du Corps des Volontaires pour le Développement, ne les intéressent pas.

A l'instar des milices de « Jeunes patriotes » du temps de Gbagbo, tous ces jeunes qui ont pris les armes pour défendre la victoire d'Alassane Ouattara estiment que leur engagement mérite aujourd'hui une récompense. Certains groupes ont déjà manifesté assez violemment leur grogne vis-à-vis du pouvoir. Le parallèle est frappant avec la fin du régime Gbagbo qui s'était heurté à ses propres forces supplétives.

Quoiqu'il en soit, le défi est de pouvoir trouver un point de chute raisonnable et durable à tous ces jeunes dans un avenir plus ou moins proche, si l'on veut éviter de créer encore des enclaves de rébellion potentielle, d'autant qu'au regard de leur origine il apparaît difficile de « …faire respecter la discipline au sein des troupes FRCI, peu professionnelles et dont certains éléments relèvent avant tout de la bande armée »

Néanmoins, au-delà de toutes ces considérations, il y a lieu de s'interroger sur la pertinence et l'efficacité des programmes de DDR entamés depuis environ 2007 avec les Accords dits de Ouagadougou et surtout le parachutage des FRCI dans l'armée officielle, créant ainsi des problèmes de grade et de hiérarchie, toutes choses qui, à plus ou moins brève échéance, constituent non seulement des défis, mais également des risques potentiels d'implosion au sein de cette armée dont les éléments sont issues de différentes forces militaires[257].

---

[254] En Malinké, le vocable veut dire invisible, donc commando fongnon signifie « Commando invisible ».
[255] Néologisme formée à partir du nom du président Ouattara.
[256] Selon certaines statistiques, ce serait 20 000 jeunes combattants volontaires dans le Nord et le Sud qui doivent retrouver un statut civil auxquels s'ajoutent des dizaines de milliers de miliciens armés.
[257] Richard Banégas, *Reconstruction « post-conflit », violence et politique en Côte d'Ivoire* – Octobre 2012- http://www.sciencespo.fr/ceri/. C'est pour faire face à ces crises potentielles que la Loi de programmation militaire verra prochainement le jour.

Toutefois, il se pose la question de l'intégration de l'armée des commandants, ces anciens combattants de zones des ex-Forces nouvelles et qui se sont ralliés à Alassane Ouattara lors de la crise post-électorale, qui se font généralement appelés "Com-zones". Ils ont certes été intégrés dans l'armée nationale, généralement à des postes de gradés sans être nécessairement passés par les étapes requises. Mais, en le faisant, l'envers de la médaille, c'est qu'il naîtra nécessairement des frustrations de la part de ceux qui ont franchi les étapes normales de la hiérarchie pour parvenir à leur grade. Alors, il se pose une série de questions auxquelles il faut apporter des réponses: comment trouver le juste milieu entre « la reconnaissance du service rendu » et la norme militaire ? Comment créer un climat d'apaisement entre les frères ennemis d'hier et qui sont contraints de travailler ensemble aujourd'hui ?[258]

A la lumière de tout cela, il est évident que a restructuration de l'armée ivoirienne apparaît plus que jamais comme un dossier qu'il va falloir traiter sous la double considération de l'urgence et de la délicatesse, mais avant tout, en vue d'éviter les frustrations et ressentiments, l'érection de la nouvelle armée devra se faire avec le consensus et le tact, au risqué de générer d'autres frustrations qu'il serait hasardeux de gérer. Comme l'a souligné un jour le président Alassane Ouattara lui-même, l'une des tâches auxquelles il s'est astreint à a sa prise du pouvoir, c'était de «… doter la Côte d'Ivoire d'Institutions républicaines et …remettre en ordre notre outil de défense et de sécurité. Après la mise en place du Conseil National de Sécurité (CNS) et la création de l'Autorité du Désarmement, de la Démobilisation et de la Réinsertion, la Réforme du Secteur de la Sécurité, sera accélérée en vue d'assurer l'unité, la modernisation, et l'efficacité de notre appareil sécuritaire ». Beau programme en perspective, mais en réalité, bien qu'ayant fusionné, cette grande muette "demeure encore fortement marquée par son origine insurrectionnelle : elle reste une armée de « Com-zones2 », ceux-ci par-delà leurs fonctions officielles, exercent une influence considérable. Les relations hiérarchiques obéissent encore très largement aux réseaux de patronages des anciens chefs de guerre."[259]

b- *Désarmement, démobilisation et réinsertion/réintégration (DDR) des anciens combattants*

Le DDR demeure un processus complexe à plusieurs dimensions, notamment politiques, militaires, sécuritaires, humanitaires et socio-économiques, dont l'objectif premier est de faire face aux défis sécuritaires après-guerre que représentent les combattants qui sont, non seulement, encore en possession de leurs armes, mais qui se retrouvent sans subsistances ni réseaux de soutien autres que ceux de leurs anciens compagnons, encore moins d'une qualification, compétence ou moyen leur permettant de tirer avantage d'une quelconque opportunité d'emploi[260].

---

[258] Les nominations du Général de division Soumaïla Bakayoko, ex-chef d'Etat-major des FAFN, au poste de Chef d'état-major général des FRCI et du Général de brigade Firmin Detoh Letoh, ancien commandant des forces terrestres des FDS, au poste de chef d'état-major adjoint des FRCI, est l'illustration que La réforme de la nouvelle armée ivoirienne constitue une préoccupation majeure pour le pouvoir en place.

[259] Le séminaire de réflexion pour la reconstruction et la restructuration du système de sécurité et de défense de la Côte d'Ivoire organisé les 22, 23 et 24 juin 2011 et réunissant les plus hauts gradés de l'armée ivoirienne, a d'ores et déjà permis d'arrêter de grandes décisions stratégiques. Aux termes de cet atelier, le nombre de combattants FAFN et autres éléments issus des milices et groupes d'auto-défense devant intégrer la nouvelle armée, la police et la gendarmerie a été revu à la hausse.

[260] « Les combattants mécontents qui ne disposent pas de réseaux de soutien, autres que leurs anciens camarades, peuvent demander réparation par la criminalité ou la violence politique, surtout lorsque les causes sous-jacentes du conflit, comme le chômage, l'iniquité ou la pauvreté existent encore » (UNDP, *Disarmament, Demobilization and Reintegration of Ex-combatants*, Practice Note, 2011).

En outre, les anciens soldats peuvent ne pas avoir les compétences ou les moyens de gagner un revenu en tant que civils.

Alors, le fait de ne pas répondre à leurs besoins particuliers peut avoir des conséquences à long terme sur le développement durable, aggraver les conditions d'instabilité et menacer ce qui peut parfois être une paix fragile.

Pour cette raison, en dépit des avantages parfois disproportionnés que les combattants peuvent recevoir au cours de la phase de reconstruction post-conflit en termes de package de réinsertion, il est essentiel de comprendre que les programmes DDR s'avèrent finalement nécessaires, pour au moins deux raisons : « établir la *confiance et la sécurité* dans les sociétés déchirées par la guerre, et par-là réduire les obstacles et les blocages aux efforts de redressement plus vastes » et « cherche à assurer la réinsertion sociale et économique des ex-combattants afin qu'ils deviennent des *parties prenantes au processus de paix.* »

Le cas de la Côte d'Ivoire, en matière de DDR est assez spécifique. En général, lorsqu'on détache les lettres du processus, les deux premiers « D » viennent avant le « R », et ainsi va le processus dans sa phase de mise en œuvre, mais pour la Côte d'Ivoire, c'est le contraire qui s'est produit, de sorte que le processus de réinsertion et/ou réintégration avait déjà même été entamé avant la reddition des armes et des munitions par les combattants[261].

Aux yeux de certains experts internationaux, ce pourrait être un cas d'école si cette manière de faire le DDR marchait, mais l'inconvénient c'est que le risque sécuritaire persiste encore, dans la mesure où les combattants peuvent être tentés d'utiliser leurs armes d'autres façons, surtout s'ils estiment qu'ils peuvent subir des pertes au change dans les divers programmes qui leur sont destinés.

Dans tous les cas, depuis le 24 juin 2015, l'Autorité pour le Désarmement, la Démobilisation et la Réintégration (ADDR) a été dissoute et été remplacée par la Cellule de Coordination, de Suivi et de Réinsertion (CCSR), après avoir parvenu à la démobilisation, réinsertion/réintégration de 55 000 ex-combattants sur les 64 000 inscrits pour le programme, l'objectif, à terme, étant la réintégration de quelques 74 068; et collecté 34 798 armes (fusils et grenades), 3618 explosifs et 3 093 441 munitions[262].

Toutefois, en dépit du bilan présumé positif que les autorités ivoiriennes tirent du processus, notamment [...le taux « très satisfaisant » de réinsertion de 85 %] permettant «... de mettre fin aux opérations de l'ADDR sans encourir un risque sécuritaire élevé », il y a que le principal critère d'éligibilité qui était la remise de munitions était biaisé, dans la mesure où selon le Groupe d'experts sur la Côte d'Ivoire, plusieurs jeunes démobilisés auraient volé des munitions dans les arsenaux militaires, en vue de bénéficier du programme[263].

Tableau 27 : Taux d'insertion/réintégration des combattants en fonction des secteurs des secteurs d'activités

Opportunités de réintégration	Objectif annuel	Effectifs		Total réinsérés /réintégrés	%	Effectifs restant à réinsérer
		En cours de réinsertion / réinsérés	Réintégrés			

---

[261] Il y a lieu de préciser que le processus n'est pas toujours linéaire, tout dépend du contexte et des ressources à disposition. Comme le souligne à juste titre Fidèle Sarassoro, ex- coordonnateur de l'ADDR, « *Un processus de DDR n'est jamais linéaire. L'essentiel, c'est d'atteindre un niveau de réinsertion et de réintégration qui devient irréversible* ».

[262] L'ADDR est l'organe dédié à la réinsertion et la réintégration des anciens combattants. Il aurait permis d'insérer dans le tissu socio-économique plus de 55.000 ex-combattants au bout de trois ans d'activité (http://news.abidjan.net/h/556108.html).

[263] Il est un fait fondamental que les promoteurs du programme ont ignoré ou, du moins, sous-estimé. Ils étaient loin de se douter que la situation de chômage généralisé pouvait conduire n'importe qui à acquérir une arme pour l'échanger contre un emploi dans le cadre des divers programmes de réinsertion/ réintégration.

I. Emploi salarié dans les administrations publiques	6 550	3008	2000	5008	76%	1 542
II. Emploi salarié dans le secteur privé	356	0	56	56	16%	300
Auto-emploi : réintégration des artisans confirmés	14 622	8 555	3 631	12 186	83%	2 436
IV. Auto-emploi: réintégration des apprentis artisans	7 450	2 482	1 090	3 572	48%	3 878
V. Projet de réintégration dans les économies vertes	722	556	0	556	77%	166
VI. Auto-réintégrés	300	0	35	35	12%	265
Total	30 000	14 601	6 812	21 413	71%	8 587

c- *La collecte des armes et la sécurité des citoyens*

A-t-on vraiment idée du nombre d'armes illégales en Côte d'Ivoire aujourd'hui?[264] Cette question, loin d'être superflue, acquiert tout son sens lorsqu'on essaie de la relier aux divers épisodes de collectes d'armes par le biais de projets sectoriels[265].

S'il est encore besoin de le rappeler, il faut savoir que le DDR ivoirien, d'un type particulier, a suivi le processus inverse, c'est-à-dire que l'insertion a précédé la collecte et la destruction des armes détenues par les ex-combattants.

Après la fin officielle du mandat de l'ADDR, après ans d'existence qui a permis de collecter des dizaines de milliers d'armements et de réintégrer plus de 58 mille ex-combattants dans le tissu socioéconomique ivoirien, c'est la Commission nationale de lutte contre la prolifération et la circulation illicite des armes légères et de petits calibres (ComNat-Alpc) est désormais en charge de la collecte d'armes.

Depuis novembre 2011, il faut souligner que la ComNat-ALPC a pu collecter plus de 9661 armes tandis que plus de 8560 armes obsolètes ont été détruites, 28196 armes de dotation des forces nationales de sécurité furent marquées, 76 sites de stockage d'armes et de munitions furent réhabilités et 107 comités de sécurité communautaire et 2 commissions déconcentrées furent installés.

Néanmoins, en dépit de ce bilan pour le moins *positif*, le fait est que le DDR est un processus encore à la croisée des chemins[266].

---

[264] Au début de la rébellion, en 2002, un embargo sur l'importation des armes, avait été imposée à la Côte d'Ivoire par le Conseil de sécurité des Nations unies. Néanmoins, en 2014, cet embargo a été allégé pour permettre aux autorités ivoiriennes d'importer des armes nécessaires pour la réforme de leur système de sécurité, mais cette importation ne saurait concerner certaines armes lourdes (ex. missiles surface-air), pour lesquelles l'accord préalable du Comité de sanctions est nécessaire.

[265] Cf. la volonté de l'Ambassadeur du Japon en Côte d'Ivoire, Hiroshi Kawamura, de « collecter 3.000 armes légères » supplémentaires d'ici à fin 2017, suite à « la première phase (du désarmement) débutée en 2012 et qui s'est achevée en 2015 par la collecte de près de 100.000 armes, 400.000 munitions et plus de 2.000 grenades, (…), l'objectif visé par cette deuxième phase (qui s'étend jusqu'en 2017) est la collecte de 3.000 armes et 100.000 munitions ».
En outre, le Réseau
Le Japon, à travers son ambassadeur en Côte d'Ivoire, Hiroshi Kawamura, s'est engagé à apporter un appui financier de plus de 301 milliards de FCFA pour la collecte de 3.000 armes et 100.000 munitions, dans le cadre de la lutte contre la prolifération des armes légères en Côte d'Ivoire.
Dans le cadre de son projet intitulé : « Campagne de sensibilisation pour le dépôt volontaire des armes détenues illégalement et d'identification des projets de réponse au profit des déposants d'armes et munitions en Côte d'Ivoire », financé par le Japon à travers le PNUD et avec l'appui technique de la ComNat-Alpc, le Rasalao-Ci s'est rendu dans les régions de Cavally et Guémon du 17 au 27 Juillet 2016.

[266] Ce terme doit être relativisé, car on ne sait pas par rapport à quelle référence de base, ce bilan doit être jugé positif.

En réalité, du fait de la polarisation du conflit et de son option de ne pas respecter la logique des D-D-R, mais au contraire de procéder par la réinsertion avant le désarmement, le DDR ivoirien est un processus qui se heurte à nombre de difficultés. Il est tout à fait évident que depuis 2011, l'indice général de sécurité s'est nettement amélioré en passant de 3,8 en janvier 2012 à 1,18 en septembre 2014[267].

Cependant, d'après le Groupe d'experts sur la Côte d'Ivoire a recueilli des témoignages d'ex-combattants des groupes d'autodéfenses (milices) pro-Gbagbo qui préféraient ne pas s'inscrire au processus DDR, notamment de peur d'être victimes d'actes de vengeance[268].

D'autre part, la lenteur du processus de réintégration aurait également découragé certains anciens combattants qui auraient abandonné le processus DDR. Les retards dans les versements ou les paiements partiels des sommes initialement promises ont parfois causé la grogne des démobilisés[269].

Enfin, l'existence de milliers d'armes de caches d'armes qu'il reste à mettre au jour, comme l'a souligné le Groupe d'experts sur la Côte d'Ivoire, car « pendant près de dix ans de crise, du matériel de guerre a été largement distribué sans aucune forme de contrôle aux civils enrôlés comme forces supplétives », alors le danger d'une réelle insécurité subsiste[270].

Par ailleurs, la révélation d'un rapport confidentiel des Nations unies à propos de l'ancien Comzone Kouakou Fofié[271] disposant d'un arsenal dont les armes lourdes supplanteraient la puissance de feu de l'ensemble des FRCI, où il y aurait, entre autres, des centaines de mitrailleuses, des missiles sol-air, des mortiers, des lance-roquettes, etc., est particulièrement de nature à mettre en péril la sécurité des citoyens, partant la paix sociale[272].

Selon un rapport des Nations unies, certes la situation sécuritaire, dans son ensemble, s'est considérablement améliorée, mais « Les conflits intercommunautaires, les vols à main armée, les violences sexuelles et sexistes, les violences contre les mineurs et d'autres activités criminelles continuent d'alimenter l'insécurité dans certaines parties du pays ».

En outre, « Des troubles sociaux, principalement sous forme de manifestations et de protestations publiques, se sont produits. On a observé des manifestations violentes en juillet par suite d'une augmentation des prix de l'électricité, des manifestations étudiantes en avril et en juillet à cause des conditions d'études supérieures sur les campus, une grève des professeurs d'université en août concernant leur rémunération, des grèves des enseignants du primaire et du secondaire en septembre et en octobre et en janvier 2017 concernant les salaires et la réforme du régime de retraite, et des manifestations étudiantes en janvier. Le Gouvernement a fait face à ces situations sans qu'aucun incident grave de sécurité n'ait été

---

[267] http://www.financialafrik.com/2015/10/11/diagnostic-economique-de-la-cote-divoire-a-14-jours-des-presidentielles/#.WJtCbRuLTIV.

[268] Ce Groupe d'experts sur la Côte d'Ivoire reconnaît qu'il y a encore de nombreuses armes et munitions aux mains d'individus non-identifiés, toutes choses capables d'en ajouter à la complexité du processus de désarmement.

[269] Une chose est sûre, c'est qu'au train auquel ces armes sont collectées, il est fort à parier que ce processus a encore de beaux jours devant lui.

[270] Selon la ComNat-ALPC, le contrôle insuffisant sur les armes détenues par les particuliers et les forces armées est un facteur supplémentaire qui favorise la prolifération d'armes dans la région. Récemment, un rapport des Nations unies, publié le 4 avril 2016, incriminait le Président de l'Assemblée nationale, Guillaume Soro, de « détenir secrètement 300 tonnes d'armes et de munitions. »

[271] Le Lieutenant-Colonel Martin Fofié Kouakou, anciennement premier responsable du commandement de bataillon de la 4ème d'infanterie de Korhogo, est aujourd'hui adjoint militaire à la deuxième région au commandement régional de Daloa. En son temps, le mouvement des Forces nouvelles de Côte d'Ivoire, jadis organisé autour d'un cabinet civil et d'un état-major militaire, a structuré le territoire qu'il couvre en dix zones géographiques : Zone 1 (Bouna) ; Zone 2 (Katiola) ; Zone 3 (Bouaké) ; Zone 4 (Mankono) ; Zone 5 (Séguéla) ; Zone 6 (Man) ; Zone 7 (Touba) ; Zone 8 (Odienné) ; Zone 9 (Boundiali) ; Zone 10 (Korhogo).

[272] Cet arsenal lourd aurait été introduit en Côte d'Ivoire en violation de l'embargo en vigueur (Département fédéral de justice et police DFJP, Secrétariat d'Etat aux migrations SEM Section Analyses, Focus Côte d'Ivoire. Situation sécuritaire, Berne-Wabern, le 17 décembre 2015).

signalé. À l'issue des négociations avec les enseignants organisées par le Gouvernement à la mi-janvier, les manifestants ont annoncé la fin de la grève le 23 janvier. »; le tout dénotant un profond malaise social qu'il faut résorber, mieux qu'il faut anticiper au risque de le laisser se cristalliser[273]

2- Le processus socio-politique

a- *Justice transitionnelle et lutte contre l'impunité*

Au lendemain de la crise post-électorale, en vue de mettre fin à la polarisation ethnique et politique, et partant de limiter l'influence des facteurs de division susceptibles de déclencher de nouvelles violences, notamment l'impunité, le gouvernement a élaboré et mis en oœuvre un plan de justice transitionnelle, en se fondant sur l'idée que « la compréhension et la reconnaissance des violences est une étape obligatoire pour accepter la réconciliation; comme leur nom l'indique, la vérité doit venir avant la réconciliation.» Des litiges fonciers aux réfugiés, victimes de la crise post-électorale, en passant par la mauvaise exploitation du concept d'ivoirité, c'est autant de facteurs qui, à un moment donné de l'histoire de la Côte d'Ivoire, ont fortement contribué à alimenter les tensions communautaires. C'est la raison pour laquelle, dès son accession au pouvoir d'Etat, le gouvernement d'Alassane Ouattara a mis en place trois structures : la Commission Nationale d'Enquête (CNE), la Cellule Spéciale d'Enquête (CSE), et la Commission Dialogue, Vérité et Réconciliation (CDVR) dans l'intention de faire un diagnostic complet des facteurs profonds et sous-jacents des diverses crises qui ont jalonné l'histoire récente du pays[274].

Visant au même but, sous des appellations et des responsabilités différentes, ces structures prônent la réconciliation et le retour à la cohésion nationale. Pour ce qui est de la CDVR, le décret de création, cet instrument de justice transitionnelle avait pour mission respectivement d'« effectuer un important travail d'investigation consistant d'une part à « élaborer une typologie appropriée des violations des droits de l'homme (…) », et d'autre part à « rechercher la vérité et situer les responsabilités sur les évènements sociopolitiques nationaux passés et récents ».

Ensuite, il incombait à la CDVR de prendre en compte la souffrance des victimes et d'essayer d'y remédier. Pour ce faire, il lui fallait « entendre les victimes, obtenir la reconnaissance des faits par les auteurs des violations incriminées et le pardon consécutif », mais aussi « proposer les moyens de toute nature susceptibles de contribuer à guérir les traumatismes subis par les victimes ». Un troisième aspect concerne le pouvoir de recommandation de la Commission ivoirienne qui devait « identifier et faire des propositions pour leur réalisation des actions de nature à renforcer la cohésion sociale, l'unité nationale ; d'identifier et faire des propositions visant à lutter contre l'injustice, les inégalités de toute nature, le tribalisme, le népotisme, l'exclusion ainsi que la haine sous toutes leurs formes ». Enfin, il incombait à la CDVR d'œuvrer directement à la sensibilisation et à l'éducation des populations.

À cet effet, l'ordonnance du 13 juillet lui enjoignait « d'éduquer à la paix, au dialogue et à la coexistence pacifique ; de contribuer à l'émergence d'une conscience nationale et à l'adhésion de tous au primat de l'intérêt général ; de promouvoir le respect des différences et les valeurs démocratiques »[275]

---

[273] ONU, *Rapport final du Secrétaire général sur l'Opération des Nations Unies en Côte d'Ivoire*, Conseil de sécurité, S/2017/89, 31 janvier, 2017.
[274] Par ailleurs, un programme spécifiquement dédié à la cohésion sociale a été mis en place en 2012.
[275] A travers les quatre principaux mécanismes de la justice transitionnelle qui sont : « (1) les procès, civils ou pénaux, nationaux ou internationaux, locaux ou étrangers; (2) les organes d'enquête, comme les commissions de vérité ou d'autres enquêtes menées par des instances nationales ou internationales; (3) les réparations, pouvant

Cette autorité administrative qui avait pour responsabilité ultime d'« œuvrer en toute indépendance à la réconciliation et au renforcement de la cohésion sociale entre toutes les communautés vivant en Côte d'Ivoire » était dotée d'un mandat de deux (2) ans avec à sa tête l'ancien gouverneur de la BCEAO, Charles Konan Banny aidé de plusieurs vice-présidents. En outre, il s'agissait pour cet organe d'« élaborer une typologie des violations des droits de l'homme susceptibles d'être l'objet de ses délibérations » et à « rechercher la vérité et situer les responsabilités sur les événements sociopolitiques nationaux passés et récents ».

Un peu plus de trois ans d'activités plus tard, la CDVR rendit ses conclusions au gouvernement le 15 décembre 2014 laissant les Ivoiriens quelque peu sur leur faim, parce que n'ayant pas pu clairement situer les diverses responsabilités des uns et des autres des deux camps impliqués dans la crise.

Néanmoins, en dépit du travail d'Hercule abattu par cette commission, il n'en demeure pas moins que son rapport donna fortement lieu à plusieurs critiques dues en majorité à un certain nombre de défauts liés non seulement à son acte de naissance, mais encore au délai à elle imparti. Il s'agit, en effet, d'un organe créé par ordonnance qui n'a pas de compétence judiciaire. Comme le disait un analyste: « C'est seulement un mécanisme devant offrir une opportunité aux Ivoiriens de se parler, de connaître la vérité sur les expériences traumatisantes qu'ils ont vécus et de faciliter le pardon et la guérison. ».

Ainsi, la CDVR, tout comme ses sœurs dans d'autres parties du monde, pêchent invariablement à cause «… du contexte dans lequel elles apparaissent, celui d'une société émergeant d'un conflit le plus souvent dévastateur, d'une société en pleine reconstruction.

La pauvreté chronique engendre des problèmes d'accès à la justice qui se reflètent dans la portée des CVR. Lorsque les victimes ne peuvent se déplacer sur de longues distances pour aller témoigner ou n'ont pas même connaissance de l'existence de recours, par manque d'accès à l'information, le travail des CVR devient alors encore plus difficile.

De plus, le contexte transitionnel, comme le notent plusieurs auteurs, fait aussi souvent en sorte que le climat politique peut être instable… » Pour cette raison, plusieurs auteurs affirment qu'elles ne sont pas en mesure de mettre suffisamment l'accent sur la justice et l'octroi de réparations aux victimes et qu'à ce titre, elles ne « peuvent être véritablement considérées comme une forme de justice…. »[276]

Toutefois, au-delà des défis propres liés au fondement théorique du processus lui-même, il y a que celle de Côte d'Ivoire doit satisfaire à une exigence pratique, c'est-à-dire qu'elle doit être soutenue non seulement par la justice économique et politique, mais également par le partage social du pouvoir. En outre, il faut remarquer que le processus de « réconciliation » reste bloqué, car la CDVR n'a pas pu faire la lumière sur les divers crimes commis, dans l'un comme dans l'autre camp, toute attitude qui loin, de faciliter ce processus, pose la question du traitement des responsables de l'autre camp, dont Guillaume Soro ; et la justice nationale, quand elle s'exerce, s'apparente de facto à une justice des vainqueurs, notamment avec le transfèrement de Laurent Gbagbo à la Haye alors même que tous les barons de la rébellion se pavanent sans être inquiétés.

Comme on a pu le constater tout au long de cette analyse, parvenir à la réconciliation des Ivoiriens et retrouver la cohésion nationale pour faire de la Côte d'Ivoire, le havre de paix

---

être compensatoires, symboliques, restitutives, en nature ou visant la réhabilitation; et (4) les réformes de justice, comprenant les réformes juridiques et constitutionnelles et le retrait des agresseurs de la fonction publique grâce à des procédures de vérification de leurs antécédents », le processus de justice transitionnelle est le corollaire de la création des commissions, dialogue et vérité en tant que moyen ultime de réparation pour « …faire face à des exactions massives commises dans le passé, en vue d'établir les responsabilités, de rendre la justice et de permettre la réconciliation » (Daniel Lopes, La Commission Dialogue Vérité et Réconciliation en Côte d'Ivoire: la réconciliation n'a pas eu lieu. Note d'analyse, *GRIP*, juin 2015).

[276] Timothée Labelle et Jean-Nicholas Trudel, Au cœur de la reconstruction ivoirienne : la réconciliation, *Revue québécoise de droit international*, 25.1, 2012.

qu'elle était jadis est une étape incontournable après la crise post-électorale « qui a mis le tissu social ivoirien en lambeaux ». Elle passe nécessairement par les deux piliers que sont la réhabilitation économique et la réforme du secteur de la sécurité, les deux à leur tour devant nourrir le processus de réconciliation et de cohésion sociale[277].

b- Chômage, sous-emploi et violence des jeunes

En 2025, 22 millions d'Ivoiriens seront en âge de travailler, soit 40% de plus qu'en 2015, selon la Banque mondiale[278]. Sur la base de ces prospectives, l'on peut affirmer, avec une certaine confiance, que le problème va se poser avec plus d'acuité, si cette tendance se maintient, et surtout si rien n'est résolument fait pour y faire face[279]. Et ce qui est à déplorer, ce sont les conséquences multiples auxquelles il va falloir faire face (grèves à répétitions dans les universités et grandes écoles, bras de fer entre pouvoirs publics et organisations syndicales du Supérieur, actes de vandalisme, etc.), avec pour finalité une dépréciation des diplômes et accentuation du non-emploi.

Par ailleurs, le lien entre situation de non-emploi et pauvreté étant de plus en plus évident, il est évident que la marginalisation économique et sociale des jeunes les pousse à « l'extrémisme violent »[280].

En effet, « Le chômage des jeunes accroît le risque de perturbations sociales et de conflits violents » souligne un expert des problèmes de développement économique et social en Afrique. Il continue pour insister : « Si nous ne créons pas d'emploi et que nous n'adressons pas un message d'espoir aux jeunes, c'est comme si nous ne faisions rien. Nous devons leur donner l'occasion d'utiliser des stylos plutôt que des armes. ».

Finalement, il termine pour affirmer que: « Créer des emplois pour les jeunes rend les économies plus solides, car cela se traduit par une meilleure productivité et un plus grand nombre de consommateurs avec de l'argent à dépenser ».

En réalité, l'analyse de l'emploi en relation avec le statut de pauvreté indique que plus du tiers de la population ayant un emploi est pauvre (35,5 %). La pauvreté est plus accentuée chez les

---

[277] La Loi de programmation militaire a été votée depuis le 04 janvier 2016 vise à «…déterminer les ressources que le pays entend consacrer à la défense au cours des 5 prochaines années en vue d'avoir une armée opérationnelle et professionnelle à l'horizon 2020. La Loi de programmation militaire permettra également de déterminer les ressources humaines des forces armées de Côte d'Ivoire. Il faut indiquer que c'est la première fois que la Côte d'ivoire se dote d'une loi de programmation militaire. »

[278] L'institution prévoit également que « Seul environ un Ivoirien sur quatre sera occupé dans l'agriculture car stimulée par l'urbanisation galopante. La grande partie des emplois seront dans l'auto-emploi et les petites entreprises familiales en zones urbaines. » (Rapport Banque mondiale, 2015).

[279] Passant de 8,9% en 1998 à 13,1% en 2002 et à 15,7% en 2008, avec un taux cinq fois plus élevé en milieu urbain qu'en milieu rural, et touchant surtout les jeunes (24,2% chez les jeunes de 15-24 ans), le chômage et le sous-emploi se sont intensifiés au fil du temps, accentuant, ainsi, la vulnérabilité de ceux qui œuvrent dans l'informel. Ce sombre tableau s'explique, d'une part, par des problèmes structurels et, d'autre part, par une mauvaise conjoncture liée à la crise socio-politique et militaire. En effet, « Les structures tant publiques que privées, pourvoyeuses d'emplois salariés, n'étant pas capables d'absorber toutes les demandes, le nombre de sans-emplois (population en quête d'un premier emploi) et de chômeurs générés par la crise économique demeure donc important. C'est un des problèmes majeurs de la Côte d'Ivoire, mais c'est aussi une question épineuse parce que la population ivoirienne est essentiellement jeune. L'enseignement supérieur ivoirien forme des diplômés qui ne trouvent pas forcément du travail et de nombreuses entreprises ont fermé ou délocalisé leurs activités, notamment dans le domaine de l'industrie touristique, du transit et de la banque depuis déjà presque une décennie. »

[280] Les groupes extrémistes et certaines élites politiques africaines, notamment, n'hésitent pas à exploiter le désespoir, la pauvreté et la frustration de ces jeunes qui n'arrivent pas à concrétiser leurs ambitions légitimes, dans les attentats terroristes et les conflits. C'est, d'ailleurs, le même désespoir qui les (les jeunes africains) pousse à traverser la méditerranée par milliers, au plus grand « mépris » de leur vie.

agriculteurs (5 agriculteurs sur 10). Le plus faible taux de pauvreté est enregistré chez les personnes exerçant des activités de services (22,4 %). Au niveau de l'emploi, la population en âge de travailler (personnes âgées d'au moins 14 ans) représente 62,8 % de la population totale. Elle vit majoritairement en milieu urbain (52,8 %, dont 21,1 % à Abidjan).

Pour ce qui est du cas spécifique de la Côte d'Ivoire, il s'agit de partager « les dividendes de la paix. »

Enfin, depuis 2012, la Côte d'Ivoire a amorcé une phase de croissance, mais le taux de pauvreté est encore élevé. Selon une enquête auprès des ménages, « environ 46,3% de la population vit en situation de pauvreté, soit avec une dépense de consommation inférieure à 737 FCFA par jour, alors que ce taux était de 48,9% en 2008. »

Au cours du temps, il y a certes eu diverses initiatives du gouvernement, dont la plus récente est la mise en place de l'Agence Emploi Jeunes (AEJ), en vue de coordonner toutes les politiques, projets et programmes visant non seulement à renforcer les capacités des jeunes, en termes d'acquisition de compétences, mais encore œuvrant à leur faire acquérir leur première expérience professionnelle, professionnel, y compris l'accompagnement et le financement de l'auto-emploi[281].

Toutes ces dispositions financières et institutionnelles ont contribué, un tant soit peu, à une baisse du taux de pauvreté, mais cette baisse ne saurait être assez suffisante pour compenser la hausse rapide de la population qui croît à un rapide naturel d'environ 3% par an.

Par ailleurs, la Côte d'Ivoire, comme la plupart des pays africains, doit faire face à ce que l'on nomme le sous-emploi[282].

Selon l'Institut national de la Statistique et des Etudes économiques (INSEE), le sous-emploi est la condition des personnes qui, soit, « qui travaillant à temps partiel, souhaitent travailler davantage et sont disponibles pour le faire, qu'elles recherchent activement un emploi ou non, soit travaillent à temps partiel (et sont dans une situation autre que celle décrite ci-dessus) ou à temps partiel complet, mais ont travaillé moins que d'habitude pendant une semaine de référence en raison de chômage partiel (chômage technique) ou mauvais temps. »[283]

Comme on le voit, créer des emplois pour les jeunes n'est pas un luxe, c'est une nécessité qui a un triple avantage.

D'une part, après la formation, si l'individu qui a reçu cette formation obtient un emploi, ce sera l'opportunité pour elle de se rendre utile en mettant en application de ce qu'elle a appris, et partant de participer au processus de production de la richesse nationale.

---

[281] Issue de la fusion de trois (3) institutions, l'Ex-Agence d'Etudes et de Promotion de l'Emploi (AGEPE), le Fonds National de la Jeunesse (FNJ) et les Fonds sectoriels liés à l'insertion, l'AEJ a pour objectif essentiel d'adopter des cadres stratégiques en faveur de la création d'emplois (politique nationale de l'emploi, stratégie de relance de l'emploi). Focalisant toutes les initiatives en faveur de l'emploi des jeunes, l'AEJ constitue une véritable « Guichet unique pour l'emploi des jeunes en Côte d'Ivoire, l'AEJ « permettra de développer des approches ciblées dédiées aux différents types de publics à partir d'une offre diversifiée de services, de garantir une plus grande synergie ainsi qu'une forte interactivité entre les différents programmes et initiatives en direction des Jeunes. » (www.emploijeunes.ci).

[282] Selon l'Organisation internationale du Travail (OIT), il y a sous-emploi « lorsque la durée ou la productivité de l'emploi d'une personne sont inadéquates par rapport à un autre emploi possible que cette personne est disposée à occuper et capable de faire. » A ce propos, elle en distingue de deux (2) sortes :
- le sous-emploi visible se caractérisant par un nombre d'heures de travail insuffisant, reflétant une durée du temps de travail inadéquate ;
- les autres formes de sous-emploi (parfois qualifiées de sous-emploi invisible), qui se caractérisent par un revenu horaire insuffisant, un mauvais emploi des compétences professionnelles, etc.,

Cette approche de l'OIT semble être la plus proche de la situation en Côte d'Ivoire, en particulier, et en Afrique, en général, où des diplômés sont contraints d'exercer des emplois qui ne requièrent aucune qualification, ni compétences particulières ou des emplois qui n'ont aucun rapport avec leur formation de base.

[283] L'INSEE s'appuie sur la définition de personne active au sens du Bureau international du Travail (https://www.insee.fr/fr/metadonnees/definition/c1935).

D'autre part, et de manière directe et pratique, elle contribuera au bien-être socio-économique de sa famille, surtout lorsque l'on sait qu'en Afrique un seul actif peut s'occuper de plusieurs inactifs (parents, cousins et frères, etc.).

Enfin, il ne faut pas négliger la satisfaction morale qui accompagne toujours l'exercice d'une activité lucrative. Voltaire ne disait-il pas que le travail éloignait de nous trois (3) maux : le vice, l'ennui et l'oisiveté ?

Toutefois, une telle stratégie, si elle doit être opérante, doit être fondée sur une politique de formation efficace, y comprise l'adaptation du contenu de la formation aux besoins des structures pourvoyeuses d'emploi potentielles, mais surtout reposer sur la coordination des activités et des efforts des diverses politiques.

A ce propos, il est souvent répété qu'il ne saurait y avoir de développement socio-économique sans politique éducative pertinente, pour faire allusion à la qualité de ce secteur. C'est ici que le terme employabilité requiert tout son sens, en tant que globalement la capacité à obtenir un emploi après sa formation.

Or, lorsque l'on considère non seulement le contenu non-pertinent des curricula et les conditions dans lesquelles la formation se déroule, en dépit de l'institution du Système d'enseignement Licence Master Doctorat (LMD)[284], dans la plupart des universités publiques, depuis 2012, la mise à disposition de la connexion à Internet n'est pas encore effective, alors même que l'utilisation du web est sensé constitué la toile de fond du nouveau système d'enseignement.

Une part non-négligeable dont il faut impérieusement tenir compte dans cette bataille contre le chômage des jeunes, c'est d'encourager et de favoriser l'entreprenariat…

c- *Réduction de la pauvreté et inégalité croissante*

La Côte d'Ivoire est l'un des pays les plus pauvres de la planète et également une contrée fragile sur le plan social. Les dépenses de santé ont représenté 0,9 % du PIB en 2004, 0,8 % en 2005 et 0,4 % en 2006.

L'indice de pauvreté multidimensionnelle en Côte d'Ivoire (indice statistique évaluant la pauvreté dans les pays en développement) était de 0,32 en 2007. Par ailleurs, la proportion de personnes vivant en dessous du seuil de développement humain admis, c'est-à-dire l'indice de pauvreté était de 40,3 % en 2004, mettant le pays au 92e rang de 108 pays en développement.

En outre, l'Indice de développement humain (IDH) qui n'a connu qu'une faible progression sur la décennie 2000 (de 0,390 en 2002 à 0,452 en 2013) reste inférieur à la moyenne d'Afrique subsaharienne de 0,502, situant la Côte d'Ivoire à la 171e place sur 187 pays[285].

Si, en 1993, la Côte d'Ivoire était le pays le mieux classé au sein de l'UEMOA en termes de développement humain, il n'est plus, vingt ans plus tard, en 2013, qu'à la quatrième position,

---

[284] La réforme LMD (pour « Licence-Master-Doctorat ») désigne un ensemble de mesures modifiant le système d'enseignement supérieur pour l'adapter aux normes internationales, en vue d'accroître la mobilité des étudiants européens, la mobilité entre disciplines et entre formations professionnelles et générales, à travers la mise en place d'une architecture basée sur trois grades : licence, master et doctorat; une organisation des enseignements en semestres et unités d'enseignement; la mise en œuvre des crédits et par la délivrance d'une annexe descriptive au diplôme.

[285] Proposé en 1997 par le PNUD, l'indicateur de pauvreté humaine (IPH) est l'un des indicateurs de mesure du bien-être social et économique des populations. Il permet de caractériser le niveau de pauvreté d'un pays. Il est fondé sur trois éléments essentiels :
- l'espérance de vie,
- le niveau d'éducation
- les conditions de vie (accès au service de santé ; accès à l'eau potable ; malnutrition chez les enfants de moins de 5 ans). Sa valeur est comprise entre 0 et 100, en fonction de 5 critères notés de 0 à 20. Exprimé en pourcentage, il indique que plus ce pourcentage est élevé, plus le pays est considéré comme « pauvre. »

derrière le Sénégal, le Bénin et le Togo. Le taux de pauvreté s'est accru au cours de la décennie 2000, de 38,4 % en 2002 à 51,3 % en 2011.

Le PNUD (2013) relève en outre l'existence de déséquilibres de développement humain entre la partie Nord du pays et la partie Sud.

En 2011, les régions avec le niveau le plus élevé de pauvreté et l'IDH le plus faible étaient celles de l'Ouest, du Nord, du Nord-Ouest et du Nord-Est.

La crise de 2002 y est pour quelque chose, mais bien avant cette période, la pauvreté avait commencé à gagner de l'ampleur.

C'est ainsi que l'indice de pauvreté est passé de 32,3 % en 1993 à 36,8 % en 1995, tandis qu'en 2003, il fluctuait entre 42 % et 44,2 % contre 38,4 % en 2002. La baisse de l'indice de pauvreté en 2003 et 2004, comparé à 2002 est probablement due aux déplacements internes des populations, aux perturbations des systèmes de production et de commercialisation et à la dégradation des infrastructures socio-économiques de base dans certaines régions.

Selon des informations données par le Ministère de la santé et de la lutte contre le sida (2015) en 2014, l'espérance de vie à la naissance en Côte d'Ivoire s'est améliorée d'environ trois ans entre 2006 et 2013, pour se situer à 50,75 ans (51,6 ans pour les femmes et 49,9 ans pour les hommes). Cette évolution s'explique par les efforts entrepris pour contenir la propagation de la pandémie de VIH/sida, les progrès en matière de vaccination, de promotion de l'hygiène publique et d'assainissement, et l'amélioration de l'accès aux infrastructures sanitaires et aux progrès dans la survie de l'enfant.

Cependant, son niveau indique encore un risque élevé de décès. En ce qui concerne les causes les plus fréquentes de décès en Côte d'Ivoire, une étude (Guengant, 2014) effectuée sur le dividende démographique du pays en 2014 relève que les cas de décès évitables constituent toujours la majorité des décès. Ces décès sont la conséquence de maladies infectieuses, d'un suivi prénatal insuffisant, d'une mauvaise prise en charge des accouchements et de la malnutrition et représentaient à eux seuls 61 % du total des décès en 2012, contre 9 % pour les décès dus à des causes accidentelles (accidents de la route, noyades, chutes, suicides, etc.). Enfin, la part des décès imputables aux maladies non transmissibles (accidents cardio-vasculaires, accidents vasculaires cérébraux, diabète, cancers) a sensiblement augmenté, passant, selon les estimations, de 21 % en 2000 à 30 % en 2012. Le niveau de la fécondité demeure particulièrement élevé en Côte d'Ivoire.

Selon l'enquête sur le niveau de vie des ménages réalisée en 2015 par l'Institut national de Statistique, l'indice synthétique de fécondité s'établit à 5 enfants par femme en 2015. Cette valeur est supérieure à la moyenne mondiale (2,5 enfants). La fécondité élevée en Côte d'Ivoire s'accompagne d'une forte mortalité maternelle, dont le taux s'élevait en 2012 à 610 décès pour 100 000 naissances vivantes. Ce taux est plus élevé que la moyenne régionale (500 décès pour 100 000 naissances vivantes) et trois fois plus élevé que la moyenne mondiale (200 décès pour 100 000 naissances vivantes). La part des dépenses de santé dans les dépenses totales de l'État reste très faible et les capacités du secteur à mobiliser les ressources extérieures sont insuffisantes. En effet, la part annuelle du budget de l'État alloué au Ministère de la santé et de la lutte contre le sida reste très faible. Elle était de 4 % en moyenne de 2006 à 2010. La contribution des partenaires aux dépenses totales de santé représentait 9 % en 2007 et 13 % en 2008. En 2013, le budget alloué au domaine de la santé était estimé à 5,7 % du PIB.

Quant aux inégalités, elles restent très marquées, et se sont accentuées en 2002. Les 10 % des plus riches cumulaient 36 % du revenu national contre 20 % pour les 50 % les plus pauvres[286].

---

[286] Il faut, toutefois, souligner que les inégalités entre les populations des pays pauvres et des pays riches ne se résument pas qu'aux écarts de revenus, mais elles se traduisent concrètement par des conditions de vie très différentes, en particulier en ce qui concerne l'accès aux infrastructures de base : accès à l'eau potable, alimentation en quantité et en qualité, santé, éducation, logement et nouvelles technologies, pour ne citer que

Certes, des progrès ont été réalisés, mais il existe encore des disparités persistantes en matière de pauvreté ainsi qu'une forte incidence des emplois vulnérables dans un contexte de faible transparence du marché du travail. Selon l'enquête sur le niveau de vie des ménages réalisée en 2015, un recul de la pauvreté est observé en Côte d'Ivoire.

En effet, le taux de pauvreté est estimé à 46,3 % alors qu'il était de 48,9 % en 2008 et de seulement 10 % en 1985. Cette baisse du niveau de pauvreté entre 2008 et 2015 s'est accompagnée d'une hausse du PIB par habitant qui est passé de 1 231,9 dollars des États-Unis en 2011 à 1545,9 dollars en 2014. Cette étude a, en outre, démontré que la pauvreté est plus accentuée en milieu rural (56,8 %) qu'en milieu urbain (35,9 %) et que les zones où il y a plus de pauvres, sont respectivement, Abidjan, 9,3 %, le Haut Sassandra, 7,5 %, le Gbeke, 5,3 % et le Tonkpi, 5,7 % et que le phénomène touche aussi bien les femmes (47,4 %) que les hommes (45,5 %).

L'analyse du développement économique et social ne se traduit plus seulement en termes de variables quantitatives, ni monétaires, mais elle s'inscrit désormais «…dans la logique du renforcement de la capacité des populations à s'insérer dans le processus de création des richesses, et à acquérir les aptitudes d'une autoprotection durable contre les divers dénuements aussi bien humains que monétaires. Il s'agit, en outre, de développer la base du capital humain de l'économie par la rentabilisation des ressources humaines et l'orientation de la politique de population vers la création des préalables d'une croissance économique à des taux suffisants »

d- *Le paradoxe de la croissance sans développement*

Depuis 2012, et la fin de la crise post-électorale qui a constitué le point culminant d'une décennie de crise politico-militaire, la Côte d'Ivoire jouit d'une période d'une croissance soutenue d'un taux moyen de 9% grâce à une série de réformes à la fois sectorielles et structurelles qui ont fait de nouveau de la Côte d'Ivoire un « pays réformateur et attractif » pour l'investissement privé[287]. Selon le rapport semestriel de la Banque mondiale intitulé : *« Perspectives économiques mondiales »*, la Côte d'Ivoire a expérimenté une croissance record de 8,5%, après une croissance annuelle de 9,3% sur la période 2012-2015; faisant d'elle le pays du continent africain qui a connu la plus forte croissance, devant celle estimée pour la Tanzanie (7,2%) qui se classe deuxième. A ce titre, l'année 2016 serait la cinquième année consécutive de forte croissance que le pays connaît[288].

En dépit, cependant, de ce quinquennat de croissance relativement continue, la Côte d'Ivoire continue de présenter des niveaux extrêmes d'inégalité et de pauvreté, ouvrant le champ à de multiples remous sociaux. En 2015, l'INS estimait le niveau de pauvreté à 46,3% (INS, 2015)[289]. Alors, comment expliquer ce paradoxe?

La première réponse d'un tel « paradoxe de la croissance sans développement » fait immédiatement référence à la dichotomie croissance économique *versus* développement économique et social.

---

celles-ci.

[287] La Côte d'ivoire qui était classée 4ème en Afrique subsaharienne, en 1995, occupe aujourd'hui la 9ème place grâce à « un cycle de forte croissance économique- avec un rythme moyen supérieur à 8%... », à partir de 2012 grâce à une croissance essentiellement portée par la forte consommation des ménages et une augmentation de l'investissement public.

[288] Sur la même période, la croissance s'établirait à 9,2 % en moyenne et serait ainsi la plus élevée du continent, légèrement devant celle de l'Éthiopie (9,1 %) qui devrait ralentir à 7,1 % cette année ((https://www.lesechos.fr/idees-debats/cercle/cercle-159328-la-cote-divoire-championne-de-la-croissance-africaine-2018315.php).

[289] http://www.ins.ci/n/.

En termes simplistes, la croissance économique est conçue comme l'augmentation soutenue, pendant une longue période, des richesses produites dans un pays. Phénomène quantitatif, elle se mesure en volume ou en valeur par l'évolution de certains agrégats économiques comme le PIB et se traduit par l'augmentation du niveau de vie des ménages.

Quant au terme développement économique et social, c'est un « mouvement continu sur le long terme, de nature à la fois quantitative et qualitative, qui modifie durablement les structures économiques, sociales et démographiques de la société. »

Comme cette définition le suggère, le terme fait explicitement référence aux « transformations des structures démographiques, économiques et sociales, qui en général favorisent et accompagnent la croissance économique. »

En d'autres termes, la croissance économique impulse le développement, mais pour que la croissance économique s'amorce, il faut un certain niveau de développement également, les deux termes étant interdépendants.

En clair, s'il y a croissance sans développement économique et social, cela veut dire que le surplus dégagé par cette croissance n'a pas été réinvesti dans les secteurs dits sociaux (santé, éducation, logement, emploi, etc...), en vue de permettre à la majorité de la population de profiter des dividendes cette croissance. Le niveau de développement et de bien-être des populations s'apprécient respectivement par les indicateurs comme l'IDH et l'IPH[290].

L'hypothèse la plus plausible que l'on peut émettre pour expliquer ce paradoxe apparent de croissance sans développement en Côte d'Ivoire, et dans la plupart des pays africains, au-delà de l'incapacité à transformer sur place les matières premières, en vue de créer une forte valeur ajoutée, c'est que l'inexistence d'une classe d'entrepreneurs nationaux place ces pays dans un contexte particulier où s'ils veulent survivre, ils doivent nécessairement recourir, dans urgence, au capital étranger, avec des conditions d'investissement extrêmement avantageuses[291].

C'est la raison pour laquelle les codes d'investissement sont conçus de manière à les rendre attractifs et permettre aux investisseurs étrangers de rapatrier tout ou partie de leurs bénéfices, privant ainsi non seulement les nationaux d'emplois productifs, mais encore les secteurs sociaux de bénéficier de transferts monétaires sur les gains réalisés par ces entreprises.

Par ailleurs, ce que l'on constate, c'est que ces entreprises internationales n'opèrent, pour la plupart, que dans le secteur tertiaire de la distribution et la commercialisation, sans grande valeur ajoutée, par opposition aux secteurs primaire et secondaire qui demandent une main-d'œuvre abondante.

Par conséquent, ce à quoi l'on assiste, c'est que ces entreprises privées étrangères, de par les avantages qui leur sont octroyés conditions ne sont pas créatrices de valeurs, ni de richesse pour les nationaux, en termes d'emplois et de transferts sociaux, même si elles contribuent à l'animation de l'économie nationale.

Dans ce contexte, la formation d'une classe d'entrepreneurs nationaux dynamiques s'impose, capables de tirer avantage des opportunités offertes sur les marchés nationaux, régionaux et internationaux. Dans ce groupe d'entrepreneurs, les inventeurs devraient être encouragés et vigoureusement soutenus.

Ce qui, signifie, en amont, que les structures de formation et d'encadrement existent et jouent effectivement leur rôle; et qu'en aval, ils aient accès au crédit.

---

[290] De 1960 à 1970, la Côte d'Ivoire a connu une forte croissance du PIB qui a attiré l'attention des analystes qui ont qualifié ce fait de miracle, mais cette croissance n'a jamais pu opérer le bond qualitatif du développement économique et social. En son temps, le célèbre économiste égyptien, Samir Amin, dans sa thèse intitulée... portant sur la Côte d'Ivoire, avait écrit, en substance, qu'il y avait croissance sans développement, pour la simple raison de la forte dominance du capital étranger. Quant à Günter Franck, il a simplement évoqué la boutade du « développement du sous-développement. »

[291] A l'acquisition de l'indépendance, en 1960, la Côte d'Ivoire a opté pour la voie libérale de développement, donnant ainsi la primauté au capital privé.

Certes, il est souligné qu'en 2014, il y a eu 26% d'Africains qui ont créé des entreprises tandis que ce chiffre est de 7,4% en Europe et 13,4% aux Etats-Unis, mais ce chiffre est largement insuffisant en comparaison des besoins existant sur ce continent où tout est à créer et/ou à recréer[292].

---

[292] Il faut mettre un point d'honneur à promouvoir les secteurs qui ont un fort avantage comparatif et pour lesquels la demande peut être forte, notamment l'économie verte, permettant de générer de nombreux emplois. Cela suppose qu'il faut pouvoir et savoir décrypter les insuffisances de son environnement afin d'en tirer parti.

CONCLUSION

La crise postélectorale a eu de graves conséquences sur la situation économique, sécuritaire, sociale et humanitaire de la Côte d'Ivoire qui se sont traduites par une baisse prononcée du PIB réel (-5.9%).
Mais, à partir de 2012, renouant avec la tradition de la prospective et de la planification qui, en son temps, permit au pays de réaliser le « Miracle Ivoirien » des années 1960 à 1979, le nouveau gouvernement d'Alassane Ouattara, a remis l'économie ivoirienne sur les rails, portée par des réformes et des investissements massifs dans les secteurs porteurs de croissance. La reprise économique est notable, car aujourd'hui, le pays connait l'un des taux de croissance les plus élevés de l'Afrique au Sud du Sahara. En 2015, par exemple, cette s'est élevée à 8,2% du PIB.
Une analyse minutieuse permet de démontrer que depuis la rébellion de 2002 jusqu'à la crise post-électorale de 2010-2011, la Côte d'Ivoire a fait d'énormes progrès, notamment, sur le front macro-économique au point qu'elle L'économie s'est fortement redressée à la suite de la crise post-électorale de 2010, avec un taux de croissance du PIB de 8,5 % par an en moyenne entre 2012 et 2015, soit l'une des meilleures performances en Afrique subsaharienne. Cette croissance a été tirée par l'agriculture, les services et l'industrie, ainsi que par la hausse de la demande intérieure et un essor des investissements. En dépit d'un ralentissement de la production agricole en 2016, l'économie ivoirienne devrait continuer de progresser à un rythme soutenu, avec des prévisions de croissance du PIB réel de 7,8 % en 2016 et 8 % en 2017 sur la base d'un certain nombre d'atouts dans les secteurs agricoles, secondaire, tertiaire et humain.
Grâce au dynamisme des secteurs agricole, industriel et les services, elle devrait rester robuste en 2016.
Depuis lors, le pays a enregistré des progrès dans plusieurs domaines, même dans les domaines les moins attendus. Par exemple, expérimente une élévation de 25 points dans la gestion transparente des affaires publiques alors que la tendance du continent est plutôt à la baisse. En outre, elle a amélioré sa note en droits humains (+ 18,6 points), dépassée seulement par la Tunisie (+22,4), et en participation citoyenne (+36,5), un indice qui mesure la liberté d'action des ONG ou l'implication de la société civile dans les processus politiques. On voit progresser ses infrastructures (+10) ou l'environnement des affaires (+13,3).
En d'autres termes, le sentiment d'une amélioration notable de la gouvernance et d'une meilleure gestion de l'économie et des deniers publics est largement partagé. Et ce faisant, la Côte d'Ivoire s'est repositionnée sur la scène internationale et a confortée sa position de moteur de l'économie sous régionale.
Il est encore très difficile de mesurer l'impact réel des programmes ambitieux lancés depuis la fin de la crise post-électorale, mais ce qu'il faut retenir, c'est que depuis 2015, parmi les pays du continent africain ayant les meilleures performances économiques, avec une croissance de son Produit Intérieur Brut (PIB) proche de 9% qui s'explique par la combinaison d'une gestion budgétaire et monétaire prudente ainsi qu'un environnement international relativement favorable.
Toutefois, le principal défi que le pays doit absolument relever, c'est de parvenir à une croissance plus équitable, partagée et plus inclusive, en termes d'amélioration des indicateurs sociaux, ce qui impose la création d'emploi de qualité pour la majorité de la population, et de reconstituer le tissu social détérioré par plus d'une décennie de conflits politico-militaires. Et plus important, il s'agit pour les locataires du palais du Plateau de faire abstraction du passé et de fédérer toutes les forces et énergies de tous les Ivoiriens, sans égard politicien.
Pourtant, tout porte à croire qu'un tel scénario est impossible, du moins, dans l'état actuel des choses. Le «pari libéral» adopté par le gouvernement a eu pour conséquence directe la

suppression des « instruments de répartition » mis en place sous l'ère Houphouët Boigny. Pour cela, il est plus que nécessaire pour l'Etat ivoirien de réinventer de nouveaux modes de redistribution du « gâteau social », seul capable de venir à bout des fortes tensions sociales actuelles et à venir.

Il faut d'ailleurs souligner qu' « Un État qui se reconstruit et dont l'économie est placée au cœur du développement humain à travers une justice, aussi, reconstruite et empreinte d'équilibre favoriseront, inévitablement, le développement des entreprises déjà implantées sur le sol Ivoirien de même qu'elles susciteront, tout naturellement, la venue d'entreprises étrangères petites comme grandes. »

D'autre part, il s'agit, surtout et avant tout, de partager avec les Ivoiriens une vision claire du type de société dans laquelle ils aspirent vivre, afin de dégager un consensus fondé sur des valeurs clés capables de les rassembler.

Certes, tous appellent de leurs vœux une société de paix et de développement économique inclusive, mais tant que les acteurs clés ne sont pas « d'accord pour respecter certaines règles », cet objectif restera au stade de vœu pieu.

Alors, des questions s'imposent: quelle pourrait être cette vision à partager? Est-elle comprise seulement? Les voix qui s'élèvent pour dire que « la croissance ne se mange pas » ou pire que « ce ne sont pas les ponts qu'on va manger » sont de plus en plus nombreuses, comme pour dire qu'une véritable paix sociale dépendra fortement du degré de redistributivité réelle et perçue de cette manne économique.

Sans prétendre avoir la science infuse pour y apporter tous les éléments de réponse, ce que nous pouvons dire d'emblée, c'est que cette vision est loin d'être comprise.

En revanche, il faut dire que parmi les facteurs qui peuvent réellement permettre une sortie de crise, il y a l'écoute et la disponibilité des autorités à construire un cadre favorable aux investissements, quel que soit le secteur d'activité, en s'efforçant de créer les conditions pour l'égalité des chances de chaque citoyen, comme pour dire que la préservation de la paix sociale et le redressement économique dépendront de la capacité du gouvernement de poursuivre les efforts de réconciliation..

Aujourd'hui, la volonté de relever le défi de s'élever au rang de « pays émergent à l'horizon 2020 » est un objectif à moyen terme qui place, de nouveau, la Côte d'Ivoire dans une logique d'anticipation économique, indispensable à son épanouissement à court, moyen et long terme. La préservation de la paix et le redressement économique dépendront du résultat des élections et de la capacité du nouveau gouvernement de poursuivre la réconciliation ordre du jour.

Dans ce contexte un tant soit peu tendu et « instable », le FMI prévoit, pourtant, une croissance moyenne de plus de 7,5% jusqu'en 2017, en dépit de la concurrence régionale du Sénégal et du Ghana en termes d'attractivité des investissements.

Néanmoins, quant à savoir si l'objectif de « faire de la Côte d'Ivoire un pays émergeant à l'horizon 2020 » sera atteint ou pas, ne devrait constituer un sujet de débat dans l'état actuel des choses, surtout si l'on considère la situation difficile que le pays a traversé depuis 2002. L'essentiel, disons-nous, c'est de viser à faire partager ce projet de société. Il faut, en quelque sorte, créer une union sacrée autour de cette vision et de consolider déjà les efforts déjà effectués et de capitaliser les acquis actuels pour continuer à aller de l'avant.

RÉFÉRENCES BIBLIOGRAPHIQUES

Diakalia Diarrasouba, N'guessan Marie –Thérèse et Koffi Simplice Yao, Evaluation de l'inflation des prix des produits vivriers dans la Commune de Yopougon (Abidjan, Côte d'Ivoire), *European Scientific Journal* vol.11, No.29, October 2015 Edition.
AHOURE Alban A. E. TANO A. Paulin, *Bilan diagnostic de l'industrie ivoirienne*, Politique économique et développement, CAPEC, PED N° 03/2008.
Amantchi Gogoua, *Gestion axée sur les résultats. Concepts et Principes*, Cellule d'Analyse de Politiques Economiques du CIRES, Abidjan, Mars 2012.
Amantchi Gogoua, *Gestion axée sur les résultats. Concepts et Principes*, Cellule d'Analyse de Politiques Economiques du CIRES, Abidjan, Mars 2012.
BAD, Perspectives économiques en Afrique, Côte d'Ivoire, 2012.
BAfD, OCDE, PNUD, CEA, *Perspectives économiques en Afrique*, 2012.
Banque mondiale, *Côte-d'Ivoire. Rapport d'Etat du Système Educatif Ivoirien: Eléments d'analyse pour instruire une politique éducative nouvelle dans le contexte de l'EPT et du PRSP*, Département du développement humain Région Afrique, septembre 2005.
Banque mondiale, *Infrastructure de la Côte d'Ivoire: une perspective continentale*, AICD, Rapport pays, MARS 2010.
Bernard Contamin et Yves-André Faure, Des économies et des États en Afrique francophone : pour comprendre l'interventionnisme. *Cah. Sci. Hum.* 28 (2) 7992 : 3632.
DGI/Direction de la Planification, des Etudes et des Statistiques Fiscales (SIADES, *Impact des crises politico-militaires et post-électoral sur le secteur prive en Côte d'Ivoire*. Etude Diagnostique du secteur privé, Rapport final, juin, 2014.
Estache Antonio, « Infrastructures et développement : une revue des débats récents et à venir », *Revue d'économie du développement*, 4/2007 (Vol. 15), p. 5-53.
Etienne Lehmann, *Laisser-faire ou régulation? Une synthèse des théories économiques*, ERMES-Université Panthéon Assas Paris 2 IRES, Université Catholique de Louvain et IZA-Bonn, sans date.
Francis Akindès, Socio-political crisis, 'Ivoirité' and the course of history, *African Sociological Review*, 7, (2), 2003, p.11-28.
Geir Skogseth, *Côte d'Ivoire: Ethnicity, Ivoirité and Conflict*, Report, Landinfo, 2006.
Hélène Ehrhart, Les enjeux de la nouvelle croissance ivoirienne, *Macroéconomie et développement*, Division Analyse macroéconomique et risque pays, N°20, octobre 2015.
Herphi Halerre Bouyoméka Mikolo et Pascaline Avlessi, *Analyse des faits politiques en Afrique : cas de la Côte d'Ivoire*, Mémoire de Licence, Projet Cerco du Benin, 2010.
Jacques Hallak Raymond Poignant, Les aspects financiers de l'éducation en Côte-d'Ivoire, Unesco : Institut international de planification de l'éducation, Monographies africaines, UNESCO, 1966.
Koffi, S.Y., 2013. Libéralisation de la filière coton en Côte d'Ivoire quinze ans après: empreinte spatiale et organisationnelle. *Cinq Continents* 3 (7): 5-17.
Kouamé Sylvestre Kouassi, Regard retrospectif sur les crises ivoiriennes de 1993 à 2011, *Cinq Continents*, Volume 3 / Numéro 8 Hiver 2013, p.133-134.
Laurence Proteau, *La "Reproduction en question" Ecole, Université et Mouvements sociaux en Côte d'Ivoire*, CURAPP - Questions sensibles, Paris, PUF, 1998.
Marc Mémier et Michel Luntumbue, La Côte d'Ivoire dans la dynamique d'instabilité ouest-africaine. Les racines de la crise post-électorale 2010-2011, Note d'analyse, *GRIP*, 31 janvier 2012.

Maurizia Tovo, *Local governance and national crisis in Côte d'Ivoire. Opportunities and challenges for community-based development and peace-building*, The World Bank, April 2008.

Michel Forsé, Libéralisme et interventionnisme Analyse comparée des opinions sur le rôle économique de l'Etat et du gouvernement dans six pays, *Revue de l'OFCE*, n°68 / janvier1999.

Nathalie Labonté, *La guerre civile en Côte d'Ivoire: l'influence des facteurs économiques, politiques et identitaires*, mémoire présenté à la Faculté des études supérieures de l'Université Laval dans le cadre du programme de maîtrise en études internationales pour l'obtention du grade de maître ès arts (M.A.), Institut québécois des Hautes Etudes Internationales, Université Laval Québec, 2006.

PNUD, *Programme d'Appui à la Réduction de la Pauvreté et à la réalisation des OMD (PARP/OMD)*, Document de Programme, PNUD, 2009-2013.

Romain Yohou, *Analyse de la politique d'exemption de paiement des soins en Côte d'Ivoire : cas de la politique de la gratuité ciblée des soins dans le district sanitaire de Tiassalé 120 km d'Abidjan*, Mémoire de Master 2 Santé internationale, Université Senghor d'Alexandrie, 2015.

Thérèse N'dri Yoman, *Stratégie sanitaire de la Côte d'Ivoire après la crise post-électorale*, Ministère de la Santé et de la Lutte contre le SIDA, Abidjan, 2011.

UNDP, *Disarmament, Demobilization and Reintegration of Ex-combatants*, Practice Note, 2011.

Wassakou Kouame, *Relation inflation et croissance économique dans les pays de l'UEMOA*, Mémoire de DEA du Nouveau Programme de 3ème Cycle Interuniversitaire, Université Cocody-Abidjan, 2009.

Yacouba Konate, Les enfants de la balle. De la Fesci aux mouvements de patriotes, *Politique africaine*, N° 89 - mars 2003.

Yao Blaise Koffi , Kouassi Ernest Ahoussi1, Amani Michel Kouassi et Jean Biemi, Ressources minières, pétrolières et gazières de la Côte d'Ivoire et problématique de la pollution des ressources en eau et des inondations, *Geo-Eco-Trop.*, 2014, 38, 1, n.s.: 119-136.

Pages Web
http://news.abidjan.net/h/556108.html
http://www.banquemondiale.org/fr/country/cotedivoire/overview
http://www.libreafrique.org/HichamElMoussaoui-emergence-CI-160515.
https://www.google.com/publicdata/explore?ds=d5bncppjof8f9_&met_y=ny_gdp_mktp_kd_z g&idim=country:CIV:MLI:SEN&hl=fr&dl=fr
http://aip.ci/a-cause-du-retard-des-pluies-le-panier-de-la-menagere-en-souffrance-a-divo/
http://www.ins.ci/n/.